ADMINISTRAÇÃO DE CARGOS E SALÁRIOS

Manual Prático e Novas Metodologias

3ª EDIÇÃO
Revista e atualizada

LUIZ PASCHOAL

ADMINISTRAÇÃO DE
CARGOS E SALÁRIOS

Manual Prático e Novas Metodologias

3ª EDIÇÃO
Revista e atualizada

QUALITYMARK

Copyright© 2015 by Luiz Paschoal

Todos os direitos desta edição reservados à Qualitymark Editora Ltda.
É proibida a duplicação ou reprodução deste volume, ou parte do
mesmo, sob qualquer meio, sem autorização expressa da Editora.

Direção Editorial	Produção Editorial
SAIDUL RAHMAN MAHOMED editor@qualitymark.com.br	EQUIPE QUALITYMARK

Capa	Editoração Eletrônica
WILSON COTRIM	MS EDITORAÇÃO

3ª Edição: 2007
1ª Reimpressão: 2010
2ª Reimpressão: 2012
3ª Reimpressão: 2015

CIP-Brasil. Catalogação-na-fonte
Sindicato Nacional dos Editores de Livros, RJ

P284a
3ª ed.

Paschoal, Luiz
Administração de cargos e salários: manual prático e novas metodologias / Luiz Paschoal – 3a ed. – Rio de Janeiro : Qualitymark Editora, 2015.
288 p. ; 23 cm.

Apêndice
Inclui bibliografia
ISBN 978-85-7303-701-2

1. Salários. 2. Pessoal – Avaliação. 3. Administração de pessoal. I. Título.

07-1925
CDD: 658.3125
CDU: 658.331.21

2015
IMPRESSO NO BRASIL

Qualitymark Editora Ltda.
Rua Teixeira Júnior, 441 – São Cristóvão
20921-405 – Rio de Janeiro – RJ
Tel.: (21) 3295-9800

QualityPhone: 0800-0263311
www.qualitymark.com.br
E-mail: quality@qualitymark.com.br
Fax: (21) 3295-9824

AGRADECIMENTOS

Agradeço a Mário Gonçalves (*in memoriam*) e Tokimori Nakano, pela paciência e pelos ensinamentos que me permitiram alçar vôos mais altos na carreira.

Agradeço a José de Araújo Vilar, Paulo Roberto Xavier e Nílton Machado Maia, pela amizade, inspiração e incentivo.

DEDICATÓRIA

Dedico este trabalho à minha inesquecível Ramona e aos meus filhos Rodrigo, Fernando e Ramiro.

Notas do Autor

> *"A vocação da teoria é a prática e o pensamento não quer perder-se como fumaça."*
> Ferreira Gullar

Desde que iniciei minha carreira em Recursos Humanos, em 1967, aos poucos adquiri dois hábitos que nunca mais me deixaram: tomar nota das idéias e soluções e buscar explicações para os pontos obscuros, os "buracos negros", para os quais não nos ensinaram os "pulos do gato", especialmente em Cargos e Salários.

Desde então, acompanha-me verdadeira compulsão para desvendar impasses surgidos no desenvolvimento dos trabalhos, com especial predileção para aqueles que envolvem números.

Onde quer que me surja uma idéia, uma experiência, uma solução, procuro registrá-las, seja durante os trabalhos normais, nos contatos, nos cursos, nas palestras, nas reuniões, nas leituras. Com isso, fui acumulando registros, experiências e idéias que, na medida do possível, fui organizando.

Desde que passei a me dedicar também ao trabalho de professor e instrutor, procurei passar boa parte deste acervo para os alunos, e essa atividade docente me levou a pesquisar e a organizar mais meus conhecimentos.

Ao montar meus próprios cursos de Administração de Salários tive que elaborar apostilas para serem usadas como leitura de apoio e como fonte de consulta posterior. Ao concluí-las, observei que já constituíam meio caminho para um livro.

As experiências vividas no dia-a-dia das organizações ou da consultoria, nas tantas implantações de Planos de Cargos e Salários, nos inúmeros trabalhos de assessoria, as reflexões e as tendências na Administração, em conjunto, levaram-me a desenvolver e aperfeiçoar uma nova metodologia completa, integrada e simplificada, que os fatos têm apontado como eficaz.

O advento dessa nova metodologia foi o "empurrão" que faltava para me encorajar a transformar as apostilas em livro. Tomada a decisão, passei a descrever a metodologia, e esse novo texto, integrado com o antigo, deram origem a este livro, tendo sempre em mente que seu conteúdo trouxesse contribuições novas e que os assuntos encontrados também em outras publicações tivessem aqui um tratamento bastante didático e simplificador, de maneira que o conhecimento acumulado pudesse ser transferido e duplicado.

A premissa geral de simplificar e desmistificar pode ser facilmente observada na forma de expor a estatística aplicada à Administração de Cargos e Salários. Tal como sempre fiz nos meus cursos, procuro traduzir a estatística em algo prático e próximo das pessoas. O uso de fórmulas está reduzido a um mínimo inevitável, na linha de "primeiro o fato, depois a fórmula".

O histórico de desenvolvimento deste livro, como exposto aqui, deve deixar claro que não se teve a pretensão de esgotar todo o assunto pertinente à Administração de Cargos e Salários. Para os leitores que buscam nesta obra um guia para implantar e administrar uma sistemática de Cargos e Salários, não tenho nenhum constrangimento em assegurar que o livro é suficiente, já que contém basicamente a experiência do autor, tanto dentro das organizações como na atividade de consultoria.

O conhecimento só adquire valor quando colocado a serviço da sociedade. Einstein não seria nada se tivesse levado seu conhecimento consigo. O valor deste material para mim, embora grande, torna-se pouco significativo se comparado com o que poderá ter quando disseminado para um grande número de pessoas e organizações.

Espero, sinceramente, que este manual tenha grande utilidade para os leitores e que os ajude concretamente nas suas carreiras, pois foi com este intuito que foi elaborado.

Apresentação

A Parte I do livro, Capítulos 1 a 10, traz toda a fundamentação teórica e prática e toda explicação das técnicas usadas. Nessa primeira parte, deixamos de detalhar exaustivamente os componentes da ACS que foram simplificados na metodologia apresentada no Capítulo 12. É o caso da descrição de cargo, do instrumento de avaliação de cargos e outros. Ao conhecer essa metodologia, o leitor compreenderá o motivo dessa decisão.

Na Parte II, o primeiro capítulo aborda novos caminhos que o mercado está delineando na ACS. O segundo capítulo traz toda a fundamentação e a descrição detalhada de todos os aspectos da metodologia, tais como descrição de cargo, avaliação de cargos, avaliação de pessoal, pesquisa salarial, política salarial, procedimentos de implantação e outros, seguidos de um conjunto completo de anexos.

O fato de a obra apresentar novas abordagens não invalida as partes do livro onde os conceitos e métodos estão, às vezes, ligados a modelos mais tradicionais. Primeiro, porque é necessário conhecer outras formas e técnicas até para julgar a nova proposta. Segundo, porque as partes da metodologia "antiga" contém técnicas, "dicas" e recomendações que se mantém válidas em qualquer metodologia.

A Parte III, com sete capítulos, expõe todos os pontos de Estatística que se usa em ACS, com muitos exemplos práticos e usando uma linguagem descomplicada. Embora todo cálculo estatístico já esteja informatizado e disponível em calculadoras, é importante que conheçamos os conceitos para poder interpretá-los e tomar decisões.

A propósito da Estatística, um alerta para os leitores: como se trata de uma ferramenta a ser usada em diversas partes do livro, ela está colocada no final. Portanto, ao ler uma matéria que tenha referências ou empregue cálculos estatísticos que o leitor não domine, ele deve consultar os capítulos que tratem desses assuntos. Se preferir, pode começar pela parte estatística.

SUMÁRIO

PARTE I **ADMINISTRAÇÃO DE CARGOS E SALÁRIOS – VISÃO GERAL**

Capítulo 1: INTRODUÇÃO 3
Considerações sobre o Cargo 4
As Múltiplas Facetas do Salário 5
A Administração de Cargos e Salários 12
Sistema de Administração de Cargos e Salários – SACS 17

Capítulo 2: SACS – DESCRIÇÃO DE CARGOS 21
Introdução 21
Conteúdo da Descrição de Cargo 22
Processo de Elaboração da Descrição de Cargo 29
Considerações Complementares 31
Levantamento de Cargos 33

Capítulo 3: SACS – AVALIAÇÃO DE CARGOS 37
Introdução 37
Métodos de Avaliação de Cargos 38
Construção do Instrumento de Avaliação de Cargos 45
Processo de Avaliação de Cargos 53

Capítulo 4: SACS – ORDENAMENTO DE CARGOS 55
Conceito e Tratamento Matemático 55
Ordenando os Cargos nas Classes pelos Pontos 58
Determinando o Número de Classes 58

Capítulo 5: SACS – ESTRUTURA SALARIAL 61
Introdução 61
Cálculo da Estrutura Salarial 62

Capítulo 6: SACS – PESQUISA DE SALÁRIOS 67
A Pesquisa Salarial Passo a Passo 68
Utilização dos Resultados da Pesquisa 76

Capítulo 7: SACS – POLÍTICA SALARIAL DA ORGANIZAÇÃO 87
Introdução 87
A Política Salarial Eficaz 92

Capítulo 8: SACS – IMPLANTAÇÃO DO SISTEMA 95
Considerações Gerais 95
Etapas do Desenvolvimento do Plano 96
Implementação do Plano 101

Capítulo 9: SACS – MANUTENÇÃO DO SISTEMA 105
Preservando a Validade do Sistema 105
Administrando Pressões Salariais 108

Capítulo 10: CONSIDERAÇÕES COMPLEMENTARES 111
Avaliação de Desempenho e Salários 111
Remuneração de Executivos 112
Remuneração de Especialistas 113

PARTE II NOVOS CAMINHOS NA GESTÃO DE CARGOS E SALÁRIOS

Capítulo 11: METODOLOGIAS EM CONSOLIDAÇÃO 117
Remuneração Variável 118
Remuneração por Habilidades de Competências 121

Capítulo 12: UMA METODOLOGIA COMPLETA, INTEGRADA E CONSOLIDADA 131
A Metodologia, Passo a Passo 134
Processo de Desenvolvimento do Plano
nesta Metodologia 157
Anexos da Metodologia 161

PARTE III ESTATÍSTICA APLICADA À ADMINISTRAÇÃO DE CARGOS
E SALÁRIOS

Capítulo 13: Estatística: Uma Ferramenta de Gestão 213
Introdução 213

Amostragem 214
Distribuição de Freqüência 215

Capítulo 14: MEDIDAS DE POSIÇÃO 223
Média Aritmética 223
Média Geométrica 224
Moda 225
Separatrizes (Quartis, Decis, Percentis) 225

Capítulo 15: MEDIDAS DE DISPERSÃO 231
Desvio Médio 232
Desvio Padrão 232
Coeficiente de Variação 233
Tratando a Dispersão na Tabulação de Salários 234

Capítulo 16: LOGARITMOS 237

Capítulo 17: Progressões 241

Capítulo 18 CORRELAÇÃO 245

Capítulo 19 REGRESSÃO 249
A Reta 253
A Exponencial 260
A Parábola 264
Escolhendo a Regressão Adequada 270

Parte I

Administração de Cargos e Salários Visão Geral

Capítulo 1

Introdução

O salário tem sido um fator crítico na relação entre organizações e trabalhadores. Outros fatores importantes existem, sem dúvida, nessa relação, porém o salário tem sido o ponto mais "nevrálgico". Essa é a constatação concreta que temos feito ao longo dos anos, apesar de todas as transformações que vêm ocorrendo nesse campo.

As pessoas costumam dizer que "não trabalham por esporte" e, por mais imediatista que seja essa afirmação, ela mostra que, na nossa cultura e no nosso sistema de relações econômicas, a despeito de existirem outros fatores importantes, eles não são tão determinantes na decisão das pessoas como é o salário. Mesmo a minoria que não depende do salário para viver faz muita questão de uma remuneração justa, de preferência o mais elevada possível.

Certamente, o salário não deve ser considerado um fator motivacional, como veremos mais adiante, pois não é esse o seu papel, mas sim o de constituir a contrapartida pecuniária pelo serviço prestado. O trabalho em si, em primeiro plano, e as circunstâncias que o cercam, num segundo plano, proporcionam satisfações e insatisfações, motivações e desmotivações. Contudo, por ser a contrapartida pecuniária e já que as pessoas não costumam trabalhar "por esporte", o salário estabelece o elo primeiro e decisivo.

Além desses aspectos, temos encontrado muitas organizações nas quais a folha de pagamento de pessoal representa o fator de custo mais elevado. Será que vale a pena para a organização adotar sistemas que garantam o estabelecimento dos salários adequados, segundo a sua própria filosofia e suas condições econômico-financeiras, e que busquem que cada centavo gasto nessa conta produza os resultados desejados?

Considerações sobre o Cargo

A forma tradicional das organizações ordenarem e agruparem as tarefas atribuídas às pessoas que as compõem em um conjunto, mais ou menos formal, constitui um fato organizacional ao qual se convencionou chamar de "cargo".

As pessoas estão habituadas, e até socialmente condicionadas, a se apresentarem através do cargo que ocupam: "Eu sou Chefe de Contabilidade", "Fulano é Analista de Sistemas" etc. Às vezes, o cargo é substituído por uma forma mais genérica que é a profissão: "Fulano é Contador", "Cicrano é Engenheiro" etc. Mesmo nesses casos, a pessoa se apresenta ou é apresentada pela sua ocupação que, dentro das organizações, se traduz por cargo.

Dentro do sistema tradicional de remuneração, tudo está centrado no cargo. Primeiro define-se o cargo e, depois, o perfil do ocupante, mas sempre dentro dos limites do cargo. Em razão desse procedimento, a definição consensada da real necessidade de existir o cargo e também de seu alcance, responsabilidade, autoridade etc., é de fundamental importância.

Ainda dentro dessa linha, os requisitos (escolaridade, experiência, conhecimentos especializados, domínio de idiomas etc.), são voltados para o cargo e devem estar equilibrados com as reponsabilidades, complexidades etc., deste.

Os cargos têm existência formal, com seu alcance e autoridade consensados e reconhecidos dentro da organização, somente mediante a existência de um documento: a descrição de cargo.

A titulação adequada do cargo é importante, tanto para refletir, em poucas palavras, o alcance do cargo, como também para o ego do ocupante. Uma denominação com conotação pejorativa, estranha ou longa demais, faz com que a pessoa se sinta constrangida em anunciá-la. Às vezes, temos que buscar um meio termo entre refletir a natureza do cargo e atender ao ego do ocupante. É o caso do "Faxineiro". Podemos optar por "Auxiliar de Serviços Gerais", por exemplo.

Observa-se, atualmente, uma tendência crescente e, tudo indica, irreversível, do alargamento do campo de atuação das pessoas dentro das organizações, onde se busca que as passoas sejam mais ecléticas, polivalentes, deixando de se prender apenas a um posto de trabalho. Isto dará aos cargos um sentido mais amplo, podendo chegar ao ponto das pessoas serem remuneradas pelos assuntos que domina dentro da organização, deixando de existir o atual conceito de cargo, caso esse extremo de fato ocorrer.

As Mútiplas Facetas do Salário

O salário tem sido sempre a principal questão entre empresas e empregados, especialmente em economias instáveis, onde o salário está constantemente sob ameaça.

Nos países de economia estável e padrão de vida elevado, falta mão-de-obra menos qualificada e sobra a mais qualificada. Este fato faz com que as distâncias entre os salários mais altos e os mais baixos sejam bastante reduzidas, o que torna menos acentuada a discussão sobre o valor relativo dos cargos e, por conseqüência, dos seus salários.

A importância do salário pode ser analisada sob dois prismas distintos: o prisma do empregado e o prisma da organização. Para o empregado significa retribuição, sustento, padrão de vida, reconhecimento. Para a organização representa custo e fator influenciador do clima organizacional e da produtividade.

Para uma grande parte dos trabalhadores, o salário significa a própria subsistência e para muitas organizações a folha de pagamento representa o ítem mais importante dos seus custos.

Acreditamos, portanto, que haja razões de sobra para que a questão salarial seja bem equacionada e administrada.

O Significado do Salário para a Organização

É razoavelmente comum encontrar-se organizações nas quais a folha de pagamento representa 30% ou até mais nos custos dos produtos ou serviços.

Sempre que certos ítens tomam tais proporções no conjunto de fatores ou custos, eles são escolhidos para serem administrados à parte, com maior rigor. Uma das técnicas utilizadas para isso chama-se "curva ABC".

Entretanto, não tem sido tão comum o ítem "salários" merecer tal cuidado. Será que ele não merece essa atenção especial?

Além do seu impacto econômico visível, o salário tem efeitos nem sempre notados, como a sua influência no clima organizacional e, conseqüentemente, na produtividade da organização; o tempo e a energia que costuma tomar das chefias e dos dirigentes; a contaminação da imagem interna e externa da organização, e outros.

Esse relevo todo do salário não deve levar apenas à preocupação quanto à sua posição no mercado ou ao seu poder aquisitivo (valor absoluto), mas também quanto à eqüidade interna, isto é, se as diferenças salariais entre empregados são criteriosas e bem fundamentadas.

O Significado do Salário para as Pessoas

Além das questões intrínsecas ao salário para quem o recebe, como seu poder de compra, por exemplo, ele tem um significado psicológico importante, que não devemos ignorar, sob pena de falharmos em sua administração.

É sabido que o salário não é o único condicionante do comportamento das pessoas no trabalho. Outros fatores estão presentes e o salário deve ser analisado nesse contexto para que não tendamos a tratar como salário questões não salariais ou, pelo menos, não exclusivamente salariais.

É de suma importância conhecermos alguns aspectos do comportamento das pessoas no trabalho para orientarmos nossas análises, políticas e decisões.

Alguns dos estudos mais conhecidos sobre os fatores condicionantes do comportamento humano do trabalho foram feitos pelos cientistas Frederick Herzberg e Abraham Maslow.

Conhecendo estes estudos temos indicações importantes para pensar a questão dos aumentos salariais, a criação de benefícios, a troca de salário por benefícios, cargo pouco desafiador *versus* necessidade de realização etc.

A TEORIA MOTIVACIONAL DE HERZBERG

Herzberg pesquisou os fatores relacionados com a satisfação no trabalho e desenvolveu uma teoria da motivação pela qual tais fatores se dividem em dois grupos distintos: os fatores *higiênicos* e os fatores *motivacionais*.

Os fatores *higiênicos* são aqueles relacionados com as necessidades básicas da subsistência e do trabalho, tais como a necessidade de alimentação, proteção, assistência médica etc. Segundo Herzberg, o fato de tais fatores estarem satisfeitos não significa que haja motivação, porém o seu não atendimento leva necessariamente à desmotivação.

Uma característica importante do fator *higiênico* é a efemeridade de sua satisfação. De fato, como está ligado à subsistência, a necessidade sempre volta após algum tempo, como a fome, a sede etc.

Os fatores *motivacionais* estão ligados mais aos aspectos psicológicos de reconhecimento, auto-estima, auto-realização etc. O fato de tais necessidades não estarem satisfeitas não leva obrigatoriamente à desmotivação, mas a ocorrência do reconhecimento, por exemplo, sempre gera um estado de motivação positiva.

Fatores Higiênicos	Fatores Motivacionais
• Boas condições de trabalho	• Realização profissional
• Pagamento do salário em dia	• Reconhecimento das realizações
• Justiça na remuneração	• Trabalhos desafiantes
• Padrões claros e estáveis de supervisão e organização	• *Status*
	• Definição precisa de responsabilidades
• Operações bem coordenadas	• Participação nas decisões
• Suficiência de informações	
• Comunicação adequada	

Herzberg e outros estudiosos entendem que o salário é fator *higiênico*, uma vez que, tratado corretamente não gera motivação, mas qualquer incoerência, mesmo aparente, *causa desmotivação*. Aqui devemos fazer uma distinção entre o salário propriamente dito e a ocorrência de um aumento salarial. Este último, por significar perspectivas de realizar desejos e por trazer implícito o reconhecimento da chefia e da organização, causa uma certa euforia e motivação. Entretanto, a realidade não deixa dúvidas: este sentimento é efêmero e o estado de espírito do empregado logo volta ao ponto anterior.

Portanto, não nos iludamos com as possibilidades motivacionais do salário e fiquemos sempre alertas para as desmotivações que ele pode causar. A motivação duradoura deve ser buscada através de chefias bem preparadas, enriquecimento dos trabalhos (torná-los mais interessantes e desafiantes), reconhecimento, demonstração de confiança etc.

O "desarranjo" salarial interno nas empresas constitui uma fonte de desmotivação. É comum encontrar organizações que mesmo pagando salários acima do mercado, e sendo esse fato reconhecido pelos funcionários, ainda assim persiste um clima desfavorável porque o pessoal percebe a ocorrência de injustiças salariais internas.

Por outro lado, a desmotivação causada por outros fatores higiênicos costumam aparecer sob a máscara da questão salarial. Assim, se não examinarmos bem as condições, poderemos ser levados a ceder a pressões salariais além da conta e não resolvermos o problema porque outros condicionantes permanecem causando desmotivação.

São comuns os casos de empregados insatisfeitos com seus superiores e com a organização, por exemplo, tentarem compensar esse aspecto com maior salário, passando a pressionar a chefia nesse sentido. Infelizmente, estão na mesma proporção os casos de chefes despreparados que não percebem esse estado de coisas e tentam resolver a situação pela via mais fácil: o aumento salarial.

Em suma, antes de buscarmos um clima motivador na organização, devemos resolver a satisfação dos fatores higiênicos.

A Hierarquia das Necessidades de Maslow

Maslow desenvolveu uma teoria, que chamou de "Hierarquia das Necessidades", e através dela procura demonstrar que as necessidades humanas aparecem numa certa ordem de prioridades: fisiológicas, de segurança, de associação, de auto-estima e de auto-realização.

As necessidades *fisiológicas* estão ligadas à subsistência e compreendem tudo que mantém a pessoa viva: alimentação, repouso, abrigo etc.

Por *segurança*, entende-se a proteção contra todo tipo de ameaça às condições de subsistência conseguidas: a violência, a privação das condições de subsistência, instabilidade no emprego etc.

Por *associação*, entende-se compartilhar com outras pessoas, ter amigos, poder conviver com outras pessoas.

Por *auto-estima*, entende-se a necessidade de que nossas ações sejam aceitas, validadas e elogiadas pelas outras pessoas, a ponto de nos vermos capazes, recobrarmos ou fortalecermos o *amor-próprio*.

Por *auto-realização*, entende-se a necessidade que temos de fazer o que gostamos, de vencer desafios, de construir algo a partir da nossa capacidade.

Como essas necessidades estão numa *hierarquia*, sua satisfação é buscada nessa ordem:

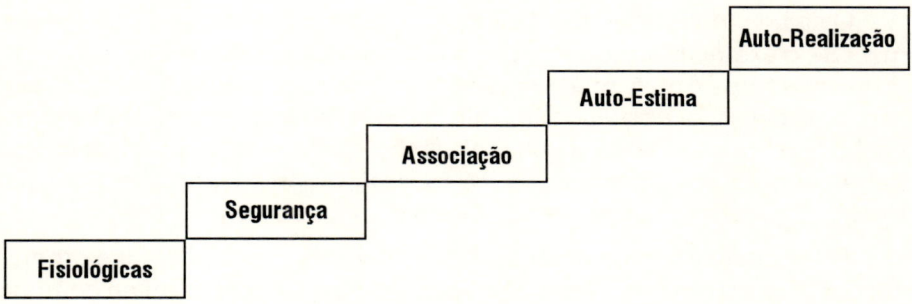

Desse modo só passamos a nos preocupar com uma necessidade seguinte quando sentimos que a necessidade presente está satisfeita. Assim, por exemplo, após garantirmos nossa subsistência, passamos a nos preocupar em mantê-la, isto é, com a segurança.

De acordo com essa teoria, o salário está, em geral, ligado às necessidades básicas, embora os salários mais altos satisfaçam as necessidades de segurança e de relacionamento social. A "distinção salarial", feita através de aumentos e outras formas, satisfaz em parte a necessidade de reconhecimento. Entretanto, como o efeito da "distinção salarial" tem curta duração, se essa for a única manifestação de reconhecimento recebida pelo empregado, a necessidade não será satisfeita e o empregado tenderá a se desmotivar e se fixar na necessidade anterior ou buscar outras fontes de reconhecimento fora do trabalho.

Entre outras coisas, essa teoria nos mostra que não adianta tentar satisfazer necessidades superiores, através de programas e ações no contexto de Recursos Humanos, se as necessidades básicas não estiverem resolvidas. E o salário está entre as necessidades básicas.

A política de benefícios deve ter presente essa teoria. De fato, seguro de vida para quem não consegue nem se alimentar direito não faz muito sentido. Muitas empresas têm visto frustrarem seus programas de benefícios por não atentarem para este aspecto.

Por outro lado, o caráter de reconhecimento implícito nas "distinções salariais" não pode ser ignorado e deve ser considerado na política salarial da organização. A realidade nos tem mostrado que podemos pagar o salário mais alto do mercado, mas se não oferecemos periodicamente uma "distinção salarial", o empregado se sente "esquecido".

Salário Absoluto e Salário Relativo

O salário tem significados diferentes segundo o enfoque que lhe damos. Se o examinamos quanto à sua capacidade de adquirir as coisas de que precisamos e fazer reservas para necessidades futuras, estamos pensando no seu *valor absoluto*. Se o analisamos tendo em mente a sua compatibilidade com o trabalho que realizamos, fatalmente tomaremos outros trabalhadores por comparação, na mesma organização ou em outras. Nesse caso, estamos nos preocupando com o seu *valor relativo*.

Tanto um sentido como outro devem merecer a atenção das organizações. Especialmente quando se convive com processos inflacionários, as organizações devem preocupar-se em manter o poder de compra dos salários ao longo do tempo. O valor relativo, porém, é o que costuma gerar mais desgastes, pois a sensação de que está sendo discriminado e injustiçado produz no empregado um efeito emocional muito mais forte do que o sentimento de que o seu salário já não lhe permite adquirir as coisas que permitiu no passado.

O valor relativo dos salários é a parte mais complexa da questão e é dele que a Administração Salarial se ocupa na maior parte do tempo, e que tem neste livro a instrumentalização necessária.

São comuns os casos de empregados que gastam mais do que podem, se endividam e passam a reclamar aumentos no salário usando a sua situação como argumento ou, se um pouco mais espertos, fazendo comparações com outros empregados. Em casos assim, é necessário conhecer a situação de tais funcionários e mostrar que o salário não pode estar atrelado ao seu padrão de consumo. Antes, porém, é preciso estar seguro de que o salário relativo do empregado está correto – e isto deveria ser automático, independentemente de reclamações –, se tanto a política salarial da organização como a sua administração são eficazes.

O Cargo, o Colaborador e o Salário

O salário se origina basicamente do valor do cargo e, dentro dele, as eventuais variações têm origem, de um lado, nas qualificações e, de outro, na *performance* dos seus ocupantes, de acordo com a política salarial da organização.

O valor do cargo é determinado basicamente pelos seus requisitos, os quais por sua vez são determinados pelas suas responsabilidades, complexidades etc.

O salário correto de um cargo deve corresponder a esses requisitos e, supondo que se trabalhe com um único valor salarial para cada cargo, o ocupante, para fazer jus ao salário, deve preencher tais requisitos. Nesse caso, deve haver equilíbrio entre cargo, homem e salário:

| CARGO | = | COLABORADOR | = | SALÁRIO |

A cada cargo, ou a cada agrupamento de cargos de mesmo valor, deve corresponder mais de um valor salarial, de maneira a contemplar diferentes condições dos ocupantes dos cargos. Exigir, como única hipótese, que o ocupante esteja rigorosamente de acordo com o cargo, nem abaixo nem acima, é uma postura pouco realista. O que se precisa, portanto, é dispor de meios para determinar como o ocupante está em relação ao cargo e, assim, estabelecer o salário adequado.

A cada cargo deve corresponder, inicialmente, um valor salarial rigorosamente equilibrado com ele e, a partir desse valor, deve ser estabelecida uma faixa de valores, com uma tolerância para cima e para baixo, para contemplar diferentes condições dos ocupantes.

Assim, deve efetivamente haver equilíbrio entre o cargo e seu valor central. Estando o ocupante precisamente dentro do cargo, o equilíbrio deve se estender a ele.

Muitas são as possibilidades desses três elementos estarem em desequilíbrio. Por exemplo, o cargo pode estar equilibrado com o homem, mas não com o salário; o cargo pode estar equilibrado com o salário e o homem estar acima ou abaixo etc. Qualquer desses desequilíbrios causam problemas, tanto para a organização quanto para o empregado.

Portanto, ao analisarmos qualquer problema salarial ou de cargo, devemos examinar se há desequilíbrio entre os três elementos e, assim, atacarmos diretamente a origem do problema. Melhor ainda é adotarmos procedimentos que previnam tais desequilíbrios e seus problemas.

É certo, porém que, para identificarmos esses desequilíbrios, precisamos ter uma administração de cargos e salários minimamente sistematizada, com o valor dos cargos determinados e salários coerentemente estabelecidos.

A Administração de Cargos e Salários

A Administração de Cargos e Salários (ACS) é uma especialização dentro da função Recursos Humanos que, por sua vez, é uma especialização dentro da Administração.

É uma atividade hoje largamente empregada nas grandes organizações e, cada vez mais, também entre as de médio porte. Não só as empresas precisam dessa atividade, mas todo tipo de organização que empregue mão-de-obra.

Aliás, a Administração de Cargos e Salários, como atividade, existe em toda organização, de qualquer tamanho, que mantenha vínculo remunerado com mão-de-obra. Porém, é sob a forma de função organizada, estruturada, formalizada e, sobretudo, instrumentalizada que existe nas organizações médias e grandes.

A ACS é tão mais complexa quanto for variada, numerosa e complexa a mão-de-obra da organização. De uma forma geral, seu grande objetivo é *auxiliar a organização* a remunerar o pessoal de forma adequada, com *justiça interna e competitividade externa*.

As principais atividades usualmente desempenhadas pela área são:

- Identificação, levantamento, descrição, análise e titulação dos cargos.
- Hierarquização dos cargos em classes ou níveis, mediante algum processo de avaliação.
- Levantamento dos salários, benefícios e políticas de remuneração praticadas pelo mercado; análise e comparação com a situação da organização.
- Estabelecimento e atualização das faixas salariais e outros parâmetros de remuneração.
- Desenvolvimento, implementação, operacionalização e controle da Política Salarial da organização.

- Preparação de procedimentos de administração e controle da movimentação salarial, sua implementação e operacionalização.
- Participação nas negociações com sindicatos, de forma direta ou subsidiando com informações.
- Interpretação, estudos e aplicação da política nacional de salários e de acordos coletivos.
- Análise e parecer para solicitações de aumentos salariais e promoções.
- Participação em estudos de problemas de contratação e evasão de mão-de-obra.
- Controle do custo de pessoal e estatística de movimentações salariais.

A ACS deve buscar sempre um alto padrão de atuação. Para o profissional da área poder avaliar sua atuação, deve estabelecer padrões e objetivos permanentes a serem perseguidos e validá-los com seus superiores.

Eis alguns desses objetivos e padrões permanentes:

1. Desenvolver uma política salarial consoante com a política e planos de RH da organização, mantê-la atualizada e cuidar para que seja sistematicamente praticada.
2. Assessorar eficazmente as chefias em geral, buscando junto com elas, em parceria, as soluções para os problemas com o pessoal.
3. Analisar e identificar a real natureza dos problemas com pessoal para não usar indevidamente a solução salarial.
4. Desenvolver ou buscar fora metodologias que garantam a justiça interna na valorização dos cargos e implementá-la, de forma que as chefias as entendam e as assumam.
5. Buscar informações confiáveis sobre o mercado, analisá-las e interpretá-las de forma tecnicamente correta.
6. Fazer com que as chefias conheçam, compreendam, assumam e pratiquem o sistema de remuneração e a política salarial.
7. Conhecer as técnicas e manter-se atualizado em relação às metodologias mais apropriadas à organização.
8. Manter vivo, atual e em perfeito funcionamento o sistema de remuneração da organização.

9. Buscar a pronta e correta interpretação das leis, políticas e normas salariais oficiais e convenções coletivas.

A Importância e Breve Histórico da Administração de Cargos e Salários

A ACS, tal como a conhecemos hoje, teve seus primeiros passos nos anos 40, através de algumas empresas estatais e órgãos governamentais.

Durante os anos 60, a atividade se firmou e começou a ser conhecida em um círculo mais amplo em função da chegada de muitas empresas multinacionais, principalmente as ligadas ao ramo automobilístico.

A partir dos anos 70, algumas mudanças começaram a acontecer, como a introdução de novas técnicas de avaliação de cargos e sistemas voltados especificamente para executivos e especialistas, tais como Hay, Hoyler, "Curva de Maturidade" e outros.

Ultimamente, a área vem experimentando uma grande disseminação junto às organizações e a convivência com negociações e acordos sindicais. A tendência é a crescente influência dos sindicatos nas políticas e sistemas de remuneração através das negociações. Cada vez menos a empresa terá espaço para estabelecer unilateralmente suas regras.

A importância da ACS para a organização é evidente na mesma medida que é evidente a importância da questão salarial, não só sob a ótica do custo, mas, principalmente, do ponto de vista da sua influência na motivação e na produtividade do pessoal.

A questão salarial é fundamental por ser a base para toda a política e estratégia de Recursos Humanos. Nada vingará se ela não estiver bem resolvida.

O profissional eficaz de ACS tem uma característica que o torna pouco comum no mercado: tem que ser eclético. Deve ter ótimo raciocínio abstrato e numérico, ter grande facilidade verbal e escrita, entender a natureza humana e a organização empresarial.

É evidente que todo esse valor se torna reconhecido somente mediante a sua contrapartida em termos de resultados para a função de RH e para a organização.

Espera-se, por outro lado, que o profissional prime pela seriedade, atualização, lealdade, precisão técnica, atitude antiburocrática, tratamento ético das questões de pessoal e, sobretudo, respeito humano.

A Legislação Trabalhista em Cargos e Salários

A legilslação incidente nas ações de Cargos e Salários e as demais normas oficiais têm diferentes origens: CLT, Constituição, convenções coletivas etc.

Logicamente, essa legislação condiciona a política e as práticas internas da organização. Logo, esses dispositivos devem ser sempre considerados na Administração de Cargos e Salários. Examinemos as principais normas legais que afetam a área:

Constituição

Artigo 7:

"São direitos dos trabalhadores urbanos e rurais, além de outros que visem a melhoria de sua condição social:

- Piso salarial proporcional à extensão e à complexidade do trabalho (Inciso V).
- Participação nos lucros ou resultados, desvinculada da remuneração, e, excepcionalmente, participação na gestão da empresa, conforme definido em lei (Inciso XI).
- Reconhecimento das convenções e acordos coletivos de trabalho (Inciso XXVI)".

Note que o Inciso V está relacionado à avaliação de cargos e, certamente, os sindicatos vão lutar para fazer isso valer.

Consolidação das Leis do Trabalho – CLT

Artigo 461:

"Sendo idêntica a função, a todo trabalho de igual valor, prestado ao mesmo empregador, na mesma localidade, corresponderá a igual salário, sem distinção de sexo, nacionalidade ou idade."

Parágrafo 1º: "Trabalho de igual valor, para os fins deste capítulo, será o que for feito com igual produtividade e com mesma perfeição técnica, entre pessoas cuja diferença de tempo de serviço não for superior a dois anos."

Parágrafo 2º: "Os dispositivos deste artigo não prevalecerão quando o empregador tiver pessoal organizado em quadro de carreira, hipótese em que as promoções deverão obedecer aos critérios de antigüidade e merecimento."

Súmula STF 202:

"Na equiparação de salários, em caso de trabalho igual, toma-se em conta o tempo de serviço na função e não no emprego."

Note que a diferenciação salarial para mesmo cargo só é permitida em três hipóteses:

a. Quadro de carreira homologado pelo Ministério do Trabalho.

b. Diferença de produtividade e perfeição técnica.

c. Diferença de dois anos na função.

No caso da hipótese "b", a diferença tem que ser apurada por laudo pericial. Os critérios internos, tais como avaliação de desempenho e outros, contam pouco.

Na hipótese "c", há o "efeito cadeia": se o empregado A tem três anos, o B tem dois e o C tem 1 ano, não é possível aplicar a diferença nem entre A e C, pois não se pode diferenciar A de B e B de C.

Política Nacional de Salários

Tem procurado estabelecer regras para os reajustes coletivos de salários, porém gradativamente vai cedendo lugar aos acordos coletivos, atendo-se mais à questão do salário mínimo.

Convenções Coletivas

As Convenções Coletivas são o instrumento formal das condições econômicas e sociais acordadas entre os sindicatos patronais e de trabalhadores e, conforme lhe confere a Constituição, têm força de lei.

Muitas delas têm fixado piso salarial, salário-substituição, adicional por tempo de serviço e outras condições que interferem diretamente na política salarial da empresa.

A tendência é de que tudo que regula a relação empresa-empregado vá passando da decisão unilateral para a negociação e, por conseqüência, figurando nas convenções. As Convenções abrangerão, em futuro próximo, critérios de enquadramento que hoje são estabelecidos pelo sistema de remuneração das empresas.

Sistema de Administração de Cargos e Salários – SACS

Para compreendermos bem a missão que temos pela frente, quando falamos em "administrar salários", devemos, antes de mais nada, refletir sobre o significado de administrar.

Sabemos que, no sentido geral, "administrar" significa "governar", "gerir" etc. Particularizando, podemos dizer que "administrar" ou gerir um recurso é fazer com que esse recurso seja eficaz, cumpra a sua finalidade, seja dispendido na dose certa, no momento certo, de forma a propiciar o resultado almejado.

Como o salário é um custo para quem o paga, "administrar salário" significa dosá-lo na medida certa para que atinja seus objetivos. E quais objetivos são esses? Como salário é um recurso que une duas partes, ele deve atender a essas duas partes. Para a organização, ele deve ser suficiente para atrair e manter as pessoas que necessita, dentro de suas possibilidades econômicas. Para as pessoas, ele deve ser compatível com suas responsabilidades e com sua performance, e suficiente para que elas não se sintam compelidas a trocar a organização por outra.

Em suma, o salário deve ser:

a. Justo internamente.

b. Competitivo externamente.

c. Compatível com as condições econômicas da organização.

O conceito de justiça interna pressupõe que o valor atribuído a cada cargo e ao seu ocupante sejam corretos, isto é, que respeite os diversos aspectos determinantes desses valores.

Entretanto, a justiça interna somente se configura se, além de os cargos estarem justamente hierarquizados, um salário central correto corresponder às posições dos cargos nessa hierarquia e os ocupantes tiverem salários compatíveis com a sua situação em relação aos cargos, dentro de uma faixa calculada a partir desse valor central.

Supondo que o funcionário esteja rigorosamente de acordo com o cargo, ele deve perceber o salário central da faixa. Nessa condição, o equilíbrio já citado anteriormente deve ser observado:

| CARGO | = | COLABORADOR | = | SALÁRIO |

Quando este trinômio apresenta desequilíbrio, os problemas são inevitáveis. Podemos encontrar pelo menos 12 situações de desiquilíbrio, cada qual com suas consequências:

```
       S              C              H
1. H C    2. H C   3. H    S  4. H   S  5.  C S  6.   C S
               S              C              H

   H              H           C           C           S           S
7.    C   8.       S  9. H    10.    S  11.  C   12. H
       S      C              S H           H              C
```

Imagine, por exemplo, um motorista na situação 4: a organização está gastando mais do que deve, o ocupante está inseguro, insatisfeito e subaproveitado, sem desafio. Sabe-se que as pessoas são mais produtivas quando seu trabalho representa algum desafio.

Imagine agora a situação 11: a organização está gastando mais do que deve e o ocupante não está habilitado para o cargo, certamente produzindo menos que o esperado.

Para administrar de forma eficaz os cargos e salários, garantindo a eqüidade interna e a coerência externa dentro de suas possibilidades econômicas, a empresa necessita contar com um conjunto de instrumentos, políticas e procedimentos que chamamos *Sistema de Administração de Cargos e Salários*.

O Sistema é composto, basicamente, dos seguintes elementos:

1. Informação sobre os cargos.

2. Cargos hierarquizados.

3. Informações sobre o mercado.

4. Política salarial interna.

5. Estrutura salarial.

A organização que não conta com esse Sistema não consegue equacionar convenientemente a questão, ficando sujeita à decisão da Direção no "caso-a-caso", sem instrumentos, sem parâmetros e de forma assistemática.

Se a organização dispõe do Sistema, a Direção decide a estrutura e a política e delega a administração dos salários, sem perder o controle.

Muitas organizações tentam resolver sua questão salarial quase que exclusivamente com pesquisas salariais. É evidente que a questão fica mal resolvida, pois a pesquisa não leva ao equilíbrio interno. Aliás, até a competitividade externa fica duvidosa, porque a organização não tem um sistema interno para checar os dados de mercado, ficando sujeita a erros comuns nas pesquisas.

Além da adequada administração dos cargos e salários, o Sistema ainda traz outros benefícios importantes:

1. Informações sobre os cargos para Seleção, Treinamento, Segurança e Medicina de Trabalho e Administração de Pessoal.
2. Tratamentos uniformes e eqüitativos.
3. Viabilidade para implantação de Plano de Carreira e Sucessão.
4. Maior facilidade para as chefias.

A seguir, especificamos um pouco cada um dos elementos do Sistema:

1. Informação sobre os cargos: sob a forma de Descrição de Cargo ou outra, para permitir a hierarquização dos cargos, enquadrar os empregados, atribuir salários e outros fins.
2. Cargos Hierarquizados: os cargos ordenados em classes ou níveis, mediante avaliação ou outra forma, para possibilitar a fixação de seu valor salarial, benefícios e outros.
3. Informações de mercado: coleta, sistemática ou não, de informações sobre os salários e beneficios praticados pelo mercado para poder se situar e definir os salários.
4. Política salarial interna: diretrizes, normas e critérios formais sobre a atribuição de cargos e salários aos empregados.
5. Estrutura Salarial: conjunto de valores salariais correspondentes à estrutura de cargos, válidos para contratação, promoção e progressões.

Nos próximos capítulos, cada um desses elementos será examinado em detalhes.

Capítulo 2

SACS – Descrição de Cargos

INTRODUÇÃO

Como vimos em capítulos anteriores, um Plano de Cargos e Salários tem, entre os seus elementos básicos, um documento com as informações principais sobre os cargos da estrutura. A forma mais usual de se reunir as informações necessárias sobre os cargos é através da *Descrição de Cargo*, onde se costuma especificar as tarefas, as responsabilidades, requisitos, as condições de trabalho e outros detalhes das ocupações existentes na organização.

As descrições variam em sua configuração de uma organização para outra, segundo o modelo que for adotado. Em geral, as descrições contêm, como mínimo, a identificação do cargo, um sumário das suas funções e uma descrição mais detalhada das funções.

A parte chamada de "análise", onde são especificados os requisitos, os contatos, as condições de trabalho, a complexidade e outros pormenores do cargo, nem sempre é encontrada na Descrição. Depende de se querer uma descrição mais completa ou não e de se agrupar num mesmo documento informações úteis para as áreas de Recursos Humanos.

Costuma-se diferenciar as descrições dos cargos entre OPERACIONAIS (ocupações envolvidas diretamente nas operações industriais, tais como produção, manutenção, limpeza etc.), ADMINISTRATIVOS/TÉC-

NICOS (ocupações ligadas às atividades burocrático-administrativas, atividades comerciais, atividades técnicas e outras semelhantes) e cargos de CHEFIA (todos os cargos que tenham subordinados). Esse tratamento se deve ao fato de que os tópicos da Descrição se aplicam distintamente a cada categoria, como veremos mais adiante.

Geralmente, as descrições são feitas com vistas à avaliação dos cargos, tarefa que, para ser realizada de maneira mais confiável, depende desse documento. Entretanto, trata-se de um trabalho demorado, que toma tempo não só do profissional que elabora a descrição mas também de quem fornece os dados e de quem revisa e aprova e, portanto, deve ter uma utilização mais ampla.

Todas as atividades da organização que se envolvem direta ou indiretamente com as ocupações (Treinamento, Seleção, Métodos e Processos etc.), podem se beneficiar da existência dessa valiosa fonte de informações.

Conteúdo da Descrição de Cargo

O formato mínimo da descrição de cargo deve conter um cabeçalho, com a identificação do cargo, uma descrição sumária ou uma introdução ao cargo e a descrição das tarefas ou funções que competem ao cargo. Contudo, dependendo do interesse do momento e das circunstâncias, a descrição pode conter muitas outras informações. Examinemos os tópicos que podem ser incluídos numa descrição razoavelmente completa:

Tópicos
1. Denominação do cargo
2. Código do cargo
3. Localização departamental
4. Posição na estrutura • Superior imediato • Subordinados • Cargos pares
5. Objetivo/sumário do cargo
6. Escopo da área
7. Funções principais
8. Funções do titular
9. Contatos
10. Dimensões (pessoas na equipe, valores impactados etc.)

Tópicos
11. Requisitos • Escolaridade básica • Formação complementar • Conhecimentos especiais • Experiência • Idiomas
12. Responsabilidade por: • Máquinas • Produtos • Ferramentas • Materiais • Outros bens patrimoniais • Erros • Dinheiro • Dados sigilosos
13. Complexidades
14. Liberdade de ação
15. Condições de trabalho: • Esforço físico • Riscos de acidentes • Condições ambientais

Algumas informações aplicam-se somente a cargos operacionais (condições ambientais, por exemplo) enquanto que outras são pertinentes apenas a cargos de chefia (subordinados, cargos pares). Podem ainda ser incluídas outras informações para atender a necessidades específicas, tais como sexo, porte físico, idade, aptidão numérica, aptidão analítica, raciocínio abstrato, uso especial dos sentidos (visão, audição, fato, olfato, paladar), comunicabilidade verbal, comunicabilidade escrita etc.

Vejamos agora alguns aspectos importantes sobre cada um dos tópicos normais da descrição:

DENOMINAÇÃO

A denominação deve refletir a essência do cargo, sua atividade ou missão principal. Muitas denominações já estão consagradas e pertencem ao domínio público. Todavia, quando precisamos definir um título novo, costumamos ter a pretensão de conseguir um nome que abranja todas as funções, o que nem sempre é possível. Devemos nos satisfazer em descobrir um nome que identique o cargo pela sua missão mais importante.

Os títulos devem ser os mais sucintos possíveis e, ao mesmo tempo, obedecer a um padrão existente na organização. Não devem ter conotação depreciativa (Faxineiro, por exemplo), nem atribuir um *status* que o cargo não possui. Deve-se ainda ter o cuidado de respeitar as denominações oficiais de profissões regulamentadas como Assistente Social, Secretária Executiva etc.

Denominação do Cargo x Denominação da Função

Quando ocorre de englobarmos mais de uma ocupação sob um mesmo título, convém manter na descrição do cargo também a denominação da ocupação. Assim, a primeira fica sendo a denominação padrão, para efeito dos registros, e a segunda fica sendo a denominação específica da ocupação.

Exemplo:

Denominação oficial do cargo:	Denominação da função: (ocupações agrupadas)
"Auxiliar Administrativo"	"Auxiliar de Administração de Pessoal" "Auxiliar de Compras" "Auxiliar de Tesouraria"

Esse cuidado é importante para, ao se agrupar ocupações no momento de racionalizar a nomenclatura, não se perder de vista as ocupações específicas das quais necessitamos na hora de enquadrar o empregado, avaliar seu desempenho etc. Assim, podemos ter mais de uma descrição, cada qual com sua denominação de função, mas todas com uma mesma denominação oficial.

Código do Cargo

Trata-se da identificação numérica ou alfanumérica do cargo. É muito útil para evitar confusão de descrições e, sobretudo, no processamento eletrônico.

A composição do código irá facilitar a localização de informações que usamos com freqüênica. Assim, podemos ter no código a categoria do cargo (Operacional, Administrativo/Técnico ou Chefia), a classe do ordenamento dos cargos para fins salariais (de 0 a n) e, finalmente, um algarismo seqüencial, já que numa mesma classe de ordenamento por haver mais de um cargo.

Podemos ainda ter dois códigos: um para o cargo, isto é, para a denominação padrão, e outro para a descrição ou ocupação. Exemplo:

> Código da descrição: AT21 (Categoria "Adm./Téc.", número 21)
> Código do cargo: AT0511 (Categoria "Adm./Téc.", classe 05, número 11)

Localização Departamental

Trata-se da identificação da área, setor, unidade geográfica etc., onde está lotado o cargo. Exemplo:

> Cargo: Auxiliar Administrativo   Setor: Contabilidade
> Área: Administrativa-Financeira   Unidade: Matriz

Posição na Estrutura

Indica a quem o cargo em questão se reporta na estrutura da organização, quais os cargos subordinados e quais os colaterais (que se reportam à mesma posição). Exemplo:

> Cargo: Supervisor da Contabilidade
> Superior Hierárquico: Gerente Administrativo-Financeiro
> Cargos Colaterais: Supervisor de Custos, Supervisor Financeiro
> Subordinados: Analista Contábil (1), Auxiliar Contábil (2), Auxiliar Administrativo (1)

Objetivo, Sumário ou Conceituação do Cargo

Consiste num breve enunciado sobre o âmbito de atuação do cargo ou sobre sua principal missão na organização. Deve ser a "síntese da síntese". Geralmente começa com um verbo e *sempre* dispensa dizer o "como faz". Exemplo:

> Analista de Custos – "Levantar, organizar e analisar os custos de fabricação dos produtos da linha metalúrgica".

Deve esclarecer sobre o *âmbito* de atuação do cargo, especificando os *assuntos* tratados, para facilitar o entendimento das tarefas.

Escopo ou Áreas de Responsabilidade

É aplicado a cargos de chefia e trata da especificação dos principais assuntos de que trata o cargo, assuntos estes que podem estar atribuídos diretamente ao titular do cargo ou aos subordinados. É a explicitação da abrangência de atividades da área pela qual o cargo é responsável.

Exemplo:

Supervisor de Custos
1. Apuração e análise dos custos
2. Elaboração e controle do orçamento
3. Faturamento e escrituração fiscal

Funções Principais

Trata-se da descrição dos trabalhos típicos e normais do cargo.

Deve conter só o que é *próprio, específico* e *essencial* ao cargo. O que é acidental (o ocupante estava fazendo no momento da entrevista por alguma cotingência do serviço que não vai se repetir) e o que é comum a todos os cargos (manter contato com o superior, avaliar subordinados etc.), devem ser suprimidos.

Deve-se dizer o *máximo com o mínimo* de palavras. Tudo que não contribui para a compreensão da especificidade do cargo deve ser eliminado.

Deve-se iniciar dizendo o que *faz*, começando com um verbo de ação na terceira pessoa do singular ou no infinitivo. Se a necessária clareza exigir que se especifique o *modus operandi* do cargo, deve-se d*izer como faz* (verbo no gerúndio) e *para que faz*.

Constitui radicalismo dizer que *sempre* se deve enunciar o "como faz" e o "para que faz". Deve-se colocá-los para ajudar no entendimento da tarefa. Se o "que faz" já é auto-explicativo, pode-se dispensar o restante. O importante é conseguir a compreensão da atuação do cargo.

Exemplo de descrição de função:

"Elaborar descrições de cargos operacionais e administrativos de qualquer das áreas da empresa, especificando as tarefas, responsabilidades, requisitos e outros aspectos a fim de fornecer informações para avaliação dos cargos, enquadramento dos dos empregados, recrutamento e seleção, treinamento e outros fins".

O QUE FAZ:	"Elaborar descrições de cargos operacionais e administrativos de qualquer das áreas da empresa,..."
COMO FAZ:	"... especificando as tarefas, responsabilidades, requisitos e outros aspectos do cargo,..."
PARA QUE FAZ:	"... a fim de fornecer informações para avaliação dos cargos, enquadramento dos empregados, recrutamento e seleção, treinamento e outros fins."

Ao descrever funções, deve-se determinar o critério de seqüência que se vai seguir. Em geral, as tarefas são descritas em ordem de importância. Nos cargos que repetem sempre o mesmo fluxo ou ciclo, as tarefas podem ser escritas na ordem do processo de trabalho ou em ordem cronológica.

Como a descrição das funções *nunca* esgota todos os tipos de trabalhos que competem ao cargo, deve-se fechar essa parte com uma descrição padrão do tipo "executa outros trabalhos correlatos, conforme as necessidades da área ou da organização".

O número de funções deve ser limitado a um mínimo de 3 e um máximo de 10. Se, inicialmente, o analista encontrou menos que 3 funções, basta investigar um pouco mais que encontrará outras. Se encontrou mais que 10, certamente terá entre elas funções pouco relevantes que podem ser agrupadas ou simplesmente suprimidas, ficando subentendidas na descrição padrão referida no parágrafo anterior.

FUNÇÕES DO TITULAR

Esta parte equivale às funções vistas antes, mas aplica-se aos cargos de chefia. Trata-se da descrição dos trabalhos que o ocupante executa pessoalmente, além de comandar as atividades delegadas aos subordinados, as quais devem aparecer no "escopo/áreas de responsabilidade".

Dispensa-se a inclusão das funções gerenciais típicas como organizar, controlar, planejar etc., pelo motivo de serem comuns a todos os cargos de chefia.

RELACIONAMENTOS INTERPESSOAIS

É a explicitação dos contatos mantidos pelo ocupante do cargo, interna e externamente, e as eventuais necessidades de negociações e ações junto à comunidade e grupos de interesse da organização.

Dimensões

Aqui são especificados os números do cargo: número de subordinados diretos, indiretos e total, folha de pagamento subordinada, faturamento, orçamento etc., pelos quais o cargo responde.

Requisitos

Neste tópico devem ser especificadas as qualificações requeridas pelo cargo, suficientes para que o ocupante consiga desempenhar com sucesso as funções nele previstas.

Na Escolaridade Básica, deve-se dizer o nível de instrução formal requerido: primeiro grau, segundo grau, universitário etc.

Na "Formação Complementar", deve-se aspecificar os cursos extras exigidos quando a Escolaridade Básica não basta para fornecer os conhecimentos demandados pelo cargo.

Na experiência, especifica-se o tempo acumulado total de atuação na especialidade para que a pessoa esteja minimamente apta a desempenhar o cargo. Se possível, deve-se enunciar a "carreira padrão" que prepara o profissional para o cargo.

Exemplo de carreira padrão para Analista de Sistemas Sênior:

> 1 ano como Programador, 1 ano como Analista Júnior
> e 2 anos como Analista Pleno, Total: 4 anos

Esse procedimento ajuda a estabelecer o tempo total de experiência e facilita a sua compreensão por quem tiver que analisar/avaliar o cargo. Um conceito que deve sempre ser lembrado neste tópico é que os requisitos referidos são aqueles exigidos pelo cargo e nunca os que o atual ocupante possui.

Responsabilidades

Aqui deve-se especificar a responsabilidade pela guarda, manuseio, danos etc., de ordem material, prejuízos em geral, transtornos, possibilidade de causar danos à imagem da organização e outros, a que o ocupante do cargo está sujeito.

Pode-se, conforme o caso, explicar os resultados que o cargo produz e que sejam relevantes para a organização.

Complexidades

Neste tópico descrevemos as partes do trabalho ou assuntos que constituem os maiores desafios e obstáculos a serem vencidos para chegar aos resultados.

Ao levantar essas informações, deve-se verificar a quem ou a que fontes o ocupante recorre para solucionar suas dúvidas e dificuldades. Isso torna mais claros seus desafios.

Liberdade de Ação

Aqui deve-se especificar as decisões que o ocupante pode tomar, o que ele deve submeter a outros e as normas, políticas, regulamentos, parâmetros e outros direcionamentos que regem o seu trabalho. Diz respeito ao grau de *autonomia* que o cargo tem, até que ponto o ocupante pode conduzir sozinho o trabalho.

Trata-se de uma informação muito importante para a avaliação do cargo e também para o processo de seleção do ocupante e avaliação de desempenho.

Condições de Trabalho

Neste tópico devem ser descritas as condições do ambiente, os riscos de acidente e os desgastes físicos a que o cargo expõe o ocupante.

Processo de Elaboração da Descrição de Cargo

Elaborar descrições completas de cargos não é tarefa fácil. Ao contrário, exige muito raciocínio e, sobretudo, *método*.

Um erro comum que cometemos ao elaborar uma descrição é querer desenvolver as idéias e a forma ao mesmo tempo. Esse mesmo erro costumamos cometer ao escrever cartas, relatórios e textos em geral. Temos dificuldade em fazer duas coisas ao mesmo tempo, especialmente com o cérebro.

Portanto, primeiro devemos deixar as idéias fluirem livremente e ir colocando no papel na forma que elas surgem: tópicos, observações etc. A tarefa seguinte consiste em dar forma àquilo tudo que "jogamos" no papel. Assim, as coisas fluem naturalmente.

Ao concluírmos a elaboração da descrição, não devemos ter a pretensão de termos já produzido a forma final e irretocável. Devemos, sim, considerá-la ainda uma "minuta" sujeita a correções e melhorias.

É com esse espírito que devemos encaminhá-la ao ocupante do cargo ou a quem nos forneceu as informações, para que ele proceda a sua revisão.

A parte mais complexa da descrição consiste na redação das tarefas, pelo fato de que depende de entendermos os assuntos tratados pelo cargo. Uma forma de tornar essa missão menos penosa consiste em "captar" a idéia-síntese da tarefa, colocar no "que faz" e, depois, se necessário, desenvolver o "como" e "para que faz".

Nas características, aptidões, contatos etc., a dificuldade maior está na configuração desses aspectos e não na descrição. Essa configuração pode ser feita na entrevista, no questionário etc. No que depender do analista, essa parte pode ser feita analisando cada tarefa, função do titular e cada atividade do "escopo".

Para melhor aproveitar o trabalho feito na entrevista, deve-se procurar fazer a descrição logo em seguida para não esquecer nenhum ponto importante.

Enquanto desenvolve a descrição, o analista deve ir anotando as dúvidas que surgem e procurar esclarecê-las em seguida. O analista não pode ficar com dúvidas não resolvidas.

Elaborando Boas Descrições

A boa descrição é a base para uma correta avaliação do cargo e outros usos. Portanto, vale a pena enfatizarmos algumas recomendações:

1. Procurar descrever de maneira simples, sem formalismo exagerado e, sobretudo, sem "enfeitar".
2. Usar terminologia apropriada ao nível do cargo. Palavras pomposas em cargo simples podem levar a uma visão distorcida do cargo.
3. Suprimir toda expressão vaga; ela só ocupa espaço e não contribui para nada.
4. Dizer o necessário e não mais que o necessário. Tudo que puder ser eliminado sem prejudicar a clareza deve ser retirado sem hesitação.

5. A descrição deve dar a impressão de algo completo e concluído. Tudo que é importante para o cargo deve constar.
6. A descrição deve ser específica e circunstanciada para ser entendida por pessoas não familiarizadas com o cargo.
7. Siglas, termos técnicos e termos estrangeiros devem ser evitados, a menos que sejam de domínio público.
8. A especificação dos contatos, complexidades, condições de trabalho e outros aspectos considerados na avaliação do cargo não devem repetir enunciados usados no Manual de Avaliação, sob pena de não esclarecer e ainda induzir os avaliadores.
9. Finalmente, o cargo deve ser visto como um fato organizacional, independente das pessoas.

Considerações Complementares

1. Descrição versus Avaliação de Cargo versus Avaliação de Empregado

É muito comum as exigências, complexidades etc., serem exacerbadas na descrição e na avaliação do cargo e depois, na hora de colocar alguém no cargo, o rigor ser bastante "abrandado". O contrário também acontece, porém em menor escala.

Acontece, por exemplo, de o "defensor" do cargo no comitê de avaliação convencer os demais que o cargo exige alta habilidade para contatos e, depois, vermos ocupando o cargo uma pessoa introvertida, que tem grande dificuldade para se relacionar.

Neste caso, ou a especificação e avaliação foram exageradas ou a seleção deixou de considerar este aspecto e, nesta altura, o erro já está feito. Devemos ter sempre em mente que tudo que se considera na avaliação do cargo é fruto de muita discussão e influencia diretamente a remuneração e, portanto, o executante deve ser compatível com o "tamanho" do cargo tal como foi avaliado.

Para evitar esses desencontros tão comuns entre "tamanho do cargo" e "porte do ocupante", o resultado da avaliaçao deve ser inserido na descrição, fator por fator. Pode-se indicar a letra ou número do grau onde o cargo foi enquadrado no fator pelo comitê e fornecer o Manual de Avaliação ao pessoal de Seleção, para que este tenha acesso ao significado da indicação e tenha uma idéia de sua intensidade (grau avaliado em relação à escala toda).

O mesmo cuidado se deve ter com a Avaliação de Pessoal, ocasião em que se verifica os resultados alcançados pelo ocupante no exercício do cargo e se ele preenche os requisitos do cargo, *tal como se considerou na avaliação deste*. Se na avaliação do cargo se entendeu que é necessário um grau 6 de habilidade nos contatos, é preciso saber se o ocupante realmente o tem.

É preciso integrar os parâmetros para não incorrermos no erro de avaliar de forma diferente em cada situação. Se o fator "criatividade" é importante no cargo e foi considerado na Avaliação de Pessoal, isso deve ser considerado já na seleção do ocupante.

Por outro lado, as exigências feitas na seleção devem ser consideradas na Avaliação de Pessoal. Se não for assim, estaremos, na Avaliação de Pessoal, considerando exigências que não foram levadas em conta na seleção do ocupante ou exigindo coisas na seleção que depois nunca serão verificadas.

2. A abrangência da Descrição de Cargo

Em vista do exposto no ítem anterior e considerando mais a conveniência de unificar os levantamentos e os documentos que contém informações sobre as ocupações, o ideal é que a Descrição de Cargo tenha, desde o início, o objetivo de ser a única fonte sobre os cargos para a Administração de Cargos e Salários, Recrutamento e Seleção, Higiene/Medicina/Segurança do Trabalho, Treinamento e Desenvolvimento, Relações Trabalhistas e Avaliação de Desempenho e Potencial, Planos de Carreira etc.

Neste enfoque, a Descrição deve deixar de ser um instrumento da Administração de Cargos e Salários que atende subsidiariamente a outras áreas para tornar-se um instrumento da área de Recursos Humanos como um todo, feito não por um Analista de Cargos e Salários, mas por um Analista de Recursos Humanos ou algo assim.

Assim, a Descrição de Cargo passa a ser um documento de Recursos Humanos que todas as áreas usam conforme suas necessidades.

3. Cargos versus Satisfação dos Empregados

A divisão do trabalho levada a extremos originou trabalhos muito "pobres" e uma das principais causas da insatisfação no trabalho por não atender à necessidade de auto-realização das pessoas.

A falta de auto-realização se mostra especialmente quando as pessoas não executam um ciclo de trabalho, por menor que seja. Isso causa um certo "vazio" nas pessoas que acabam por, na melhor das hipóteses, se aborrecerem.

Imagine, por exemplo, um setor de Correspondência, onde um posto de trabalho se constitui exclusivamente de envelopar cartas, ou de colar etiquetas ou de fechar o envelope. Pode-se enriquecer um pouco esse trabalho, deixando que as pessoas cumpram o ciclo completo para determinado segmento de destinatários das correspondências. Esse é o princípio que está sendo empregado na organização do trabalho em células.

Quando as pessoas percebem o resultado do seu trabalho, se sentem mais úteis e importantes e se tornam mais responsáveis.

A organização do trabalho geralmente é tarefa da própria chefia do setor ou da área de Métodos e Processos, mas o Analista de Cargos ou Analista de Recursos Humanos, conhecendo esses aspectos da psicologia do trabalho, deve alertar as chefias para essas necessidades de tornar o trabalho mais interessante.

4. Aprovação da Descrição

A descrição é um documento que, conforme vimos, tem uma série de implicações e conseqüências e, por isso, deve ser revisada e assinada em mais de um nível hierárquico.

É conveniente que as descrições sejam revisadas por quem forneceu as informações e, depois, revisadas e assinadas pelo superior imediato e mais um nível acima deste.

Levantamento de Cargos

O levantamento cuidadoso das ocupações é fundamental para se elaborar uma boa descrição. Esse trabalho pode ser feito de diferentes maneiras, cada qual com suas aplicações, vantagens e restrições. As formas mais usuais são: entrevista, questionário e observação. Cada uma dessas formas se aplicam melhor a determinadas categorias:

	Operacionais	Administrativos	Chefia
• Observação	•		
• Questionário		•	•
• Entrevista		•	•

Observação

Consiste em acompanhar a execução dos trabalhos e anotar suas atividades. Se aplica a trabalhos fixos, repetitivos e de fácil compreensão. Mesmo assim, deve ser complementada com perguntas. Essa forma de observação combinada com perguntas é a mais usada para os cargos operacionais.

Questionário

Consiste em solicitar aos ocupantes para especifiquem suas atividades e respondam a perguntas sobre requisitos, características, condições de trabalho etc. Depende, portanto, da máxima clareza nas perguntas e da habilidade das pessoas em darem informações por escrito.

A experiência tem demonstrado que, na grande maioria dos casos, os questionários são mal respondidos e demandam levantamento complementar. Por isso, são recomendados para situações especiais, tais como cargos de filiais pequenas e distantes, prazo muito curto para levantamento, quando a direção da organização deseja ter as respostas por escrito etc.

Quando se tem que usar o questionário, uma forma complementar bastante eficaz é entrevistar as chefias sobre sua visão dos cargos subordinados.

Entrevista

É a forma mais completa e mais usada, apesar de ser demorada e despertar mais especulação sobre os resultados e objetivos do trabalho. Exige muita habilidade e cuidados do analista.

A entrevista é feita usualmente com o próprio ocupante do cargo, mas pode também ser feita com o responsável pelo serviço. Esta segunda forma tem as vantagens de se obter as respostas de forma mais objetiva, ser mais rápida e despertar menos expectativas. Corre-se o risco do entrevistado não estar suficientemente preparado para dar informações sobre o cargo em questão.

Por outro lado, a entrevista com o próprio ocupante permite que sua chefia tenha a oportunidade de conhecer a visão que o ocupante tem do cargo e poder agir para corrigí-la, se for o caso.

Algumas recomendações para uma boa entrevista:

1. Preparar um roteiro para seguir durante a entrevista.
2. Contatar com a chefia da área, explicar os motivos da entrevista e pedir que indique, dentre os ocupantes do cargo, aquele ou aqueles que têm melhores condições de dar as informações.
3. Fazer a entrevista no local de trabalho do entrevistado para que ele fique mais à vontade.
4. Procurar fazer com que o entrevistado se sinta à vontade, iniciando a conversa de maneira informal, sobre assuntos leves. Lembremo-nos de que para o entrevistado este é um momento especial, no qual o nervosismo é natural.
5. Procurar ganhar a confiança do entrevistado.
6. Deixar bem claro o motivo da entrevista sem, contudo, despertar expectativas de melhorias salariais ou promoções. É importante que fique claro que você está estudando o cargo e não o desempenho ou as qualificações da pessoa.
7. Ser bom ouvinte; falar pouco e ouvir muito.
8. Demonstrar interesse, energia e entusiasmo.
9. Fazer perguntas compreensíveis ao entrevistado; reformular e repetir a pergunta se notou que não se fez entender, sem sugerir que o entrevistado tem limitações de compreensão.
10. Deixar o entrevistado responder na seqüência que lhe for mais fácil, não demonstrar pressa nem ansiedade.
11. Vestir-se de maneira adequada ao nível do entrevistado.
12. Cuidar para que as perguntas não dirijam as respostas. Se perguntar: "esse trabalho é muito complexo, não é ?", na certa ouvirá como resposta um "sim, claro".
13. Explorar mais as respostas vagas do tipo "eu administro", "tenho sob meu controle" etc. Pedir para dizer como faz, pedir exemplos etc.
14. Procurar saber sempre o "porquê" de cada trabalho.
15. Investigar até que ponto o entrevistado realmente elabora o trabalho; procurar distinguir o trabalho de "fazer estatística" do trabalho de mera "compilador de dados", por exemplo.

Capítulo 3

SACS – Avaliação de Cargos

INTRODUÇÃO

Para poder atribuir salários adequadamente aos empregados, o ponto de partida é o cargo e, portanto, é necessário que a organização tenha uma idéia da importância relativa dos cargos, isto é, a importância de cada cargo em relação aos outros.

Muitas organizações procuram ajustar o salário dos cargos através de pesquisas de mercado. Essas organizações, logicamente, nunca resolverão plena e satisfatoriamente a questão devido às limitações das pesquisas.

Em primeiro lugar, só se consegue pesquisar uma parte dos cargos e, em segundo, a informação de mercado está sujeita a erros de comparação e de cálculos.

Portanto, se a organização não dispuser de um ordenamento interno dos cargos, ela não conseguirá estender os dados de mercado a todos os cargos e não poderá avaliar se esses dados são confiáveis ou não.

A determinação da importância de cada cargo gera um ordenamento ou hierarquização dos cargos em ordem de valor que, associada a uma tabela de salários, esquematiza toda a remuneração.

Exemplo:

Classes	Cargos
1	Copeira
2	Digitador
3	Auxiliar de Pessoal
	Auxiliar de Contabilidade
	Almoxarife
4	Caixa
	Desenhista
5	Comprador
6	Analista de Sistemas

Classes	A	B	C	D	E
1	$	$	$	$	$
2	$	$	$	$	$
3	$	$	$	$	$
4	$	$	$	$	$
5	$	$	$	$	$
6	$	$	$	$	$

Esse ordenamento em classes é necessário para determinar o nível de remuneração de cada cargo. A cada classe corresponderá um nível ou uma faixa salarial.

A hierarquização pode ser obtida através de um mero escalonamento dos cargos segundo os usos e costumes da organização ou através de uma avaliação organizada, utilizando descrição, critérios predeterminados e comitês de avaliação.

MÉTODOS DE AVALIAÇÃO DE CARGOS

A forma de avaliação organizada a que nos referimos e que, evidentemente, é a ideal, pode consistir de diferentes métodos, uns mais simples e menos precisos, mas adequados para pequenas organizações, e outros mais complexos e precisos, necessários para organizações médias e grandes.

Os métodos conhecidos de avaliação de cargos se dividem em "globais", "analíticos" e "sistêmicos".

Os métodos "globais" são assim chamados por enfocarem os cargos de forma total e não em cada aspecto isoladamente.

Os métodos "analíticos" avaliam os cargos sob diferentes aspectos chamados "fatores" (escolaridade, experiência, responsabilidade etc.), para depois apurar seu valor global. Faz, portanto, uma avaliação analítica.

Os métodos "sistêmicos" recebem esse nome por utilizarem fatores de "entrada" (requisitos), de "aplicação" (responsabilidade, complexidade) e de "saída" (resultados produzidos pelo cargo), dentro do conceito de sistema: entrada, processamento e saída. A seguir examinaremos cada método de maneira mais detalhada.

Métodos Globais

1. Escalonamento

Consiste em colocar os cargos nas classes 1 a 10, 15, 20 etc., segundo sua importância, tendo como base a descrição, levando em conta suas complexidades, responsabilidades, requisitos e outros aspectos, mas tendo em vista o global do cargo e não cada aspecto desse isoladamente.

O escalonamento pode ser feito escrevendo-se os cargos numa folha de papel, num quadro etc., em ordem de importância, ou através de um fichário. Neste caso, abre-se uma ficha para cada cargo e vai-se ordenando as fichas segundo a importância dos cargos.

Supondo que a hierarquização dos cargos seja feita por um comitê, cada um dos seus membros faz o seu escalonamento individual mediante instruções claras sobre a metodologia e, em seguida, todos os membros discutem até obter um escalonamento único.

Este é um método rápido, porém bastante impreciso, visto que aumenta a subjetividade quando se passa da consideração dos vários aspectos que determinam o valor do cargo para se tentar a definição desse valor de maneira direta. Outra restrição se prende ao fato de não determinar a distância correta entre os cargos, como entre Comprador e Analista de Sistemas, no exemplo visto.

Para organizações de até cerca de cem empregados, com poucos cargos, esse método se aplica sem problemas. Para organizações mais complexas, já não é recomendado.

É importante lembrar que o trabalho de escalonamento é feito tendo as descrições dos cargos em mãos.

2. Escalonamento a Partir do Mercado

Uma forma mais segura dentro do método de Escalonamento consiste em hierarquizar os cargos segundo os salários médios de mercado, ajustar a posição dos cargos a partir da realidade específica da organização e inserir os demais cargos não pesquisados no escalonamento por comparação.

Também neste caso, todo o trabalho deve ser feito por um comitê, sempre com base nas descrições dos cargos. Vejamos um exemplo:

Cargo	Salário Médio de Mercado
Copeira	200,00
Digitador	391,23
Almoxarife	426,32
Auxiliar de Pessoal	688,60
Auxiliar de Contabilidade	719,82
Caixa	901,75
Desenhista Projetista	1.045,61
Comprador	1.147,37
Analista de Cargos	1.484,21
Analista de Sistemas	1.852,63

Classe	Mínimo	Médio	Máximo	Cargos	Salário	Classe
1	180,75	200,00	221,30	Copeira	200,00	1
2	221,31	244,86	270,93			2
3	270,94	299,78	331,70			3
4	331,71	367,02	406,10	Digitador	391,23	4
5	406,11	449,34	497,19	Almoxarife	426,32	5
6	497,20	550,13	608,71			6
7	608,72	673,52	745,24	Auxiliar de Pessoal	688,60	7
				Auxiliar de Contabilidade	719,82	7
8	745,25	824,59	912,40	Caixa	901,75	8
9	912,41	1.009,55	1.117,04	Desenhista Projetista	1.045,61	9
10	1.117,05	1.235,99	1.367,60	Comprador	1.147,37	10
11	1.367,61	1.513,22	1.674,35	Analista de Cargos	1.484,21	11
12	1.674,36	1.852,63	2.049,90	Analista de Sistemas	1.852,63	12

Construção dos intervalos de valores:

a. Cálculo do Ponto Médio:

Progressão Geométrica com **a1**= 200,00 **an** =1.852,63 e **n** =12: razão **q** = 1.224298

a1 = 200

a2 = 200 × 1,224298 = 244,86

a3 = 244,86 × 1,224298 = 299,78 etc.

b. Cálculo dos Máximos:

classe 1: máximo = médio × raiz quadrada de **q**:
$200{,}00 \times \sqrt{1{,}10648} = 221{,}30$

demais classes: máximo da classe anterior × razão **q** inteira
classe 2 = $221{,}30 \times q = 270{,}93$

c. Cálculo dos Mínimos:

classe 1: mínimo = médio dividido pela raiz quadrada de **q**
$200{,}00 / 1{,}10648 = 180{,}75$

demais classes: máximo da classe anterior + 0,01

Se as condições específicas da empresa mostram que o Caixa, por exemplo, deveria ficar junto com o Auxiliar de Contabilidade, então o comitê pode mudá-lo da classe 8 para a classe 7.

Os cargos considerados são aqueles que hipoteticamente foram pesquisados no mercado. Os demais serão incluídos nas classes de 1 a 12 pelo comitê, com base na descrição. Aqui usamos 12 classes arbitrariamente. O número adequado de classes pode ser determinado segundo os critérios abordados no capítulo seguinte.

3. Graus Predeterminados

Consiste no enquadramento dos cargos em graus previamente caracterizados em termos de qualificação, complexidade, responsabilidade etc. e, depois, em classes.

Vejamos um exemplo para cargos operacionais (fábrica):

Grau 1: Ocupações não-qualificadas, caracterizadas por trabalhos dos mais simples e totalmente orientados.

Grau 2: Ocupações semiqualificadas, que envolvem trabalhos simples, de pouca iniciativa e responsabilidade bastante restrita.

Grau 3: Ocupações qualificadas, que envolvem trabalhos de alguma complexidade, exigindo alguma iniciativa e autonomia; têm alguma responsabilidade sobre patrimônio e produtos.

Grau 4: Ocupações semi-especializadas, que envolvem trabalhos relativamente complexos, exigem boa dose de iniciativa e autonomia; têm razoável responsabilidade por bens e produtos.

Grau 5: Ocupações especializadas, que envolvem trabalhos dos mais complexos da categoria Operacional, muita iniciativa e autonomia e grande responsabilidade por bens e produtos.

Cada grau recebe uma subgraduação tipo –, = e +, onde "–" significa "ligeiramente abaixo do grau"; "=" significa "plenamente no grau" e "+" significa "ligeiramente acima do grau". Com isso, em 5 graus temos 13 classes:

Classe	1	2	3	4	5	6	7	8	9	10	11	12	13
Grau	1=	1+	2–	2=	2+	3–	3=	3+	4–	4=	4+	5–	5=

Nota-se, no exemplo, que não se usa "1–" nem "5+".

Também neste método, a avaliação deve ser feita por um comitê e com base nas descrições, onde cada membro faz o seu enquadramento individual dos cargos e depois todos discutem até obterem uma avaliação única.

Esse método sem dúvida dirije melhor a hierarquização dos cargos, mas abriga ainda uma acentuada dose de subjetividade. Para pequenas organizações atende razoavelmente.

4. Grade de Comparação

Consiste em comparar cada cargo com os demais, levando em conta os requisitos, complexidades, responsabilidades etc. Exemplo:

	Copeira	Datilógrafo	Aux.de Pessoal	Almoxarife
Copeira	///////	–	–	–
Datilógrafo	+	///////	–	=
Aux. Pessoal	+	+	///////	+
Almoxarife	+	=	–	///////

Em cada comparação o avaliador diz se considera o primeiro cargo menor (–), igual (=) ou maior (+) que o segundo, o terceiro, o quarto etc., sempre considerando fatores como as complexidades, responsabilidades, requisitos etc.

Os sinais valem pesos tipo 1, 3 e 5. Depois que todos os avaliadores fazem e consensam as suas comparações, apura-se os pontos que cada cargo obteve e determina-se a classe de cada um.

Este método já permite um ordenamento um pouco mais preciso. Contudo, por ainda incorrer em acentuada subjetividade, também não é recomendado para organizações médias e grandes.

	Sinais (–)	Sinais (=)	Sinais (+)	Total
Copeira	3 x 1	0 x 3	0 x 5	3
Datilógrafo	1 x 1	1 x 3	1 x 5	9
Aux. Pessoal	0 x 1	0 x 3	3 x 5	15
Almoxarife	1 x 1	1 x 3	1 x 5	9

Classes	Faixas	Cargos	Pontos	Classes
1	3 a 6	Copeira	3	1
2	7 a 9	Datilógrafo	9	2
		Almoxarife	9	2
3	10 a 12			
4	13 a 15	Aux. Pessoal	15	4

Métodos Analíticos

1. Pontos

Neste método, os cargos são avaliados em cada um de uma série de fatores como escolaridade, experiência, complexidade etc., previamente definidos e subdivididos em graus. Esses graus definem os diferentes níveis de intensidade de aplicação dos fatores e a eles corresponde um certo número de pontos. Após o enquadramento dos cargos nos fatores, apura-se a avaliação global através da somatória dos pontos.

Exemplo: Fator "Escolaridade".

Grau	Definição	Pontos
A	Cargos que exigem o 1º grau completo	20
B	Cargos que exigem o 2º grau completo	40
C	Cargos que exigem formação universitária	60
D	Cargos que exigem nível de pós-graduação	80

Na avaliação, os membros do comitê fazem suas avaliações e depois discutem as divergências em cada fator até chegar a um consenso.

Este método é o mais empregado pelas organizações médias e grandes, devido à sua grande precisão. O fato de trabalhar com pontos permite tratamentos técnicos e matemáticos bastante refinados.

Por ser este o método mais largamente empregado, voltaremos a ele mais adiante para examinar o seu desenvolvimento na organização.

2. Comparação de Fatores

Este método é basicamente igual ao de pontos, com a diferença de que os pontos são substituídos por valores monetários, já correspondendo a parcelas do futuro salário que será definido diretamente pela avaliação.

Cada fator tem uma escala de valores monetários de forma que a soma dos valores determine o salário do cargo. A escala de valores de cada fator varia segundo o peso que cada fator deve ter. A escala de Escolaridade pode ir, por exemplo, de 150 a 250, enquanto a de Esforço Físico vai de 40 a 60.

Exemplo:

Fatores	Complexidade	Esforço Visual	Escolaridade	Experiência	Iniciativa
Pesos	20%	8%	30%	30%	12%
Salário Médio de Mercado × Peso	20% de 639,00 = 128,00	8% de 639,00 = 51,00	30% de 639,00 = 192,00	30% de 639,00 = 192,00	12% de 639,00 = 77,00
Graus	Partes Salariais	Partes Salariais	Partes Salariais	Partes Salariais	Partes Salariais
1	105,00	42,00	158,00	158,00	63,00
2	116,00	46,00	174,00	174,00	70,00
Mercado × Peso	128,00	51,00	192,00	192,00	77,00
3	141,00	56,00	211,00	211,00	84,00
4	155,00	62,00	233,00	233,00	93,00

A avaliação, como sempre, é feita por um comitê e o resultado final pode ser a média das avaliações dos membros ou o consenso geral.

Cargos	Escalonamentos e partes salariais									Total	Merc.
Lubrificador	1	105	3	56	1	158	1	158	3	84	522	561
Operador	2	116	4	62	2	174	2	174	2	70	582	596
Soldador	4	155	1	42	3	211	3	211	1	63	684	682
Mecânico	3	141	2	46	4	233	4	233	4	93	768	746
Guindasteiro	2	116	3	56	2	174	2	174	2	70	576	

Este método teria a vantagem de determinar diretamente os salários, suprimindo a etapa da apuração dos pontos e outros cálculos. Envolve, porém, a grande dificuldade de trabalhar com valores monetários sempre sujeitos a instabilidades.

Foi bastante utilizado quando criado nos Estados Unidos mas não teve sucesso no Brasil, onde praticamente não se tem notícia de seu uso, razão pela qual não nos deteremos no seu exame.

3. Métodos Sistêmicos

Os chamados métodos "sistêmicos" são processos desenvolvidos "em laboratório", dentro de uma abordagem própria e são fornecidos às organizações já prontos, isto é, não são desenvolvidos para cada organização em particular, como é o caso dos outros métodos.

Embora tenham essas características diferenciadoras, a avaliação dos cargos nesses métodos é igualmente expressa em pontos.

Os métodos sistêmicos mais conhecidos são o "Método Hay" e o "Método Hoyler".

O método Hay utiliza os fatores de avaliação "Know-How", "Solução de Problemas" e "Acontabilidade" (impacto), cada um subdividido em 2 ou 3 subfatores.

O método Hoyler utiliza os fatores "Habilitação", "Aplicação", "Resultados" e "Atuação", também subdivididos em 2 subfatores.

Esses métodos são propriedades das respectivas consultorias que levam o seu nome e somente elas podem utilizá-los.

CONSTRUÇÃO DO INSTRUMENTO DE AVALIAÇÃO DE CARGOS

Dada a grande popularidade e ampla aplicação do método de pontos, examinaremos mais detalhadamente os passos da sua elaboração.

ELABORAÇÃO DO MANUAL DE AVALIAÇÃO

1. Determinação das Categorias

O primeiro passo consiste em definirmos as categorias de cargos com as quais vamos trabalhar tendo em vista que cada categoria tem características que requerem a construção de um manual próprio. Em geral trabalhamos com três categorias: Operacional, Administrativo/Técnico e Chefia.

É necessário fazer um manual para cada categoria porque os fatores variam de uma para outra devido à natureza dos trabalhos.

2. Escolha dos Fatores

Fatores de avaliação são os aspectos dos cargos que interferem no seu valor relativo. É como se avaliássemos um imóvel, onde se leva em conta aspectos como localização, tamanho, qualidade de edificação, proximidade de recursos etc.

Os fatores de avaliação de cargos mais comuns são: escolaridade, experiência, complexidade, responsabilidade, relacionamento, confidencialidade, esforço mental e visual, esforço físico e condições ambientais.

A escolha dos fatores é uma etapa muito importante, pois muito da precisão das avaliações vai depender do conjunto de fatores utilizados. A etapa pode ser dividida em alguns passos:

> a. *Amostra de cargos* – A primeira providência consite em selecionarmos os cargos-chave da categoria e elaborarmos suas descrições com o máximo de informações possível. Cargos-chave são aqueles mais conhecidos, tidos como importantes na organização, populosos em ocupantes, críticos em relação ao mercado. Essa amostra deve conter cargos de todos os níveis, desde os de remuneração mais baixa até os mais altos.
>
> Esses cargos serão empregados na montagem e nos testes do Manual, na formação das avaliações-guia do Comitê e para os testes estatísticos de pontuação do Manual. Em razão desta última utilização, é importante que os cargos sejam os mesmos que serão usados na pesquisa de mercado.
>
> b. *Inventário de fatores* – Consiste em levantarmos um certo número de fatores à primeira vista aplicáveis aos cargos-chave, consultando outros manuais, literatura especializada, chefias, descrições dos cargos e usando o próprio conhecimento do profissional que está desenvolvendo o trabalho.
>
> Em seguida, faz-se a conceituação dos fatores, definindo o seu significado exato, de modo a não deixar dúvida sobre o que se quer avaliar em cada um desses fatores.

Exemplo:

Fator: COMPLEXIDADE — Este fator avalia a demanda de raciocínio e técnica para desenvolver soluções para problemas e situações impostos pelo cargo e conduzir o trabalho a bom termo.

c. *Escolha dos fatores* – Como possivelmente teremos levantado um número excessivo de fatores, devemos escolher um máximo de dez e um mínimo de seis, observando:

- Quais os fatores que se aplicam a todos ou à grande maioria dos cargos, isto é, os mais universais. Os fatores devem diferenciar os cargos. Logo, se diferenciarem uma parte e se aplicarem com uma mesma intensidade nos demais cargos, não nos ajudam.
- Quais os fatores que se aplicam em variados graus de intensidade. Os fatores que variam minimamente de intensidade entre os cargos não ajudam a diferenciá-los. Um exemplo é o fator "Condições Ambientais" quando as condições são mais ou menos as mesmas entre os cargos da categoria considerada.
- Quais os fatores mais claros, que os avaliadores vão entender facilmente seu significado, sem gerar polêmicas.
- Quais os fatores que não estejam avaliando aspectos já considerados em outros fatores. Essa sobreposição de avaliação é comum entre "Complexidade" e "Esforço Mental", por exemplo.

Após essas apreciações, certamente restarão cerca de seis a dez fatores, que é o normal nos planos de avaliação existentes. Um Manual com menos de seis fatores pode estar deixando de avaliar coisas importantes e com mais de dez pode estar tendo sobreposições, isto é, fatores se repetindo na avaliação das mesmas coisas.

3. Teste dos Fatores

Para verificar se todos os fatores escolhidos devem de fato fazer parte do plano, convém submetê-los a um teste. Esse teste consiste em fazer uma primeira "avaliação" dos cargos nesses fatores, fazendo um escalonamento dos cargos-chave em cada fator, em ordem crescente, utilizando suas descrições.

Antes deve-se descrever as condições que cada cargo-chave apresenta em cada fator.

Os fatores que permitirem realizar esse escalonamento com relativa facilidade, sem gerar muita dúvida, devem permanecer. Os fatores problemáticos já aí criarão dificuldades e deverão ser eliminados.

4. Graduação dos Fatores

Outra etapa muito importante é esta que se refere à definição dos graus dentro de cada fator. Ela consiste em conceituar os diferentes níveis de intensidade de aplicação do fator. Para o fator "Complexidade", por exemplo, poderíamos ter:

Grau	Descrição do Grau
A ELEMENTAR	Trabalhos simples, de assimilação imediata, exigindo mínima aplicação intelectual.
B ROTINEIRO	Trabalhos de pequena complexidade, demandando aplicação intelectual absolutamente normal, apresentando razoável repetição no dia-a-dia.
C SEMICOMPLEXO	Trabalhos que demandam aplicação intelectual pouco acima do normal, apresentando pouca repetição.
D COMPLEXO	Trabalhos que exigem uso do intelecto bastante acima do normal, demandando boa dose de raciocínio, apresentando mínima repetição.
E MUITO COMPLEXO	Trabalhos altamente complexos, que exigem elevada dose de raciocínio, atuação independente e solução de problemas intrincados.

Na graduação dos fatores poderíamos simplesmente copiar/adaptar outros manuais, mas certamente não ficaria sob medida para a organização. Para ter um manual bem ajustado às características da organização, ele deve ser todo desenvolvido especificamente para ela. Nada desaconselha, porém, as consultas a outros manuais e à bibliografia, para enriquecer as informações.

Para os fatores "Escolaridade" e "Experiência", a graduação é fácil. Na Escolaridade, basta verificar nos cargos-chave o mínimo e o máximo exigido e fazer uma escala que pode ir de "Alfabetização" a "Pós-Graduação", por exemplo. Para os fatores descritivos como "Complexidade", "Responsabilidade" e outros, a conceituação dos graus já é bem mais complexa.

Para ajudar, usamos o escalonamento feito para testar os fatores e juntamos os cargos mais próximos na aplicação do fator e formamos grupos. Em cada fator teremos quatro, cinco ou seis grupos de cargos que formarão os graus. Aí, então, verificando as descrições das condições dos cargos-chave do primeiro grupo no fator, fazemos uma primeira tentativa de conceituação do grau. Em seguida fazemos o mesmo como os cargos-chave do segundo grupo, e assim por diante.

Essa primeira conceituação dos graus certamente poderá ser melhorada. Para isso, devemos esquecer o escalonamento feito e avaliar os cargos utilizando as conceituações dos graus. Durante esse processo, sem dúvida, vamos identificar imperfeições e corrigí-las.

Para fazer os ajustes finais, convocamos o comitê de avaliação e pedimos que faça a avaliação dos cargos-chave. As dificuldades que o comitê tiver nos fatores já indicará onde melhorar.

Esta forma, embora trabalhosa, produz um manual na medida para os cargos da organizações.

5. Pontuação do Manual

Definidos os graus dos fatores, cabe agora determinar o número de pontos correspondentes a eles. Duas informações serão as bases dessa pontuação: a avaliação que o comitê fez para os cargos-chave e os salários de mercado para esses mesmos cargos.

O primeiro passo consiste em definir os pesos numéricos dos fatores. Esses pesos são expressos em forma de percentual tal que a soma deles seja igual a 100:

Escolaridade	Experiência	Complexidade	Responsabilidade
30%	35%	15%	20%

Essa variação nos pesos dos fatores decorre da maior ou menor importância que o mercado dá a eles e que nos dá a medida em que cada fator contribui para a definição do salário. A verificação dessa importância é feita através de cálculos associando as avaliações do comitê aos salários de mercado. Se os cargos que exigem maior escolaridade, por exemplo, recebem os maiores salários, é sinal de que o mercado valoriza mais esse fator. Essa constatação é feita estatisticamente, através dos cálculos de correlação linear.

Como, inicialmente, não sabemos que pesos atribuir aos fatores, damos pesos iguais:

Escolaridade	Experiência	Complexidade	Responsabilidade
25%	25%	25%	25%

Em seguida definimos os pontos dos graus. Os pesos dos fatores são usados como a pontuação mínima de cada fator e, multiplicando-se esse mínimo por uma constante (10, por exemplo), determinamos a pontuação máxima. Também poderíamos considerar o peso como pontuação máxima e, dividindo por 10, achar a pontuação mínima, mas resultaria valores pequenos e fracionados. A constante usada na multiplicação poderia ser, em vez do 10 ou outro valor arbitrário, a amplitude entre o maior e o menor salário (de mercado ou da organização), para a categoria que estamos tratando.

Conhecidos os pontos mínimo e máximo, só nos falta calcular os valores intermediários através de uma progressão geométrica.

Exemplo:

Escolaridade	Peso: 25	Graus	A	B	C	D	E
			25				250

Progressão geométrica:

$q = $ raiz **n-1** de **an** dividido por **a1**,

onde:

 $q = $ razão da progressão
 $n = $ número de graus
 $an = $ pontuação máxima
 $a1 = $ pontuação mínima

No exemplo, temo:
 $q = $ raiz 5-1 de 250 dividido por 25

ou
 $q = $ raiz 4 de 10 = 1,7783

Aplicando o valor obtido para q, temos:
 a1 =   = 25
 a2 = 25 × 1,7783 = 44
 a3 = 44 × 1,7783 = 79
 a4 = 79 × 1,7783 = 141
 a5 = 141 × 1,7783 = 250

Exemplo:

Escolaridade Peso: 25   Graus A   B   C   D   E
                                   25   44   79   141 250

Definidos os pontos dos graus de todos os fatores, estes devem ser colocados nas avaliações dos cargos-chave e apurado o total de pontos de cada cargo.

Exemplo:

	Escolaridade		Experiência		Complexidade		Responsabilidade		Total
	Grau	Pontos	Grau	Pontos	Grau	Pontos	Grau	Pontos	Pontos
Copeira	A	25	A	25	A	25	A	25	100
Datilógrafo	C	79	A	25	B	44	A	25	173
Almoxarife	B	44	B	44	B	44	B	44	176
Auxiliar de Pessoal	D	141	B	44	C	79	B	44	308
Auxiliar de Contabilidade	D	141	B	44	C	79	B	44	308
Desenhista	D	141	C	79	C	79	B	44	343
Caixa	D	141	C	79	C	79	D	141	440
Comprador	D	141	D	141	C	79	D	141	502
Analista de Sistemas	E	250	D	141	E	250	D	141	782

Em seguida, verifica-se a afinidade dos pontos totais com os salários de mercado, através dos cálculos de correlação linear. A determinação adequada dos pesos dos fatores afeta essa afinidade e, como atribuímos, nessa fase experimental, pesos iguais a todos, é de se esperar que o coeficiente de correlação fique bem abaixo do aceitável.

Para melhorar essa afinidade, devemos diferenciar os pesos dos fatores, dando-lhes pesos compatíveis com suas afinidades particulares com os salários do mercado. Assim, deveríamos dar mais peso àqueles que mostrem maior afinidade, isto é, maior correlação com os salários do mercado. Para isso ser possível, necessitamos calcular o Coeficiente de Correlação Linear (R) entre os pontos dos cargos-chave em cada fator e os salários de mercado, e ajustar o peso proporcionalmente a esse coeficiente.

Exemplo:

	Escolaridade	Experiência	Complexidade	Responsabilidade
Pesos Iniciais	25	25	25	25
Coeficientes (R)	0,91	0,95	0,77	0,80
Perc. dos Coeficientes	26,5%	27,7%	22,4%	23,3%
Pesos Ajustados	27	28	22	23

Ajustados os pesos dos fatores, devemos recalcular os pontos dos graus (peso = grau mínimo; grau mínimo × 10 = grau máximo etc.), repontuar as avaliações, apurar o novo total de pontos dos cargos e calcular o coeficiente de correlação geral.

O novo coeficiente será bem maior que o primeiro e poderá até já atingir o mínimo aceitável. Se isto não ocorrer, devemos analisar outras variáveis que certamente estarão fazendo o coeficiente de correlação geral permanecer baixo: a avaliação e/ou os salários de mercado.

Se colocarmos os totais de pontos dos cargos e os respectivos salários num gráfico e traçarmos uma reta visualmente, identificaremos logo quais os pontinhos estão muito distantes da tendência geral. Se o coeficiente de correlação fosse o máximo (1,0), todos os pontinhos coincidiriam com a reta. Logo, os pontinhos que se afastam mais da reta são as que estão fazendo o coeficiente baixar.

Os pontinhos mais distantes da reta são assim porque há um desencontro entre pontos e salário e, portanto, um dos dois ou os dois estão com problemas. Podemos suspeitar, portanto, que pode ter havido algum erro na avaliação ou na pesquisa salarial, ou nos dois.

Devemos então, localizar, rever e corrigir as avaliações e dados da pesquisa que eventualmente estejam distorcidos. Veja "Correlação" no Capítulo 18.

Após esses ajustes, devemos recalcular o coeficiente de correlação. Se ainda não chegou ao ideal, devemos reduzir drasticamente aquela constante que aplicamos sobre os pontos mínimos para determinar os pontos máximos (de 10 para 3, por exemplo), nos fatores de correlação muito baixa. Se isto ainda não bastar, devemos usar uma progressão aritmética nos graus desses fatores de baixa correlação, em lugar da progressão geométrica.

Processo de Avaliação dos Cargos

A prática e a ciência têm demonstrado as grandes vantagens do trabalho em grupo. Uma vantagem extraordinária refere-se ao processo da química mental, através do qual as mentes que se unem para realizar um propósito fundem-se numa outra mente, cuja capacidade de realização ainda não foi totalmente avaliada.

Outra vantagem é a mudança de comportamento que se processa nas pessoas quando têm que enfrentar várias opiniões. Para um indivíduo fazer valer a sua opinião perante um grupo, ela precisa estar muito bem fundamentada. Além disso, a convicção e a firmeza demonstrados na defesa de certas posições pouco defensáveis, quando feita de indivíduo para indivíduo, costumam desmoronar quando submetida a um grupo.

Na nossa questão específica, a experiência tem confirmado, ao longo dos anos, a grande validade de se avaliar os cargos com a participação das chefias e gerências. Além do pessoal assumir totalmente o resultado dos trabalhos, conferindo-lhe grande credibilidade interna, os cargos são discutidos não só quanto ao seu valor, mas também quanto à necessidade deles existirem, seus conteúdos etc. Tecnicamente também o plano só tem a ganhar, pois a avaliação se torna muito mais precisa.

Para que o resultado seja efetivamente eficaz, devemos organizar essa participação das chefias, criando um ou mais comitês fixos (um para os cargos operacionais e outro para os demais cargos, por exemplo), com membros provenientes das diversas áreas da organização.

A quantidade de membros não deve ser muito grande para não tornar o processo muito moroso, nem tão pequeno que não permita consistência às decisões. Um número bom está entre cinco e sete.

Antes de começar o seu trabalho, o comitê deve receber um treinamento de forma que domine os conceitos e adquira uma idéia clara do alcance do trabalho que irá fazer.

Para que todos assumam os resultados, o ideal é que o comitê mantenha os mesmos membros ao longo de todas as avaliações. Caso o titular da área cujos cargos serão avaliados não faça parte do comitê fixo, ele deve ser convidado a participar da avaliação, em igualdade de condição com os membros fixos.

Caso tenha havido uma etapa inicial destinada à avaliação dos cargos-chave, essas avaliações, pelo fato de que foram bem discutidas e revisadas, servirão de guia para as demais avaliações.

As avaliações devem ser feitas individualmente para evitar que membros mais influenciáveis sejam induzidos por outros membros. Depois o grupo discute as divergências até chegar ao consenso. O ideal é a decisão por unanimidade, mas como isso às vezes não é obtido, o próprio comitê deve fixar os critérios de desempate.

O comitê deve fixar também suas metas e horários de reuniões. Assim, assumem mais o trabalho e evitam-se as "escapadas".

O profissional de Cargos e Salários ou o Consultor devem assessorar o comitê e coordenar as discussões, mas não devem participar das avaliações para que as chefias assumam totalmente seus resultados.

Capítulo 4:

SACS – Ordenamento de Cargos

Conceitos e Tratamento Matemático

No capítulo anterior vimos como avaliar cargos e que o método mais aplicado para essa finalidade é o Método de Pontos. Nesse caso, após avaliarmos os cargos, temos o seu valor expresso em pontos. No entanto, esse referencial sozinho não significa muita coisa, a menos que optemos pela política de fixar um salário para cada cargo ou para cada pontuação diferente. Embora possível, esse procedimento traz alguns inconvenientes que veremos mais adiante, e esta é a razão pela qual pouquíssimas organizações optaram por ele. O melhor mesmo é agrupar cargos de pontuação próxima em uma classe ou nível e estabelecer um salário ou uma faixa salarial para cada classe. Aqui entra a questão do Ordenamento de Cargos.

O ordenamento dos cargos em níveis ou classes é uma das ferramentas de que precisamos para atribuir e administrar os salários de forma adequada. Se utilizamos os métodos de Escalonamento ou Graus Predeterminados, já temos automaticamente os cargos distribuídos em classes em ordem crescente de importância. Se, entretanto, usamos o Método de Pontos, temos os cargos com seus totais de pontos e ainda não agrupados.

É conveniente esclarecer, desde já, um conceito básico em Administração de Salários: todos os cargos agrupados numa mesma classe têm o mesmo tratamento salarial, podendo ser um valor único ou uma faixa. As diferenças salariais dentro de uma mesma classe ocorrerão se a opção for por uma faixa e em razão das diferenças entre os ocupantes dos cargos: merecimento, domínio, resultados, tempo na organização, tempo no cargo etc., segundo os critérios previstos na política interna.

Em tese, poderíamos atribuir salários em função do número de pontos. Teríamos, porém, dois inconvenientes: teríamos tantos salários ou tantas faixas salariais quantas fossem as pontuações e, nesse caso, os possíveis erros de avaliação interfeririam diretamente nos salários em razão de não contar com o "amortecedor" do agrupamento em classes. Além disso, fica muito mais seguro analisar o resultado da avaliação com os cargos agrupados em classes.

Para ordenar os cargos em classes precisamos definir as faixas de pontos das classes: classe 1 vai de 100 a 120 pontos; classe 2, de 121 a 144 etc. Devemos, portanto, calcular os intervalos de pontos como faremos com o seguinte conjunto de cargos com seus pontos:

Cargos	Pontos	Cargos	Pontos
Copeira	150	Caixa	320
Datilógrafo	180	Desenhista	380
Almoxarife	210	Comprador	510
Auxiliar de Pessoal	235	Analista de Sistemas	600
Auxiliar de Contabilidade	250		

O cálculo dos intervalos de pontos é feito através de uma progressão geométrica para ficar coerente com a progressão usada para os pontos dentro de cada fator de avaliação que, como vimos antes, são calculados em Progressão Geométrica (PG). O número de classes deve ser determinado tecnicamente, como veremos mais adiante, mas para o presente exemplo vamos fixá-lo em 8.

q = raiz **n-1** de **an** dividido por **a1**,

onde:

q = razão da progressão

n = número de classes

an = menor pontuação

a1 = maior pontuação

No exemplo, temos:

q = raiz 8-1 de 600 dividido por 150 ou q = raiz 7 de 4 = 1,219

Note-se que a razão q = 1,219 significa que a amplitude de cada intervalo será de 21,9%.

Aplicando o valor obtido para q, temos:

a1 =   = 150
a2 = 150 × 1,219 = 183
a3 = 183 × 1,219 = 223
a4 = 223 × 1,219 = 272
a5 = 272 × 1,219 = 331
a6 = 331 × 1,219 = 404
a7 = 404 × 1,219 = 492
a8 = 492 × 1,219 = 600

Os valores encontrados serão os pontos médios dos intervalos e devemos, a partir desses pontos médios, calcular os mínimos e os máximos de cada classe. Primeiro calculamos o mínimo e o máximo da classe 1, aplicando a raiz quadrada da razão q da PG no ponto médio inicial:

Raiz 2 de q = raiz 2 de 1,219 = 1,10409

Ponto médio inicial = 150

150 / 1,10409 = 136 mínimo da classe 1

150 × 1,10409 = 166 máximo da classe 1

Em seguida, calcula-se a progressão a partir do máximo da classe 1 (166) com a razão q = 1,219 e obtem-se os máximos das demais classes. O mínimo da classe 2 em diante será obtido adicionando 1 ao máximo da classe anterior:

INTERVALOS DE PONTOS PARA ORDENAMENTO DOS CARGOS (EXEMPLO)

Classe	Mínimo	Médio	Máximo
1	136	150	166
2	167	183	202
3	203	223	246
4	247	272	300
5	301	331	366
6	367	404	446
7	447	492	543
8	544	600	662

Ordenando os Cargos nas Classes pelos Pontos

Uma vez construídos os intervalos de pontos, como no exemplo visto, agora com 11 classes, resta-nos enquadrar os cargos nas classes:

Classe	Mínimo	Médio	Máximo	Cargos	Pontos	Classe
1	140	150	161	Copeira	150	1
2	162	172	185	Datilógrafo	180	2
3	186	198	212	Almoxarife	210	3
4	213	227	244	Auxiliar de Pessoal	235	4
5	245	261	280	Auxiliar de Contabilidade	250	5
6	281	300	322	Caixa	320	6
7	323	345	369			
8	370	396	424	Desenhista	380	8
9	425	455	487			
10	488	522	560	Comprador	510	10
11	561	600	643	Analista de Sistemas	600	11

Neste momento, o comitê deve examinar esse resultado final com o objetivo de detectar possíveis incoerências e, se elas existirem de fato, voltar a discutir as avaliações.

Determinando o Número de Classe

Como dissemos antes, o número de classes do exemplo foi fixada arbitrariamente em 8, mas numa situação real há que se determinar esse número de uma maneira mais técnica.

A primeira coisa que devemos observar é que o número de classes é condicionado pela amplitude dos intervalos de pontos. De fato, se no exemplo tivéssemos trabalhado com cinco classes, em vez de amplitude de 21,9% nos intervalos, teríamos uma de 41,4%. Se, ao contrário, tivéssemos usado 15 classes, teríamos uma amplitude de apenas 10,4%.

O princípio básico na determinação do número de classes é que o intervalo não seja muito grande a ponto de agrupar numa mesma classe cargos com avaliações significativamente diferentes, nem tão pequeno que, num limite extremo, tenhamos tantas classes quanto pontuações. Uma amplitude que tem se revelado boa é de 15% e há uma teoria que lhe dá respaldo. Segundo pesquisas psicométricas, notamos diferenças nas características dos objetos (dimensões, cores etc.) quando as diferenças são superiores a 15%.

Se fixarmos previamente que o intervalo será de 15%, podemos determinar o número de classes com a fórmula da PG um pouco modificada para achar o **"n"** em vez do **"q"**:

$$n = \frac{\text{Log } (an/a1)}{\text{Log } q} + 1$$

Aplicando a fórmula no exemplo visto,

$$n = \frac{\text{Log } (600/150)}{\text{Log } 1,15} + 1 =$$

$$n = \frac{\text{Log de } 4}{\text{Log } 1,15} + 1 =$$

$$n = \frac{0,60206}{0,0606978} + 1 = 10,9$$

chegaríamos a 11 classes. Nesse caso, algumas classes ficariam "vazias", pois estamos trabalhando com apenas nove cargos. Numa situação real esse fato não ocorreria, pois o número de cargos seria sempre muito maior que o do exemplo.

Como o valor de **n** com razão de 15% resultou fracionado (10,9), deveremos recalcular o valor de **q** para trabalharmos com 11 classes:

q = raiz 11 – 1 de 600 dividido por 150

ou

q = raiz 10 de 4 = 1,1486984

Capítulo 5

SACS – Estrutura Salarial

INTRODUÇÃO

Até aqui temos os cargos descritos, avaliados e ordenados em classes. Está preparado o terreno para definirmos os níveis salariais. Vamos agora, efetivamente, tratar da construção das matrizes que determinarão os valores a pagar.

Tecnicamente, numa situação real, para construirmos a estrutura salarial precisamos ter à mão os resultados da pesquisa salarial e definir a Política Salarial ou, pelo menos, alguns dos seus pontos básicos, como o formato das faixas salariais e a posição da empresa no mercado, pois esses são os pontos de partida para a construção da Estrutura Salarial. Contudo, para fins didáticos, visando principalmente facilitar a compreensão das explicações sobre a Política Salarial, vamos inverter essa ordem e tratar primeiro da Estrutura.

Assim, a Política Salarial determina o formato da Estrutura Salarial e os seus parâmetros básicos, restando-nos calcular a Estrutura, estabelecendo os padrões salariais para as diversas classes dos cargos.

A cada classe corresponderá uma faixa salarial com os degraus definidos pela Política. As faixas poderão ter valores intermediários (níveis, *steps*, passos, como se queira chamar) e cada um desses valores funcionarão como padrões salariais, isto é, nenhum salário poderá ser pago fora desses padrões. Outras políticas poderão prever valores intermediários apenas para funcionarem como limites, deixando livre o estabelecimento de salários dentro desses limites. Outras ainda poderão estabelecer somente os limites mínimo, médio e máximo ou simplesmente mínimo e máximo.

Algumas políticas combinam os níveis da faixa com alguns marcos do mercado: mínimo, 1º quartil, 2º quartil, 3º quartil e máximo. Essa forma torna fácil visualizar a posição no mercado: abaixo do 1º quartil, os salários são "baixos"; entre o 1º e o 2º quartis, são "médio inferiores"; entre o 2º e o 3º quartis, são "médios superiores" e, entre o 3º quartil e o máximo, são "altos".

Para examinarmos o cálculo da estrutura, vamos examinar um modelo mais comumente usado pelas organizações, que é o de classes com faixas salariais subdivida em níveis, neste caso de cinco níveis (A, B, C, D e E).

CÁLCULO DA ESTRUTURA SALARIAL

O primeiro elemento de que precisamos para construir a Estrutura é a curva ou a linha de tendência média de mercado, cujo cálculo examinamos no capítulo da Pesquisa Salarial e que é explicado em detalhes na parte estatística.

Classes	NÍVEIS				
	A	B	C	D	E
			VALORES DA CURVA DE MERCADO		
1			244,87		
2			288,45		
3			339,80		
4			400,28		
5			471,53		
6			555,47		
7			654,34		
8			770,82		
9			908,02		
10			1.069,65		

A curva de mercado corresponde a uma série de valores e constitui a "espinha dorsal" da estrutura. Se a política prevê que a empresa vai pagar "na média de mercado" e que suas faixas terão cinco níveis, a curva de mercado coincidirá com o ponto médio das faixas (nível "C"). Podemos ter o exemplo da tabela na página anterior, utilizando os mesmos valores da curva (Exponencial) calculada no capítulo da Pesquisa Salarial.

Se a empresa adota uma política salarial mais agressiva, a curva de mercado deve ser posicionada mais próxima do nível "A". Se, ao contrário, quer uma posição mais conservadora, deve posicionar a curva mais próxima do nível "E". A curva posicionada no nível "E" significa pagar abaixo da média de mercado sempre que o salário estiver nos níveis A, B, C e D.

Para completarmos a tabela, falta apenas definirmos o percentual entre os passos das faixas. Os percentuais mais praticados nas organizações variam entre 4% e 7%. Os critérios para estabelecê-lo estão ligados à cultura da organização e às práticas do mercado.

Ao utilizarmos a curva de mercado para construir a tabela, assumimos como variação entre os valores das classes (de 244,87 – classe 1 – para 288,45 – classe 2, por exemplo) o percentual determinado pelo cálculo da curva. Neste caso, o percentual é de 17,8% (valor de "B" na Exponencial = 1,17800138).

Neste momento, dependendo do percentual que se utilize entre os níveis e/ou do número de níveis, poderá ocorrer a sobreposição de faixas, isto é, o avanço da faixa de uma classe sobre os valores da faixa da classe seguinte. A sobreposição encurta o horizonte salarial para os cargos já que, ao ser promovido para cargo de classe maior o funcionário já pode estar com salário situado no meio da nova faixa.

A fim de se evitar que a faixa de uma classe avance sobre a faixa da classe seguinte ou mesmo para minimizar essa ocorrência, o maior valor de cada classe terá que ser, no máximo, igual ao mínimo da classe seguinte. Isto significa que a variação entre o mínimo e o máximo de cada classe será a mesma que de uma classe para outra, ou seja, o percentual determinado pela curva de mercado. Assim, o percentual entre níveis será uma fração do percentual entre classes e isto significa que, se quisermos percentuais mais elevados entre níveis, deveremos reduzir o número de níveis. Se quisermos um número maior de níveis, precisaremos reduzir o percentual entre os níveis. Tomando o percentual da curva de mercado com que vamos trabalhar (17,8%), temos as seguintes possibilidades:

Nº de Níveis	Percentual entre níveis
3	8,54%
4	5,61%
5	4,18%
6	3,33%
7	2,77%

Essas limitações deixam claro que somente será possível trabalhar com sete níveis, por exemplo, com variação de 4% entre níveis, se aceitarmos a convivência com sobreposição de faixas.

No presente exemplo vamos trabalhar com sobreposição mínima, fazendo coincidir 1E com 2A, por exemplo. Como o percentual entre classes é de 17,8%, o percentual entre níveis será de 4,1805% (raiz 4 de 1,17800138). Vejamos o exemplo:

Classe 1: nível C = 244,87

nível B = 244,87 / 1,041805 = 235,04

nível A = 235,04 / 1,041805 = 225,61

nível D = 244,87 × 1,041805 = 255,10

nível E = 255,10 × 1,041805 = 265,77

Procedendo o mesmo cálculo para as demais classes, a estrutura deve ficar assim:

Classes	NÍVEIS				
	A	B	C	D	E
1	225,61	235,04	244,87	255,10	265,77
2	265,77	276,88	288,45	300,51	313,07
3	313,07	326,16	339,80	354,00	368,80
4	368,80	384,22	400,28	417,02	434,45
5	434,45	452,61	471,53	491,25	511,78
6	511,78	533,18	555,47	578,69	602,88
7	602,88	628,08	654,34	681,70	710,19
8	710,19	739,88	770,82	803,04	836,61
9	836,61	871,58	908,02	945,98	985,53
10	985,53	1.026,73	1.069,65	1.114,37	1.160,95

Veja que nesta tabela o valor do nível E de cada classe é igual ao nível A da classe seguinte. Isto é coincidência de valores. O percentual entre níveis é de 4,18%. Se quisermos um percentual prefixado, como 4%, por exemplo, não haverá coincidência de valores.

Note que os valores A de cada classe são iguais aos valores E da classe anterior. Isto é sobreposição.

Capítulo 6

SACS – Pesquisa de Salários

Pode-se, em tese, definir os níveis salariais a partir de parâmetros internos das organizações, mas, dentro do Sistema de Remuneração, uma ferramenta imprescindível é a informação sobre o mercado. Não é sem motivo que constitui uma preocupação constante para a maioria das organizações saber como seus salários estão em relação àqueles praticados no mercado.

Além da preocupação com a posição geral da organização em face do mercado, isto é, da sua estrutura salarial em face do mercado, freqüentemente há a necessidade de se levantar informações especificamente sobre determinado cargo ou grupo de cargos, tendo em vista dificuldades de contratação ou de retenção de mão-de-obra.

A forma usada para se ter informações do mercado é a Pesquisa Salarial, que pode ser realizada pela própria organização, encomendada a consultorias ou obtida mediante a participação em pesquisas realizadas por outras organizações.

A pesquisa destinada a verificar a posição geral da organização é completa, isto é, levanta informações para uma amostra de toda a estrutura de cargos da organização. Outros tipos são específicos e emergenciais e, por isso, enfocam só determinados cargos. Vamos examinar apenas o processo da pesquisa completa uma vez que engloba as etapas de qualquer pesquisa específica e parcial.

A Pesquisa Salarial Passo a Passo

Atualmente não se concebe mais processar pesquisas salariais manualmente ou mesmo utilizando ferramentas como planilhas de cálculo, pois os recursos disponíveis já permitem informatizar desde a coleta até a geração dos relatórios finais. Contudo, para podermos explicar todos os passos, vamos examinar os procedimentos como se a pesquisa fosse toda processada manualmente.

O processo básico de realização de uma pesquisa completa envolve as seguintes etapas:

1. Seleção dos cargos a pesquisar.
2. Seleção das organizações participantes.
3. Contatos com as organizações para fazer o convite.
4. Preparação do caderno de coleta.
5. Visita às organizações.
6. Análise dos dados coletados.
7. Tabulação dos dados.
8. Elaboração do relatório com os resultados.
9. Fornecimento dos resultados aos participantes.

1. Seleção dos Cargos a Pesquisar

Logicamente, não é possível pesquisar todos os cargos que existem na estrutura da organização, pois alguns deles simplesmente não existem no mercado e muitos não são comparáveis e, também, as organizações participantes dificilmente se dispõem a colaborar quando o volume da pesquisa é muito grande. Logo, torna-se necessário escolher quais cargos deverão fazer parte da pesquisa.

Eis alguns critérios:

a. Cargos de todos os níveis devem fazer parte da amostra, desde os do primeiro patamar salarial até os de maior remuneração. As organizações que tem os cargos ordenados em classes, devem escolher cargos de todas as classes ou, pelo menos, da maioria delas.

b. Cargos tidos como importantes na organização, por serem típicos do ramo, serem críticos em termos de concorrência no mercado e/ou por terem grande contingente de ocupantes.

c. Cargos comuns no mercado, que poderão ser encontrados nas organizações escolhidas, em condições bastante comparáveis com os da organização empreendedora da pesquisa.

2. Seleção das Organizações Participantes

As organizações convidadas a participar da pesquisa devem, de preferência, ser do mesmo ramo e de porte semelhante ao da organização pesquisadora. Se a organização não tem similares na região, então os cargos escolhidos devem se restringir àqueles mais universais, das áreas mais comuns a todo tipo de organização.

Quanto à localização das organizações, o raio de alcance varia de acordo com a categoria dos cargos:

Categorias e cargos \ Mercados	Mercado Local	Mercado Regional	Mercado de Grandes Centros
Cargos operacionais e administrativos de primeiro e segundo graus			
Cargos de nível universitário e primeiro nível de chefia			
Chefias de segundo nível em diante e gerências			

Além daquelas organizações que temos na "ponta da língua", é conveniente verificarmos se não existirão outras que podem interessar, consultando outras pesquisas disponíveis, catálogos de organizações, organizações concorrentes, sugestões da área de Recrutamento e das diversas áreas.

Uma vez escolhidos os cargos e organizações, é conveniente obter a sua validação junto à direção ou junto ao Comitê de Cargos e Salários.

3. Contatos com as Organizações para Fazer o Convite

Na seqüência, este é o momento de entrar em contato com as organizações selecionadas e solicitar a sua participação. As pessoas contatadas habitualmente querem saber, antes de dar a resposta, quais são as outras organizações convidadas, qual a abrangência da pesquisa (quais as categorias de cargos fazem parte), a quantidade de cargos, o período das visitas e o prazo que terão para a coleta de dados. É preciso já ter tais definições para poder dar as informações pedidas.

Se a pesquisa inclui organizações pouco habituadas a pesquisas desse tipo, deve-se dar mais esclarecimentos a respeito, sobretudo sobre o sigilo no trato das informações e sobre a contrapartida do seu favor, isto é, o fornecimento da tabulação.

4. Preparação do Caderno de Coleta

Esta etapa consiste na montagem de um caderno de coleta a ser fornecido às organizações participantes contendo basicamente o seguinte:

a. Instruções para resposta.

b. Rol de cargos.

c. Rol de organizações convidadas.

d. Planilha para fornecer informações gerais e benefícios.

e. Planilhas de informações sobre os cargos pesquisados com sua descrição e seus requisitos e campo para as informações salariais.

As descrições que serão utilizadas na comparação dos cargos são mais sucintas do que aquelas em uso na organização, mas devem conter as principais atribuições dos cargos especificadas de maneira bem clara e precisa.

Para cargos de chefia, as descrições devem incluir informações sobre a posição na estrutura: a quem o cargo se reporta, cargos pares, cargos subordinados, número de pessoas na equipe subordinada etc. O ideal mesmo seria adotar algum processo de pontuação que permitisse ajustar o "tamanho" do cargo na organização pesquisada para o "tamanho" do cargo na organização analisada.

Ainda em relação às chefias e gerências, os benefícios e remunerações extras devem ser pesquisados para cada cargo e não apenas no geral.

5. Visita às Organizações

A visita às organizações participantes deverá ocorrer, mesmo que seja apenas para entregar o caderno de coleta e dar as instruções gerais para o preenchimento. A visita, logicamente, deve ser agendada com o informante por ocasião do convite.

O ideal na coleta de dados é fazê-la pessoalmente, isto é, procedendo junto com o informante da organização a comparação dos cargos, coletando os dados salariais, prestando e colhendo outras informações. Contudo, nem sempre as circunstâncias o permitem, restando-nos preparar um caderno de coleta o mais auto-explicativo possível para que o informante possa responder sozinho, se for necessário, e com um mínimo de confiabilidade aceitável.

6. Análise dos Dados Coletados

Antes de iniciar o trabalho de tabulação dos dados, devemos examinar as respostas contidas nos cadernos com o objetivo de detectar eventuais erros de comparação de cargos e outros, verificando os títulos informados para os cargos, observações feitas pelos informantes, salários muito estranhos etc.

Os dados não confiáveis devem ser esclarecidos junto ao informante ou eliminados já neste momento.

7. Tabulação dos Dados

Neste momento já podemos organizar os dados coletados por cargo, depurar os dados destoantes e fazer cálculos estatísticos. Devemos, aqui, relembrar o que alertamos antes, isto é, que se torna impraticável a explicação dos cálculos estatísticos toda vez que eles aparecem e que, por isso, contamos com a disposição do leitor em buscar esclarecimentos para suas eventuais dúvidas nos capítulos que tratam da Estatística Aplicada.

Veremos, na seqüência, os passos do procedimento padrão na tabulação dos dados da pesquisa.

a. *Cálculo dos índices de equalização monetária dos salários.* Se existe a prática de corrigir os salários periodicamente em razão de processos inflacionários, os salários coletados não podem ser comparados antes de equalizados, pois estão em bases nem sempre iguais quanto à inflação. Podemos ter na pesquisa organizações com diferentes situações em face da inflação, e o trabalho aqui consiste em trazer todas para uma mesma base, calculando a defasagem de cada uma em relação à inflação acumulada desde o último acordo (data-base).

Exemplo:

Organização "X": Data-base: Novembro

Vigência dos Salários da Pesquisa: Abril

Meses:	Novembro	Dezembro	Janeiro	Fevereiro	Março	Abril
Inflação:	1,2%	1,0%	1,3%	1,4%	1,1%	
Reajustes:		0,9%		1,6%		1,4%

Apuração dos índices acumulados:

Inflação = $1,012 \times 1,010 \times 1,013 \times 1,014 \times 1,011$ = **1,0614522**

Reajustes = $1,009 \times 1,016 \times 1,014$ = **1,039496**

$$\text{Índice de ajuste de data-base} = \frac{1,0614522}{1,039406} = 1,021122$$

b. *Aplicação dos índices de equalização.* No exemplo visto, deve-se multiplicar todos os salários da organização "X" por **1,021122**. Na situação real, apura-se os índices de equalização para todas as organizações participantes e depois aplica-se os índices sobre os salários informados.

c. *Agrupamento dos salários de cada cargo.* Até aqui temos os salários por cargo, mas em cada organização separadamente. Para podermos efetuar os cálculos por cargo, devemos juntar todos os salários de um mesmo cargo nas diferentes organizações, em ordem crescente.

Exemplo:

Cargo: Telefonista	Empresa	Salário	Freqüências
	X	350,00	1
	Z	557,14	1
	Z	590,48	1
	Y	628,57	2
	W	767,62	2

As freqüências são as quantidades de pessoas que ganham o salário informado e a sua finalidade é evitar repetir um salário tantas vezes quantas forem os ocupantes do cargo com esse salário.

d. *Corte dos salários destoantes.* Apesar de todos os cuidados na coleta dos dados e na triagem inicial, sempre acabamos encontrando, na tabulação, salários exageradamente distanciados entre si. Sabemos, pela experiência e pela teoria, que dados muito distanciados não formam um conjunto, isto é, podem não ter relação entre si. Assim, os salários que se distanciam de um conjunto lógico devem ser eliminados dos cálculos para não distorcerem os resultados.

Se tivermos salários a cortar dos cálculos, eles estarão nos extremos, mas não necessariamente nas duas pontas, podendo ser de apenas uma delas e envolver mais de um valor. Não basta, portanto, o valor estar no extremo para ficar sob suspeita, temos que determinar matematicamente se existem valores a eliminar e quais. Para isso é possível usar mais de um processo.

Um dos métodos mais comuns consiste em calcular uma primeira média e utilizá-la como ponto de partida para determinar uma faixa em torno dela, de modo que os valores que se situem fora dessa faixa sejam cortados. Essa faixa pode ser determinada por um percentual em torno da média ou pela soma e subtração, a média, de uma ou duas vezes o valor do Desvio Padrão.

As nossas experiências nesse assunto nos têm mostrado e confirmado problemas com essa prática, razão porque preferimos outra opção que veremos mais adiante. As inconveniências detectadas começam com uma contradição: se temos de cortar dados, isso significa que a primeira média está distorcida, e, sendo assim, como confiar numa faixa de corte baseada nessa média? Depois, há uma restrição baseada na prática, relacionada ao uso do Desvio Padrão: temos tido evidências de que o seu uso mostra-se ineficaz nessa área, deixando de cortar dados realmente destoantes e cortando dados que deveriam ser preservados.

Por tais motivos temos optado por um critério que se tem mostrado bastante eficaz e que consiste em aplicar um percentual sobre o valor central, ou seja, o salário "do meio" do conjunto, desconsiderando-se as freqüências. A supressão das freqüências para efeito deste cálculo pode parecer uma "heresia", mas isto se explica pelo fato de que o que nos interessa é a grandeza dos valores monetários e não o número de vezes que eles aparecem.

A distância comumente aceita entre o menor e o maior salário para um mesmo cargo na pesquisa é de 100%. Para se trabalhar com essa amplitude e partindo-se de um valor central, deve-se aplicar sobre este, para cima e para baixo, a metade geométrica de 100%, ou seja, 41,42%. Os salários que se situam acima do Valor Central mais 41,42% ou abaixo do Valor Central menos 41,42% devem ser cortados dos cálculos.

Exemplo:

Cargo: Telefonista	Empresa	Salário	Freqüências
	X	350,00	1
	Z	557,14	1
	Z	590,48	1
	Y	628,57	2
	W	767,62	2

Valor Central = 590,48 VC × 1,4142 = 835,06 VC/1,4142 = 417,54

Neste caso, não temos nenhum salário acima de 835,06 e temos um salário abaixo de 417,54 (350,00), que deve ser cortado.

Neste exemplo, o valor absoluto acrescido ao Valor Central foi de 244,58 e o valor subtraído foi 172,94. Essa diferença pode implicar em cortarmos mais dados do extremo inferior do que no extremo superior e, por conseguinte, elevarmos a média final. Para evitar esse inconveniente e trabalhar com o mesmo valor para cima e para baixo e ainda manter a amplitude máxima de 100% entre o maior e o menor, devemos fazer VC × 1,3334 e VC x 0,66666. Neste caso, a parcela a adicionar e a subtrair têm o mesmo valor (196,87) e o exemplo dado fica assim:

Valor Central = 590,48 VC x 1,3334 = 787,35 VC x 0,66666 = 393,61

Uma preocupação que se tem nesse processo é de preservar o máximo possível de dados e, por conseqüência, cortar o mínimo possível. Nesse sentido, o ideal é primeiro calcular-se a média, o desvio padrão, o coeficiente de variação e a amplitude entre o valor mínimo e o valor máximo. Assim, parte-se para o corte somente se o coeficiente de variação for superior a 25% e/ou a amplitude for superior a 2.

e. *Cálculo das medidas estatísticas.* Uma vez identificados e eliminados os valores destoantes, parte-se para os cálculos definitivos das medidas estatísticas com os dados que restaram, tomando apenas o conjunto final e excluindo os dados cortados.

As medidas estatísticas usuais nas pesquisas salariais são o desvio padrão, o coeficiente de variação, 1º, 2º e 3º quartis e média aritmética ponderada (MAP). Outros indicadores importantes merecem ser apurados: número de empresas que informaram salário para o cargo, freqüência total original, freqüência total após os cortes, menor e maior salários, média da organização e desvio percentual entre a média do mercado e da organização.

Note-se que novamente estamos calculando o desvio padrão e o coeficiente de variação. A finalidade agora é apenas de demonstrar que os resultados são confiáveis do ponto de vista estatístico, pois, uma vez feitos os cortes segundo os procedimentos explicados, não resta dúvida de que o desvio padrão e o coeficiente estarão dentro do aceitável.

f. *Tabulação dos benefícios.* Normalmente, a pesquisa de benefícios inserida numa pesquisa salarial é meramente subsidiária e visa conhecer o "pacote" padrão de benefícios praticado no mercado para comparar com o que a organização oferece, e não entrar em detalhes sobre cada benefício. Caso se queira conhecer esses detalhes, deve-se realizar uma pesquisa específica para esse fim.

Assim, a tabulação consiste em apurar o número e o percentual de organizações que praticam cada benefício identificado na pesquisa.

8. Elaboração do Relatório com os Resultados

Uma vez concluída a tabulação da pesquisa, deve-se preparar um relatório para a direção da organização, contendo todos os esclarecimentos sobre o trabalho e os resultados obtidos. O relatório da pesquisa deve ter, basicamente, o seguinte:

a. Relatório de esclarecimentos, informando o tratamento dado na tabulação: remunerações extras, equalização monetária, eliminação de dados destoantes, explicação sobre os relatórios gerados pela tabulação e conceitos estatísticos usados.

b. Rol de organizações participantes, com nome e telefone dos informantes.

c. Tabulação dos benefícios.

d. Resumo dos cálculos: número de organizações que informaram salário para o cargo, freqüência total, freqüência total após os cortes, menor e maior salários, desvio padrão, coeficiente de variação, 1º, 2º e 3º quartis, média aritmética ponderada, média da organização, desvio percentual entre a média do mercado e da organização.

Exemplo:

Cargo	Empr. Inform.	Freq. Total	Freq. c/ cortes	Desvio Padrão	Coef. Variaç.	Menor Salário	1º Quartil	2º Quartil	Média	3º Quartil	Maior Salário	Média Organ.	Desvio Percen.
Telefonista	4	7	6	82,14	12,51	557,14	582,15	628,57	656,67	767,62	767,62	620,00	-5,91%

e. Listagem dos dados: cargo, códigos das organizações, salário real, salário corrigido pela equalização monetária; freqüência e indicação dos dados cortados.

9. *Fornecimento dos Resultados aos Participantes*

A praxe de toda pesquisa salarial do tipo convencional, isto é, empreendida por uma organização e com a colaboração das organizações escolhidas, é de fornecer a cada uma delas, de modo tão personalizado quanto possível, os resultados apurados. O material fornecido usualmente contém:

a. Carta de agradecimento e informação do código de sigilo da organização pesquisadora e da organização à qual está sendo dirigida a carta.

b. Relatório idêntico ao fornecido à direção da organização e explicado no Item 8.

UTILIZAÇÃO DOS RESULTADOS DA PESQUISA

Ao concluir os cálculos da pesquisa, a organização passa às providências que motivaram esse trabalho: analisar a situação dos seus salários em relação ao mercado. Nesse momento, ela pode se restringir a analisar e corrigir defasagens mostradas pela pesquisa em certos cargos ou partir para uma análise estrutural que passe dos casos individuais para a posição global da organização.

Conforme temos enfatizado em vários pontos deste manual, toda pesquisa salarial, por mais precisa que seja, envolve uma série de possibilidades de erros, e isso torna os seus resultados mais uma referência do que uma constatação exata, inquestionável. Em razão desse fato, a comparação cargo a cargo e os ajustes feitos a partir dessa comparação não são práticas recomendáveis. A solução para essa limitação está na determinação dos níveis de remuneração do mercado para as classes ou pontos dos cargos, isto é, na identificação da linha de tendência lógica dos salários. Esta sim, na nossa visão, contém a "verdade do mercado".

Outro aspecto muito importante é que apenas uma amostra dos cargos foi pesquisada e é necessário pensar na organização como um todo.

A análise estrutural implica em apurar a curva ou linha de tendência do mercado a qual define um valor salarial teórico para cada classe ou nível. O passo seguinte consiste em confrontar a curva com a estrutura salarial da organização. Isto pressupõe que a organização tenha os cargos hierarquizados por algum processo metódico e tenha sua tabela ou escala salarial.

Essa análise estrutural é a mais recomendável, pois será feita sobre a curva de mercado e, sendo esta obtida segundo os procedimentos técnicos adequados, refletirá o que chamamos de "a verdade do mercado". Se o ordenamento interno dos cargos é confiável e a curva de mercado também, então não há razão para se ter dúvidas sobre os valores determinados para cada cargo através da curva.

A utilização dos resultados da pesquisa na implantação do Plano está ligada à construção da tabela salarial, assunto a ser examinado no capítulo da Estrutura Salarial.

Alguns Aspectos do Cálculo da Tendência Salarial

A determinação da linha de tendência lógica dos salários significa calcular a curva de mercado, e esta consiste em determinar uma série de valores, um para cada uma das classes do ordenamento dos cargos.

A apuração da tendência pode ser feita graficamente ou através de processo estatístico de regressão, conforme explicado no capítulo Regressão, da Parte III. Vale esclarecer que, quando se trabalha com classes, se deve usar uma regressão que resulte numa curva (exponencial, geométrica ou parabólica) e, quando se trabalha com pontos, deve-se usar o cálculo da Reta. Isto se explica pelo fato de que, quando correlacionamos uma série em progressão geométrica (salários) com outra em progressão aritmética (classes), normalmente obtemos uma tendência curvilínea e, quando ambas as séries (salários e pontos) estão na mesma progressão (geométrica ou aritmética), obtemos uma tendência retilínea.

Ao calcular a tendência, dados destoantes podem distorcer o resultado e dar-lhe uma inclinação que não corresponderá à lógica do mercado. É necessário identificar esses dados e eliminá-los dos cálculos. Uma maneira apropriada de identificá-los consiste numa análise gráfica: constrói-se um gráfico cartesiano no qual temos os salários na coordenada vertical e as classes na horizontal, marca-se pontinhos correspondentes aos salários médios em cada classe, traça-se uma linha visualmente, de forma que tenhamos aproximadamente o mesmo número de pontinhos acima e abaixo da linha.

Com a linha assim traçada, pode-se determinar uma faixa de aceitação em torno dela para localizar os pontinhos "desgarrados". Traçando outras duas linhas, 25% acima e abaixo, delimita-se a faixa de aceitação. Os valores que ficarem fora dessa faixa devem ser eliminados dos cálculos.

Para efeito de identificar os dados destoantes, se trabalharmos com uma reta, teremos essa tarefa muito facilitada. Para esse fim, caso estejamos trabalhando com classes no eixo horizontal, os salários devem ser convertidos em logaritmos ou deve-se usar o papel "monolog" (papel milimetrado com escala vertical espaçada logaritmicamente). Procedendo assim, em vez de a linha de tendência ser uma curva, será uma reta. Neste caso, o cálculo da faixa de 25% acima e abaixo da linha central não deve ser feito sobre o logaritmo. Aí deve-se reconverter o logaritmo em salário, calcular os valores 25% acima e abaixo e convertê-los novamente em logaritmos. Vejamos o exemplo da tabela a seguir:

Cargos	Salários	Classes	Logaritmos
Auxiliar de serviços gerais	223,17	1	2,3486
Auxiliar de produção	267,47	2	2,4273
Copeiro	317,97	2	2,5024
Ajudante de motorista	370,92	2	2,5690
Auxliar de recebimento	331,71	3	2,5208
Operador de produção	341,09	3	2,5329
Auxiliar de expedição	356,78	3	2,5524
Operador de empilhadeira	397,16	3	2,5990
Motorista entregador	480,54	3	2,6817
Motorista de carreta	314,34	4	2,4974
Promotora de vendas	370,50	4	2,5688
Operador de caldeira	448,79	4	2,6520
Operador de produção líder	450,58	4	2,6538
Contínuo	422,63	5	2,6260
Mecânico de manutenção	635,86	5	2,8034
Eletricista	667,71	5	2,8246
Mecânico de veículos	412,75	6	2,6157
Telefonista	423,93	6	2,6273
Técnico segurança do trabalho	800,57	6	2,9036
Auxilar correspondência	725,60	7	2,4285
Calculista de custos	725,60	7	2,8607
Faturista	734,67	7	2,8661
Auxiliar crédito/cobrança	396,15	8	2,5979
Assistente financeiro	527,91	8	2,7226
Escriturário fiscal	665,88	8	2,8234
Supervisor de expedição	719,79	8	2,8572

Monta-se o gráfico e traça-se as linhas limitadoras:

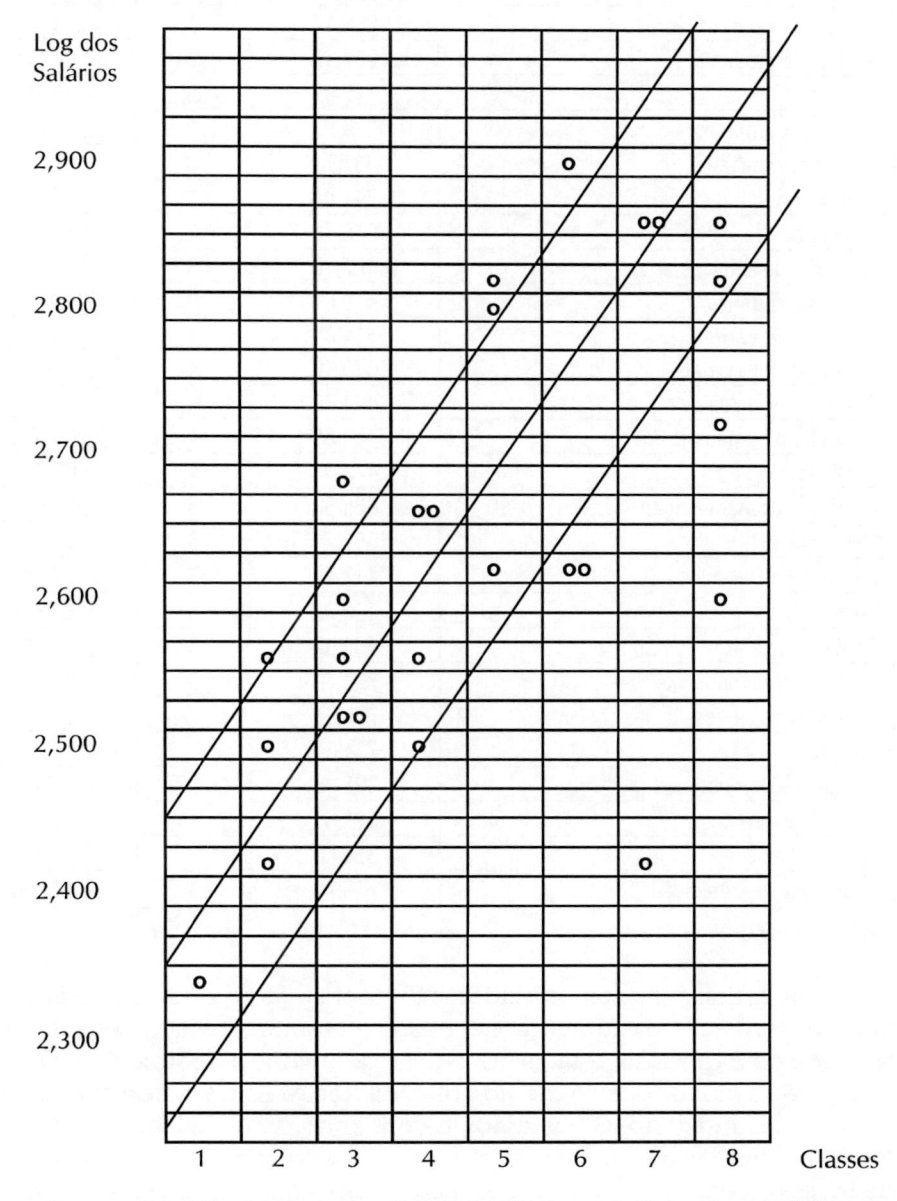

Log dos Salários

2,900

2,800

2,700

2,600

2,500

2,400

2,300

    1   2   3   4   5   6   7   8   Classes

Os pontos situados fora das linhas limitadoras indicam os salários que devem ser eliminados:

Cargos	Salários	Classes	Logaritmos
Auxiliar de serviços gerais	223,17	1	2,3486
Auxiliar de produção	267,47	2	2,4273
Copeiro	317,97	2	2,5024
Ajudante de motorista	370,92	2	2,5690*
Auxliar de recebimento	331,71	3	2,5208
Operador de produção	341,09	3	2,5329
Auxiliar de expedição	356,78	3	2,5524
Operador de empilhadeira	397,16	3	2,5990
Motorista entregador	480,54	3	2,6817*
Motorista de carreta	314,34	4	2,4974*
Promotora de vendas	370,50	4	2,5688
Operador de caldeira	448,79	4	2,6520
Operador de produção líder	450,58	4	2,6538
Contínuo	422,63	5	2,6260
Mecânico de manutenção	635,86	5	2,8034*
Eletricista	667,71	5	2,8246*
Mecânico de veículos	412,75	6	2,6157*
Telefonista	423,93	6	2,6273*
Técnico segurança do trabalho	800,57	6	2,9036*
Auxilar correspondência	725,60	7	2,4285*
Calculista de custos	725,60	7	2,8607
Faturista	734,67	7	2,8661
Auxilar crédito/cobrança	396,15	8	2,5979*
Assistente financeiro	527,91	8	2,7226*
Escriturário fiscal	665,88	8	2,8234
Supervisor de expedição	719,79	8	2,8572

* Salários eliminados

Uma vez eliminados os dados destoantes, já se pode calcular a linha de tendência. Recomenda-se, nesse momento, testar-se os diferentes tipos de regressão: reta, exponencial, geométrica e parabólica. O tipo que gerar o menor desvio médio entre valores reais e valores ajustados, será o mais indicado. Se estamos trabalhando com classes e não pontos na variável X, o ajustamento mais apropriado para o posterior cálculo da tabela salarial é o Exponencial. Assim, caso a diferença entre os tipos de ajustamento não forem significativos, dá-se preferência à Exponencial ainda que tenha um maior desvio.

O próprio cálculo da curva gera um indicador seguro sobre a sua confiabilidade: o coeficiente de correlação linear (R). A experiência tem mostrado, em todos os casos, que, após eliminarmos os dados destoantes pelo critério da análise gráfica descrito aqui, o coeficiente de correlação fica acima de 0,95, o que já é bastante satisfatório, uma vez que o máximo possível é 1. Se o coeficiente ficar em torno de 0,95 e quisermos um resultado ainda melhor, basta eliminarmos mais alguns dados que se mostrem mais distanciados da linha central e verificarmos o efeito no coeficiente. Neste caso, vai aqui um alerta muito importante: ao eliminar mais dados, deve-se observar o que ocorre com os extremos da curva, pois pode ocorrer "desbalanceamento" e elevar demais a base e baixar o topo ou o contrário.

A curva de mercado deve gerar um valor salarial para cada uma das classes do Plano, inclusive para aquelas classes que não tinham salário no cálculo. Com o mesmo exemplo visto antes, calculamos a curva exponencial sem os dados eliminados e obtivemos os valores da curva como segue:

Dados da Exponencial	Classes (X)	Valores Ajustados (Y')
a = 207,866538	1	244,87
b = 1,17800138	2	288,45
	3	339,80
Coeficiente de Correlação (R) = 0,963	4	400,28
	5	471,53
Cálculo dos valores ajustados (Y'):	6	555,47
Y' = a.(b elevado a X)	7	654,34
	8	770,82
Y' classe 1 = 207,866538. (1,17800138 ^ 1) = 244,87	9	908,02
Y' classe 8 = 207,866538. (1,17800138 ^ 8) = 770,82	10	1.069,65

Note que o fato de não dispormos dos salários médios para a classe 6 não impediu que obtivéssemos o valor na curva para essa classe. Veja também que estendemos a curva até as classes 9 e 10, para atender a futuras necessidades.

Mesmo fazendo a análise gráfica e eliminando os valores destoantes, pode acontecer de algum valor "pouco lógico" permanecer nos cálculos. Para se saber em que medida os valores mantidos são "lógicos", dispomos de um indicador que o próprio cálculo da curva fornece, isto é, o Coeficiente de Correlação Linear (R), que deve ficar acima de 0,95. Neste exemplo, o "R" ficou em 0,963, que já é satisfatório. Se quisermos um refinamento maior, podemos eliminar algum valor que pareça "pouco lógico", como os salários 397,16, da classe 3, e 665,88, da classe 8, e verificar o que acontece com o "R".

Às vezes ocorre de, por qualquer motivo, a organização preferir construir a tabela salarial sobre a sua própria curva. Neste caso, os procedimentos são os mesmos aqui descritos, apenas utilizando os salários médios da organização em vez de utilizar os do mercado.

Demonstrativos Gerenciais

A demonstração dos resultados da pesquisa para a direção da organização deve ser a mais facilitadora possível, de maneira que os aspectos mais importantes fiquem bem claros e permitam decisões seguras. Deve-se mostrar o panorama com uma série de indicativos:

a. Quadro de indicadores: número total de cargos pesquisados, número de cargos abaixo e acima da média, percentual médio dos desvios negativos e dos positivos, número de cargos acima do 3º. quartil e abaixo do 1º quartil e a lista desses cargos.

b. Quadro comparativo por cargo: contendo os cargos, média da organização, média do mercado, quartis de mercado, diferença percentual entre organização e mercado, posição da organização na classificação geral (1º lugar, 8º lugar etc.).

c. Quadro comparativo de estrutura: classes ou grupos, valores da curva de mercado, valores da tabela salarial que devem corresponder à linha média de mercado, diferença percentual entre organização e mercado em cada classe, comparativo de benefícios.

d. Gráfico: linha de mercado *versus* linha dos valores do nível de mercado na tabela.

e. Custos de implementação de ajuste da estrutura ao mercado: acréscimo à folha de pagamento para enquadrar cada funcionário no novo valor da tabela salarial. Note que não se trata de deslocar os funcionários dentro das faixas, mas de manter a mesma posição que têm hoje em relação à faixa, mas utilizando a nova tabela.

Voltamos a lembrar que o objetivo maior de uma pesquisa completa é comparar a estrutura como um todo com o mercado. O exame de casos individuais deve vir depois.

Se a organização tem estrutura salarial mas não tem definida qual deve ser sua posição em relação ao mercado, é hora de fazê-lo. A posição mais usual é pagar a média do mercado, o que, em termos de estrutura, equivale a fazer coincidir o ponto médio da estrutura com a curva de mercado. Se a organização quer ter uma estrutura mais agressiva, por exemplo, pode fazer com que algum *step* abaixo do ponto médio da faixa coincida com o mercado. Se fizer o mínimo da faixa igual ao mercado, vai pagar aproximadamente no terceiro quartil, isto é, acima de 75% das organizações. Se, ao contrário, quiser ou tiver que adotar uma estrutura abaixo de mercado, pode fazer com que algum *step* acima do ponto médio da faixa coincida com o mercado.

Ao implementar a nova estrutura ajustada ao mercado, possivelmente ocorrerão casos de empregados que terão aumentos elevados. Se a política de organização não tiver previsto critérios para esses casos, deve fazê-lo agora. Os aumentos muito altos devem ser parcelados para evitar impactos negativos em funcionários não aquinhoados e também para prolongar os efeitos para o próprio funcionário beneficiado.

Outro aspecto a considerar é que o custo da implantação da nova estrutura não deve incluir enquadramentos não-vinculados ao ajuste de mercado. Se, por exemplo, um Encarregado estava abaixo da faixa antes do ajuste, o custo do seu enquadramento na faixa agora não deve ser computado no custo de implementação da sua nova estrutura.

Revisão da Hierarquia dos Cargos

Uma vez definida ou ajustada a estrutura salarial como um todo, devemos examinar a situação dos cargos pesquisados, verificando se as classes ou grupos onde estão localizados estão corretos. O que se busca é que o salário médio de mercado desses cargos coincida com o *step* da estrutura que deve corresponder ao mercado. Não se trata de uma coincidência exata, mas aproximada. Esse exame nos indicará se, de acordo com a pesquisa, um cargo deveria estar na classe 6 e não na 5, por exemplo.

Num caso assim, o primeiro impulso é partir para "administrar" o cargo na classe 6, ignorando o sistema interno de avaliação. Se confiamos no sistema interno, devemos ter em mente que este tem mais probabilidade de estar correto do que a pesquisa. Portanto, antes de se partir para qualquer tratamento especial, deve-se verificar se os dados de mercado são absolutamente confiáveis: o cargo comparado corresponde de fato ao cargo examinado? Os cálculos da pesquisa estão corretos?

Caso os dados de mercado sejam confirmados, devemos reunir o Comitê de Avaliação mais o titular da área interessada, expor a situação, tomar a decisão de rever ou não a avaliação do cargo, lembrando sempre de examinar a repercussão da medida em outros cargos. A decisão pode até ser a de "administrar" em classe acima ou abaixo, desde que não haja dúvida quanto ao mercado e a avaliação seja confirmada. Estaríamos, certamente, diante de um cargo momentaneamente fora da tendência lógica de mercado.

Devemos respeitar o trabalho do Comitê e ser os primeiros a sair em defesa do sistema interno, senão ele será desmoralizado e, em breve, abandonado.

Se a organização não tem estrutura salarial, ela só vai poder fazer ajustes nos salários dos cargos pesquisados, mesmo assim correndo riscos de incorporar algum erro da pesquisa. Os cargos não pesquisados só poderão ser ajustados por comparação.

Periodicidade das Pesquisas

Antes de encerrar este capítulo sobre informações de mercado, vale lembrar que uma boa política salarial requer pesquisas periódicas (a cada ano, por exemplo), para que a organização tenha condições de conferir se a posição que ela definiu continua ocorrendo e evitar as pressões e ações isoladas.

Pesquisas de Terceiros

Vamos tratar agora do procedimento adequado em relação às tabulações de pesquisas das quais a nossa organização participa em atendimento a convites de outras.

O fornecimento da tabulação da pesquisa aos participantes é o mínimo que a organização que a empreendeu deve fazer, como retribuição pela gentileza da abertura dos dados, pelo tempo gasto e pela dedicação das pessoas envolvidas.

É habitual que esses relatórios quase sempre acabem arquivados antes de terem chance de recompensar o grande favor prestado. Entretanto, tomados os cuidados quanto à qualidade técnica da pesquisa da qual a organização está recebendo a tabulação, o relatório recebido pode ter um destino mais útil desde que se adote os procedimentos adequados, sobre os quais vamos tratar agora.

A Pesquisa Salarial, por mais bem elaborada que seja, sempre envolve consideráveis riscos de erros. Daí ser até natural a reserva com que se examina uma pesquisa feita por interesse de outra organização. Este fato, porém, não a torna tecnicamente inútil, desde que se tenha o cuidado de não se tomar os seus resultados (salário médio, por exemplo) como verdade absoluta, visando comparar com os salários internos e, a partir daí, se decidir a fazer correções isoladas.

Portanto, uma pesquisa realizada por terceiros pode ter a sua utilidade se adotarmos os procedimentos vistos neste capítulo para a pesquisa própria, isto é, calculando a curva, comparando com a estrutura etc.

Esta forma de encarar uma Pesquisa Salarial deve ser transmitida às chefias da organização, especialmente àquelas que tomam decisões quanto às práticas salariais. Não será uma tarefa fácil, pois o vício de querer fazer ajustes isolados e assistemáticos está bastante arraigado. Contudo, é necessário persistir, pois tais vícios costumam desmantelar qualquer plano salarial.

Capítulo 7

SACS – Política Salarial da Organização

INTRODUÇÃO

Conforme vimos quando falamos do Sistema de Remuneração, após termos os cargos descritos, avaliados e ordenados e uma estrutura salarial, precisamos estabelecer então as "regras do jogo". De fato, para se praticar uma adequada administração de cargos e salários, é imprescindível que a organização defina as diretrizes e critérios sobre os diversos aspectos da questão, tais como sua posição no mercado, enquadramento dos empregados nos cargos, atribuição de salários, progressões etc.

As políticas salariais praticadas pelas organizações usualmente definem suas posturas em relação aos seguintes pontos:

Faixa Salarial:
- Formato das faixas: com graus ou só mínimo e máximo.
- Quantos *steps*/graus ou valores em cada faixa, percentuais.
- Salário de contratação.
- Critérios para progressões horizontais na faixa.

Promoções (progressões verticais):
- Condições e critérios para promoções.

- Enquadramento na faixa salarial no momento da promoção.
- Tratamento ao aumento salarial decorrente da promoção.

Posição no Mercado:
- Ponto da faixa (*step*) que deve coincidir com a curva de mercado.
- Épocas de revisões da estrutura.
- Condições e critérios para ajustes individuais ao mercado.

Estrutura de Cargos:
- Avaliação e reavaliação de cargos.
- Criação de novos cargos.
- Padrões para a nomenclatura dos cargos.

Salário Variável:
- Onde se aplica e suas condições.

Reajustes Coletivos de Salários:
- Condições e implicações nos aumentos individuais.

A Política deve ser definida junto com a direção da organização para que ela a assuma e lhe dê a necessária cobertura, já que as pressões para tratamentos especiais, fora das regras, não costumam ser raros. Um roteiro eficaz para o desenvolvimento da Política pode ser o seguinte:

1. Desenvolvimento de proposta para os pontos básicos da política.
2. Discussão e consenso com a direção sobre os pontos básicos.
3. Elaboração de minuta da Política propriamente, com a redação de suas regras e critérios.
4. Validação da Política junto à direção.
5. Treinamento das chefias para a correta compreensão e aplicação da Política.

Uma vez definida a Política Salarial, ela deve ser divulgada internamente, de preferência a todos os empregados.

Para facilitar a compreensão da Política, é conveniente preparar-se uma "cartilha", substituindo a terminologia formal da Política para um linguajar mais informal e acessível. Para se ter certeza de que a Política foi assimilada, pode-se preparar um questionário para o pessoal responder e fazer exercícios. As perguntas que as chefias não conseguirem responder indicam os pontos que devem ser reforçados.

Alguns aspectos mais importantes da Política costumam ser polêmicos e, visando contribuir com o que a vivência nos ensinou, teceremos alguns comentados a respeito.

1. Progressão Horizontal

Um critério bastante usual consiste em facilitar a progressão até o ponto médio da faixa, que corresponde ao salário do pleno exercício do cargo. A partir daí, as progressões devem ser condicionadas a contribuições extras do empregado, pois este passa a custar acima do que se pode considerar "normal".

Portanto, aumentos acima do ponto médio devem ser vinculados a algum tipo de avaliação do empregado. Convém lembrar que não se deve associar a Avaliação de Desempenho exclusivamente à Política Salarial, pois isso costuma "contaminá-la". A Avaliação de Desempenho deve ter um sentido muito mais amplo e ligada ao desenvolvimento do pessoal.

Devemos lembrar que o "aumento por mérito" tem um inconveniente sério: o "mérito" que hoje motiva um aumento pode deixar de existir amanhã e o aumento se incorpora ao salário, não podendo mais ser retirado. Outro problema é o risco de equiparação. A Justiça do Trabalho não costuma reconhecer critérios internos de mérito para diferenciar salários.

Uma forma de contornar essas restrições e contemplar a contribuição extra do empregado consiste em pagar gratificações anuais ou semestrais, baseadas nos resultados da organização e em algum tipo de avaliação dos empregados.

Por outro lado, a não diferenciação salarial dentro da faixa, isto é, ter um salário único para cada classe ou nível, implica em equiparar por baixo ou por cima. Numa hipótese se paga abaixo do mercado e corre-se o risco de perder os bons profissionais e, na outra, paga-se mais que o necessário para determinados casos.

Além desses aspectos, a progressão horizontal está bastante arraigada na cultura brasileira e tem também uma forte associação com reconhecimento. É bastante comum encontrarmos casos de pessoas descontentes com a organização porque não recebem algum aumento individual periodicamente, mesmo quando conscientes de que seu salário é superior ao de mercado. Por outro lado, pessoas com salários inferiores ao mercado mas que recebem aumentos com alguma habitualidade se mostram felizes com a organização.

Em vista de tais fatos, será difícil deixar de prever a prática da progressão horizontal na Política Salarial.

O tempo de casa não deve ser considerado como um determinante para avanços na faixa, mas como um limitador associado a outros critérios. Assim, para avançar precisa satisfazer a todas as condições. Ver Anexo 5.1.

2. Posição no Mercado

Como já vimos, a organização que tem um Plano de Cargos e Salários tem uma condição segura de conhecer e estabelecer sua posição geral no mercado e, por conseguinte, fixar uma política de competitividade nessa área e que irá determinar a formação da sua estrutura salarial. De fato, os valores da curva de mercado geralmente são tomados para definir um dos *steps* de cada uma das faixas salariais.

Neste ponto é importante esclarecer que a competitividade da estrutura salarial é tão mais alta quanto mais baixo na faixa salarial situar-se a curva de mercado. A competitividade máxima ocorre quando a curva de mercado coincide com o mínimo da faixa, e a competitividade mais baixa se dá quando a curva de mercado coincide com o máximo da faixa. Pode parecer estranho, mas é assim mesmo que acontece. Para tornar mais claro, basta considerar que, sendo uma prática muito usual fazer o salário de admissão igual ao mínimo de faixa e sendo o mínimo igual à curva média de mercado, o salário de contratação será igual à média do mercado. No outro extremo, isto é, a curva de mercado igual ao máximo de faixa, supondo que a amplitude da faixa seja de 30%, o mínimo de faixa situar-se-á 30% abaixo do máximo e o salário de contratação ficará, portanto, 30% abaixo da média de mercado.

Como política de competitividade, é muito comum as organizações fazerem coincidirem os valores da curva de mercado com o *step* médio das faixas salariais. Isto equivale a estabelecer salários de admissão 10 a 15% abaixo da média de mercado. Se a organização quer ter uma posição mais agressiva e competitiva, deve posicionar a média de mercado abaixo do ponto médio da faixa.

A tomada de posição face ao mercado começa com a análise do posicionamento dos salários praticados pela organização em relação à curva de mercado, no momento da implantação e das revisões do Plano.

Se os salários estão bastante abaixo da média de mercado e a organização não pretende, por qualquer motivo, acompanhar o mercado, a linha média de mercado certamente deverá coincidir com algum no ponto a partir do nível médio da faixa em direção ao máximo. Se já vem pagando salários acima do mercado e quer continuar nessa política, a linha de mercado pode coincidir com algum no ponto a partir do nível médio da faixa em direção ao mínimo. Ensaios com algumas alternativas mostrarão o impacto sobre a folha de pagamento e auxiliarão a decisão.

Ao fixar as regras para o salário de admissão, convém lembrar que a posição adotada em relação ao mercado deve ser considerada para efeito de maior ou menor flexibilidade. Se a linha de mercado coincide com o ponto médio da faixa, a flexibilidade com o salário de admissão deve ser maior, pois caso contrário terá dificuldades para contratar profissionais já experientes. Se a linha de mercado coincide com o mínimo da faixa, a flexibilidade pode ser bem menor.

Ao divulgar a política internamente, convém tomar cautela quando tratar da questão posição no mercado. Quando se especifica essa posição, o pessoal não hesita em cobrar da empresa a comprovação dessa posição e, convenhamos, a intenção da organização não pode ser a de firmar um compromisso nesse sentido, pois ela mesma tem todo interesse em se resguardar, dentro de suas possibilidades econômicas, de perder os bons profissionais para o mercado.

3. Política Salarial versus Convenção Coletiva

Cada vez mais as práticas da organização em relação aos empregados deixarão de ser unilaterais para serem negociadas, especialmente nas convenções coletivas.

Portanto, a Política Salarial da organização tem que se ajustar a essas convenções, considerando que, unilateralmente, a organização pode adotar práticas mais vantajosas para o empregado do que foi negociado, mas nunca menos vantajosas.

4. Executivos

As práticas de converter parte da remuneração em "pacotes" de benefícios como seguro saúde, carro etc., para avaliar a tributação nos salários mais altos, tem seus riscos. Acontece que sobre a parte convertida não incidem direitos como FGTS, férias, 13º salário e outros e, no eventual desligamento dos empregados, estes podem exigir compensações.

A melhor prática ainda é a de a organização definir o patamar salarial e, em paralelo, os benefícios que ela vai praticar "espontaneamente". Fica mais simpático e evita esses riscos.

Caso a prática de converter salário em benefício seja adotada, alguns controles serão necessários, pois é comum se esquecer a parcela convertida ao fazer os enquadramentos salariais e, uma vez registrado o salário, não se pode mais retroceder.

5. *Prêmio de Produção e outros Tipos de Salário Variável*

Nos cargos remunerados com fixo e prêmio de produção, por exemplo, para a organização não perder o controle, a parte fixa pode ser obtida através da seguinte operação: parte fixa = salário de tabela menos o valor do prêmio a uma produtividade considerada "normal" (nem alta nem baixa).

A POLÍTICA SALARIAL EFICAZ

Quando se define que "administrar salários" significa buscar o melhor retorno para esse dispêndio, tem-se em mente que as posturas e regras que lhe servirão de veículo devem se harmonizar com esse conceito, tanto na sua forma como no modo de colocar em prática. Assim, uma Política Salarial eficaz deve ter, entre outras, as seguintes características:

1. Deve estar voltada para as estratégias de negócio da organização.
2. Deve estar integrada com as demais políticas e filosofias da organização.
3. Deve ser clara e objetiva.
4. Deve ser flexível, porém sem levar à perda do controle.
5. Deve ser coerente: conforme o grau de agressividade e competitividade, a Política deve ser mais ou menos flexível em relação ao salário de contratação.
6. Deve buscar, na admissão de funcionários, tanto quanto possível, buscar profissionais em estágio tal que a posição oferecida configure uma promoção, com vantagens salariais e desafios.
7. Deve evitar a tendência comum de valorizar mais os profissionais que estão sendo contratados em detrimento daqueles que já trabalham na organização.
8. Deve criar condições para atrair, reter e motivar a melhor mão-de-obra.
9. Deve condicionar o crescimento dos salários acima do nível de mercado a uma contrapartida extra de produtividade, medida através de algum tipo de avaliação.

10. Deve levar as chefias a uma análise sistemática dos salários dos empregados.
11. Deve ser conhecida, entendida e assumida pelas chefias. A empresa pode ter a melhor política do mercado mas não colherá resultados na satisfação dos empregados se estes não a perceberem desse modo. A boa comunicação é decisiva.

Capítulo 8

SACS – Implantação do Sistema

CONSIDERAÇÕES GERAIS

Nos capítulos anteriores vimos a importância, o alcance e o funcionamento de um Sistema de Administração de Cargos e Salários. Neste capítulo vamos examinar a implantação de um Sistema, porém com o nome pelo qual é mais conhecido: *Plano de Cargos e Salários*.

A implantação de um Plano de Cargos e Salários é um trabalho de grande envergadura, demandando muito planejamento e cuidado com muitos aspectos técnicos, outros tantos aspectos políticos e aspectos relacionados com a cultura da organização.

Por tudo isso, a direção da organização precisa ter muita clareza sobre o significado do trabalho, seus objetivos e suas conseqüências, para que dê seu imprescíndivel aval e legitimidade.

Examinemos agora cada uma das etapas da implantação, estudando os aspectos ligados ao processo de implantação e sem entrar em detalhes quando se tratar das atividades já examinadas nos capítulos anteriores.

ETAPAS DO DESENVOLVIMENTO DO PLANO

1. Levantamento e Planejamento

Antes de qualquer medida, é necessário conhecer a realidade da organização nos aspectos relacionados com o assunto: tipos e quantidades de ocupações, organograma real (estrutura organizacional vigente de fato e não necessariamente aquela projetada pela organização), locais de trabalho, políticas e práticas e problemas existentes etc.

Feito e analisado esse primeiro mapeamento, já se tem condições de prever os trabalhos que terão que ser desenvolvidos e quais metodologias usar, e podemos então partir para a definição das etapas, tempos estimados em cada etapa e a interdependência das etapas entre si.

Essa relação de dependência entre as etapas é muito importante para que se possa prever o que vem após o que e quais atividades podem ser desenvolvidas em paralelo e, com isso, realizar o trabalho no menor tempo possível.

Com esses dados, pode-se preparar o cronograma do Plano, no qual se vai colocar as atividades com suas durações e épocas de realização.

Exemplo:

Atividades	Duração Semanas	Épocas de Realização											
		1	2	3	4	5	6	7	8	9	10	11	12
1. Planejamento/Divulgação do Plano	1	■											
2. Levantamento e Descrição do Cargos	7		■	■	■	■	■	■	■				
3. Elaboração dos Manuais de Avaliação	1					■							
4. Avaliação dos Cargos	5						■	■	■	■	■		
5. Pesquisa Salarial	5				■	■	■	■	■				
6. Política e Estrutura Salarial	1										■		
7. Estudos de Enquadramento do Pessoal	1												■

Note que a elaboração dos manuais de avaliação depende da elaboração de apenas uma parte das descrições, isto é, os cargos-chave. Com isso é possível desenvolver os manuais simultaneamente a boa parte da etapa das descrições. As avaliações também podem caminhar paralelamente à etapa das descrições.

Esse exemplo dá uma idéia de como economizar tempo, e de como seria a duração do trabalho caso não fossem estudadas as interdependências entre as etapas e não fossem aproveitadas as possibilidades de trabalho simultâneo.

Além dessa valiosíssima contribuição, o planejamento e o organograma permitem prever necessidades de providências e recursos, fazer um controle do andamento dos trabalhos e corrigir desvios em tempo de não atrasar a conclusão final ou, na pior das hipóteses, alertar a direção sobre a previsão de atrasos inevitáveis.

2. "Venda do Plano" à Direção da Organização

O legítimo envolvimento e interesse da organização no Plano vai determinar a cobertura que esta dará ao trabalho, e isto será definitivo para o seu sucesso.

Para isso, ele tem que ser muito bem explicado à Direção, de forma que fiquem claros os objetivos, seu funcionamento, resultados esperados, tempo de duração, envolvimento das chefias e funcionários, recursos necessários e custos.

3. Divulgação do Plano

Uma vez decidida e assumida pela direção a implantação do Plano, ela deve ser divulgada aos demais níveis de chefia. Isto é necessário porque as chefias serão envolvidas em algumas fases e na administração final do Plano. Além disso, se a organização adota uma gestão participativa, isso já seria uma forte razão para comunicar o fato às chefias.

Nessa divulgação devemos dar uma idéia do trabalho que será feito, sua importância na administração dos cargos e salários da organização, as etapas e datas e o envolvimento das chefias no processo.

É importante que fique claro que o Plano significa um novo tratamento técnico e organizado da questão salarial, e que o trabalho que se inicia não trará necessariamente aumentos de salários a todos os funcionários. Se as expectativas não forem contidas em níveis realistas, é certo que teremos, ao final do trabalho, repercursões negativas, pois a tendência é todos acharem que merecem ser beneficiados com melhorias salariais.

A divulgação do Plano a todos os níveis de empregados, inclusive aos operacionais, é importante do ponto de vista da política de comunicação e transparência da organização, mas as expectativas serão acirradas.

A propósito, convém distinguir os tipos de interesse que as pessoas têm em relação a esse trabalho:

	Chefias	Não-Chefias
Interesse gerencial		
Interesse pessoal		

O interesse gerencial deve, necessariamente, ser atendido, mas o interesse pessoal deve ser bem analisado, pois a tendência é de todos acharem que seus cargos devem ser os mais valorizados e esperarem ajustes.

4. Levantamento da Descrição dos Cargos

O levantamento, análise e descrição dos cargos poderão ser feitos conforme já visto no Capítulo 5, começando pelos cargos-chave para permitir a antecipação das etapas que dependem desses cargos, ou seja, elaboração dos manuais de avaliação de cargos e pesquisa salarial.

5. Elaboração dos Manuais de Avaliação de Cargos

Como foi visto no capítulo que trata da Avaliação de Cargos, o primeiro passo consiste em escolher o método de avaliação, conforme o tamanho da organização. Se a escolha recair sobre os métodos mais simples como Escalonamento, Graus Predeterminados ou Grade de Comparação, o instrumento a elaborar não constitui propriamente um "manual", mas algumas tabelas e instruções. O termo "manual" é mais empregado para os métodos mais complexos como o de Pontos e os Sistêmicos.

Qualquer que seja o método escolhido, as orientações básicas para o seu desenvolvimento encontram-se no referido capítulo. Uma consulta a outros livros que tratam do assunto será sempre recomendável.

É importante lembrar que, em qualquer hipótese, é obrigatório ter em mãos as descrições dos cargos-chave. Portanto, antes de iniciar a etapa da descrição dos cargos, convém escolher os cargos-chave, tendo em vista os dois trabalhos que dependerão deles: elaboração dos manuais de avaliação e pesquisa salarial.

6. Ordenamento dos Cargos

A Avaliação dos Cargos deve começar pelos cargos-chave, primeiro para validar os manuais de avaliação e, depois, para que essas avaliações funcionem como guias para as demais. Tendo-se em conta que essas avaliações servirão de guias para as demais avaliações, é quase redundante dizer que elas devem ser bastante seguras, o que se consegue com discussões e revisões exaustivas. Um recurso que facilita essa análise é o ordenamento dos cargos em cada fator de avaliação como Escolaridade, Complexidade etc., isto se o método escolhido for dos tipos que trabalham com fatores. Se o método escolhido for do tipo dos "globais", os mais simples, o ordenamento será uma decorrência automática da avaliação.

A busca do consenso é um pressuposto básico no processo de avaliação de cargos, mas quando se trata dos cargos-chave, essa premissa se torna ainda mais enfática.

A formação e treinamento do Comitê de Avaliação, assim como os demais aspectos do processo de avaliação, devem ser conduzidos conforme visto no capítulo que trata da Avaliação de Cargos.

Se for adotado o método de avaliação por pontos, uma vez feita a avaliação dos cargos-chave e tendo em mãos os salários de mercado, deve-se partir para a pontuação dos manuais e das avaliações, conforme visto no respectivo capítulo. Ainda nesta hipótese, após serem feitas as avaliações de todos cargos, estas avaliações devem ser pontuadas e, em seguida, deve ser feito o ordenamento dos cargos, como visto no capítulo que trata desse assunto.

Uma vez montado o ordenamento dos cargos, deve ser feito um trabalho de racionalização da nomenclatura dos cargos visando reduzir o número de títulos a um mínimo absolutamente necessário e, assim, preparado o Plano de Cargos, um documento oficial contendo os cargos, com sua denominação oficial, seus códigos e as funções abrangidas.

Exemplo:

Classe	Plano de Cargos	
	Denominação Oficial (para efeito de registro)	Funções Abrangidas (para usar no enquadramento)
01	AT0101 Auxiliar de Serviços Gerais	AT22 Copeiro AT23 Faxineiro
02	AT0201 Auxiliar de Escritório	AT25 Operador de Copiadora AT26 Operador de Telex e Fax
	AT0202 Telefonista	AT27 Telefonista
03	AT0301 Escriturário I	AT36 Auxiliar de Contas a Pagar AT41 Auxiliar de Contas a Receber A52 Auxiliar de Faturamento

Note a composição dos códigos dos cargos:

AT0202 AT: Categoria ocupacional (Administrativos/Técnicos)
  02: Classe (02)
  02: Número seqüencial dentro da classe

No tocante à racionalização da nomenclatura, observa-se que muitos cargos de mesma natureza podem ser agrupados num mesmo título. Para cargos similares de classes distintas, dá-se o mesmo nome e diferencia-se com uma letra ou um algarismo: Escriturário I, Escriturário II etc.

Uma maneira de racionalizar a nomenclatura dos cargos consiste em montar um esquema de critérios baseado nas classes.

Exemplo:

Critérios	Classes	Denominação
Denominação comum para todas as áreas	1	Contínuo
	2	Auxiliar de Escritório
	3	Escriturário I
	4	Escriturário II
	5	Auxiliar administrativo
Prefixo comum e complemento específico de acordo com a especialidade ou área	6	Auxiliar de ...
	7	
	8	Técnico de ...
	9	
	10	
	11	Analista de
	12	

A racionalização da nomenclatura, como visto no exemplo, facilita a administração dos cargos e lhes dá um caráter mais abrangente, com mais flexibilidade para transferências e deslocamentos. Apesar dessas vantagens, essa racionalização deve ser feita em conjunto com o Comitê e tomando cuidados para não contrariar a denominação das profissões regulamentadas.

Convém lembrar que o agrupamento de cargos sob um mesmo título não implica em juntar ou fundir descrições, as quais devem se manter especificas, ou seja, as descrições são de cada uma das ocupações abrangidas e não dos cargos que as abrangeu. Se fosse diferente, as descrições seriam muito mais genéricas e não teriam utilidade para enquadramento, seleção, avaliação de desempenho, treinamento etc.

7. Pesquisa Salarial

Como estamos tratando da implantação do Plano, uma etapa a ser cumprida será a implantação da estrutura salarial. Sendo assim, a pesquisa a ser feita, logicamente, será a completa. Os cargos a pesquisar devem ser os cargos-chave usados nas avaliações. Para fazer o planejamento e conduzir a pesquisa, ver capítulo que trata da Pesquisa.

8. Política Salarial

No momento da implantação, a organização pode ter ou não as normas que regem as suas práticas salariais. Se a organização já as tem, deve adaptá-las às novas condições. Se não as tem, é então o momento de defini-las. O desenvolvimento da Política deve abranger certos pontos básicos e levar em conta certos cuidados, como visto no capítulo que trata desse aspecto.

IMPLEMENTAÇÃO DO PLANO

O trabalho de desenvolvimento do Plano pode ser considerado concluído após apresentados os seus resultados à direção da organização e esta ter liberado a sua implementação. Essa apresentação deve ser sucinta, sem entrar em detalhes técnicos, a menos que sejam solicitados. Os documentos do Plano devem estar à disposição para consulta e para fornecer detalhes solicitados. Assim, a apresentação das conclusões deve ocorrer numa reunião com a Direção, com o seguinte roteiro básico:

1. Comentário sobre as principais etapas do trabalho.
2. Exposição sobre a Pesquisa Salarial: organizações participantes, cargos, comparação dos salários.
3. Exposição sobre a curva salarial e construção da estrutura salarial.
4. Apresentação de alguns exemplos de enquadramento, explicando todos os critérios utilizados, passo a passo.
5. Apresentação dos números do enquadramento: administrativo/ técnico, chefia, operacional, geral.
6. Abertura da planilha geral de enquadramento, impressa ou na tela, para a Direção verificar outros casos específicos de seu interesse.
7. Apresentação dos próximos passos do trabalho.

Terminada a reunião, deve-se fazer o registro das observações e diretrizes definidas pela direção para os próximos passos do projeto.

A apresentação verbal feita à Direção certamente não será suficiente para que os seus membros reflitam, discutam e tomem as decisões necessárias. Será necessário oferecer-lhes as conclusões por escrito, mais ou menos com o conteúdo da apresentação verbal, através de um relatório sucinto e claro, explicando todo o trabalho e tecendo recomendações. Esse relatório deve conter, basicamente, os seguintes itens:

- a. Esclarecimentos preliminares: objetivos perseguidos pelo Plano em implantação.
- b. Detalhamento das principais etapas do Projeto: explicar os procedimentos seguidos nas etapas não totalmente auto-explicativas.
- c. Exposição dos critérios, listagens e números do enquadramento do pessoal.
- d. Próximos Passos: relação das etapas necessárias para a conclusão final do Projeto e as recomendações de procedimentos. Sobre este último item, convém que entremos um pouco em detalhes.

Na maioria das vezes, o impacto do enquadramento do pessoal na folha de pagamento não pode ser assimilado prontamente pela organização. Entretanto, a não aplicação do novo Plano, com certa brevidade, ocasionará perda de credibilidade junto aos funcionários e problemas práticos na administração dos salários, uma vez que as práticas salariais antigas podem estar suspensas e as novas não entram em funcionamento. Em vista do exposto, recomenda-se:

- a. Tomar iniciativas para reduzir a folha de pagamento e permitir os enquadramentos, através de enxugamentos na estrutura, terceirizações e outras ações.
- b. Eleger os casos mais críticos a fim de priorizar uma parte dos ajustes salariais. Casos críticos: os casos de maior defasagem salarial; funcionários de difícil reposição que podem deixar a organização; funcionários nos quais a organização já tenha investido somas significativas.
- c. Dividir o enquadramento geral em três momentos:

    Momento 1: Fazer os enquadramentos até o mínimo da faixa.

    Momento 2: Acertar os casos de enquadramentos até o "ponto de mercado" nas faixas.

    Momento 3: Fazer os enquadramentos acima do "ponto de mercado".

d. Dividir os aumentos superiores a 20% em parcelas trimestrais não superiores a esse percentual. Esse parcelamento é recomendável por várias razões, entre elas, os custos, o impacto em outros funcionários não beneficiados ou que tiverem aumentos pequenos, a reação do funcionário beneficiado (pode achar que foi ludibriado até então), risco de surgir a necessidade de recuar com a decisão de enquadrar o funcionário (neste caso, se for parcelado há a chance de adiar pelo menos parte do aumento).

e. Repassar, com as chefias, os enquadramentos e as respectivas avaliações do pessoal, antes de proceder os ajustes acima do mínimo da faixa.

Sendo liberada pela direção a implementação do Plano, um aspecto que deve ser discutido e definido é o processo de implementação dos ajustes salariais. Geralmente se estabelece um programa de médio prazo (seis meses a um ano) para realizar todos os ajustes.

Passo 1: Validação da Titulação dos Cargos

É sempre vantajoso que os cargos tenham títulos mais abrangentes, de modo a facilitar a movimentação interna. Com a questão da polivalência e da multifuncionalidade, essa flexibilidade se torna ainda mais necessária. Recomenda-se tomar o cuidado de envolver as chefias nessa questão a fim de se detectar eventuais problemas na definição dos nomes dos cargos. A nomenclatura dos cargos será validada com a aprovação do Plano de Cargos proposto.

Passo 2: Alteração da Nomenclatura dos Cargos nos Registros dos Funcionários

As implantações de novos Planos ou de reformulações/atualizações costumam implicar em mudanças nos títulos dos cargos. Recomenda-se que a implementação desses títulos respeite a expectativa dos atuais ocupantes dos cargos e, caso a mudança possa causar insatisfações, será melhor aguardar que o cargo fique vago para então regularizar a nomenclatura.

Passo 3: Divulgação da Política Salarial

Uma vez aprovada pela direção, recomenda-se que a Política seja divulgada às chefias em geral. Caso a organização não tenha condições de implantar os resultados do Projeto de imediato, é necessário definir o programa de enquadramento do pessoal antes de divulgar a Política, pois, se não ocorrer o enquadramento não haverá condições de colocar a Política em prática e não haverá motivo para divulgá-la.

Passo 4: Treinamento das Chefias em Administração Salarial

A divulgação da nova Política Salarial junto a todo o pessoal de comando deverá ser acompanhada de um treinamento sobre toda a nova sistemática, de maneira que as pessoas tenham toda clareza dos critérios e procedimentos a ponto de poder defendê-los e praticá-los com convicção.

Passo 5: Controle da Aplicação do Plano nas Contratações

Estando implantado o Plano, a estrutura salarial passa a valer para as novas admissões. No início deve-se tomar cuidado para evitar a contratação de empregados com salário superior ao dos empregados mais antigos, enquanto os ajustes ainda não estiverem todos implementados.

Passo 6: Documentação do Projeto de Implantação

Para finalizar o processo, tal como deve ocorrer no desenvolvimento e implantação de qualquer sistema na organização, é necessário que tudo que for feito em relação ao Plano de Cargos e Salários fique documentado e explicado para que depois se consiga entender os procedimentos e critérios seguidos, e que sigam sendo observados e respeitados. Faz-se necessário, portanto, elaborar a memória do trabalho, contendo, de maneira organizada, toda a documentação e explicações pertinentes a cada etapa.

A manutenção do Plano sempre atualizado e "vivo" é um cuidado imprescindível e a respeito desse assunto deve ser visto o capítulo "SACS – Manutenção do Sistema".

Capítulo 9

SACS – Manutenção do Sistema

Preservando a Validade do Sistema

Todos os elementos que compõem o Sistema de Remuneração estão em constante movimento: os cargos mudam, os empregados mudam, o mercado muda etc. É fácil concluir, portanto, que, se alguns cuidados não forem tomados, em pouco tempo o Sistema estará desatualizado e comprometido.

Além disso, a vitalidade e a credibilidade do Sistema exigem que os procedimentos sejam uniformes, os tratamentos sejam equânimes, as ações sejam corretas, independentemente das mudanças nas pessoas que operam e administram o Sistema.

Assim, faz-se necessário um conjunto de ações, controles e procedimentos técnicos e administrativos, que visem:

a. Garantir a continuidade do padrão inicial do Sistema.

b. Manter o Sistema sempre atualizado e em funcionamento.

c. Garantir a correta aplicação de todos os pontos da Política.

Os procedimentos técnicos e administrativos devem estabelecer como fazer e o que controlar nos assuntos a seguir, entre outros:

a. Contratação e Promoção de empregados.
b. Ajuste salarial no vencimento do período experimental.
c. Demais progressões salariais.
d. Elevação salarial por pressão de mercado.
e. Avaliação de empregado.
f. Atualização de tabelas.
g. Codificação/titulação dos cargos.
h. Descrição dos cargos.
i. Avaliação dos cargos.
j. Criação e alteração de cargos.
k. Pesquisas salariais.
l. Cálculo das curvas de mercado.

Os fatos que condicionam a validade do Plano de Cargos e Salários obedecem às dinâmicas da organização, das pessoas e do mercado. Assim, a falta de atualização sistemática do Plano segundo tais dinâmicas condena-o fatalmente à obsolescência e ao descrédito. Para evitar esse risco, algumas ações devem ser tomadas em caráter sistemático e rotineiro:

a. Tomar pronto conhecimento das alterações ocorridas nos cargos e das mudanças das pessoas nos cargos e atualizar as descrições e os registros.
b. Revisar as descrições semestralmente junto com as chefias, seja por ocasião das avaliações do pessoal ou fora dela.
c. Submeter as descrições novas e as alteradas à discussão do Comitê.
d. Alterar o ranking dos cargos exclusivamente mediante o consenso do Comitê.
e. Cumprir sempre a rotina: elaboração da descrição do cargo → validação da descrição → avaliação do cargo → inclusão no ranking...
f. Repetir a Pesquisa Salarial periodicamente segundo o ritmo da economia e apurar a curva salarial.
g. Confrontar a curva de mercado com o "ponto de mercado" da tabela salarial a cada pesquisa, verificar a necessidade de ajustes, apurar os seus custos e apresentar à Direção.

h. Documentar as alterações feitas na estrutura e implementar as alterações salariais.

i. Verificar sistematicamente o correto enquadramento funcional dos empregados (cargo exercido deve ser igual a cargo registrado).

j. Controlar as promoções e transferências, verificando a real ocupação dos empregados promovidos/transferidos.

k. Controlar a sistemática aplicação da Política Salarial: não deixar, por exemplo, empregados "esquecidos", com o salário abaixo do que é devido.

l. Controlar o pessoal abaixo do mínimo e acima do máximo de faixa, para tomar medidas corretivas.

A administração do plano consiste em uma série de controles e ações no dia-a-dia para manter os salários dos funcionários sempre corretos. Recomenda-se criar um relatório informatizado contendo os dados principais da situação de cada funcionário. Exemplo:

- Número de registro.
- Nome do funcionário.
- Data de admissão.
- Código do cargo atual.
- Nome do cargo atual.
- Data em que assumiu o cargo atual.
- Salário atual.
- Data do último ajuste salarial.
- Data e resultado da última avaliação do funcionário.
- Data da próxima avaliação do funcionário.
- Posição do funcionário na faixa salarial.
- Data da próxima revisão salarial.

Mensalmente, o relatório deve ser analisado para que os casos do mês sejam tratados. Todo ajuste deve ter a concordância da chefia imediata do funcionário e, pelo menos, um nível acima. A direção deve receber um relatório dos ajustes do mês, com seus motivos e custos sobre a folha. A comunicação dos ajustes aos funcionários beneficiados deve ser feita pela respectiva chefia imediata e por escrito.

Alguns cuidados e posturas adotados pelos responsáveis pelo Sistema na organização completarão o elenco de medidas para o sucesso:

   a. Conhecer bem os cargos da organização, suas condições de trabalho e exigências e a situação de mercado para esses cargos.

   b. Conhecer muito bem, interpretar e saber os "porquês" da Política Salarial da empresa para poder assessorar bem as chefias.

   c. Ter sempre à mão o máximo de informações sobre os salários, os ocupantes dos cargos, situação de mercado etc., para analisar e discutir com fundamento as propostas.

   d. Documentar e manter o histórico das decisões que afetam a área: aumentos, reajustes coletivos, alterações de tabelas, exceções à política, promoções, alterações na estrutura de cargos, reavaliações de cargos etc.

   e. Levantar e analisar os muitos aspectos da relação do empregado com a organização, com a chefia, com o cargo, com o ambiente etc., quando estiver analisando uma pressão por aumento salarial. Muitas vezes o pedido de aumento é o sinal disfarçado de outros problemas e, nestes casos, a simples alteração salarial poderá não resolver.

   f. Processar no tempo certo as propostas das chefias e nunca deixá-las sem resposta.

   g. Finalmente, o mais importante: atuar junto e em parceria com as chefias e não na defensiva; assessorar a chefia na melhor solução (que nem sempre significa aumento salarial). Enfim, adotar sempre a postura do técnico preocupado com os negócios da organização e não do burocrata de salários.

ADMINISTRANDO AS PRESSÕES SALARIAIS

A demanda mais comum que a área de Cargos e Salários sofre é no sentido de aprovar aumentos salariais por pressão de mercado (ou pelo menos alegados como sendo pressão de mercado). Se, por um lado, a inflexibilidade não seja absolutamente recomendável, a aprovação sem uma análise apurada pode desmoralizar e condenar todo o Sistema.

Diante de uma situação dessas, o profissional deve levantar e interpretar as informações que permitam avaliar a situação. Se o argumento é de que um determinado empregado "deixará a organização se não receber um aumento", devemos verificar se não existiriam outros fatores que o levariam a sair (se, por hipótese, quer sair porque não se relaciona bem com o superior hierárquico, um aumento não vai revolver); para onde vai e para que posição (se vai sair para ocupar posição mais alta e não há como aproveitá-lo na organização, não se pode fazer nada); verificar a situação de outros empregados do mesmo cargo ou similares; verificar se o cargo está bem avaliado e se as qualificações do empregado em questão são compatíveis com o cargo que ocupa (podem estar acima do cargo e, neste caso deve-se estudar um melhor aproveitamento para ele).

Na ocasião da contratação de certos funcionários pode ocorrer uma pressão semelhante e, neste caso, a mesma preocupação de análise deve existir, basicamente sobre os mesmos pontos.

Capítulo 10

Considerações Complementares

AVALIAÇÃO DE DESEMPENHO E SALÁRIOS

A polêmica sobre a associação da Avaliação de Desempenho à Política Salarial é antiga. De fato, sempre que a AD foi colocada a serviço da Política Salarial ela não sobreviveu, e isto ocorre porque as pessoas a usam pensando na questão salarial e não no seu objetivo mais relevante: o treinamento e o desenvolvimento.

A questão, todavia, está entre atrelar a AD à Política Salarial ou recorrer à AD como um subsídio para a determinação de salários. Note que existe diferença entre "usar o instrumento AD" dentro da Política Salarial e simplesmente "levar em conta o desempenho" na hora de estudar os salários. O fato é que é difícil não levar em conta a performance na definição da remuneração, especialmente para enquadrar o funcionário em algum nível a partir do ponto médio da faixa salarial. Pode-se também aplicar instrumentos mais simples e paralelos à AD, mas a proliferação de processos de avaliação não é conveniente.

É basicamente inevitável alguma associação da AD com a questão remuneração, mas se a Avaliação de Desempenho for concebida como instrumento de um sistema de gestão de RH, com objetivos bastante amplos que incluam planos individuais de melhoria de desempenho, plano de carreira e outros, pode-se assegurar que o instrumento estará a salvo.

REMUNERAÇÃO DE EXECUTIVOS

A remuneração de executivos (cargos de gerência e direção), tem algumas peculiaridades: maior flexibilidade, menores riscos de reclamações trabalhistas, relação direta com os resultados da organização e maior necessidade de aliviar a carga tributária através da troca de salário por benefícios. Tais características implicam em tratamentos diferenciados na administração dos salários. Vamos, pois, examinar alguns aspectos da na administração dos salários para essa categoria:

Pesquisa Salarial: A pesquisa salarial para esses níveis deve levantar os benefícios de mercado para cada cargo, além de formas extras de remuneração.

Faixas Salariais: As faixas salariais devem ser mais flexíveis e a vinculação do desempenho com a remuneração é mais forte. Algumas metodologias trabalham com limites mínimo e máximo nas faixas e com a conjugação da posição na faixa com desempenho para definir os percentuais de aumentos salariais periódicos. O desempenho determina quanto em % deve ficar acima do mínimo da faixa.

Progressão Horizontal: Tendo-se em conta as restrições referidas ao aumento "por mérito" em capítulo anterior, o ideal, especialmente no caso dos executivos, é facilitar a progressão na faixa por critérios objetivos e completar a remuneração com o pagamento de salários extras, com base nos resultados ou lucro da organização.

Nesse caso, a direção da organização define a verba a ser distribuída com base nos resultados ou lucro do período e os critérios de participação, como número limite de salários/ano para cada nível hierárquico, vinculação aos níveis de desempenho e outros.

Salário Indireto: Se a organização optar pela conversão de parte dos salários em benefícios para aliviar a carga tributária, deve levar em conta as perdas de direitos como FGTS, remuneração das férias, 13º Salário etc. O conveniente é se fazer uma "contabilidade" dos ganhos e perdas e demonstrar aos executivos interessados, para que não surjam depois reivindicações de compensações.

Benefícios: Há algum tempo fala-se em experiências de oferecer aos executivos um "cardápio" de benefícios para que façam suas escolhas segundo suas conveniências. De fato, se torna mais interessante aos executivos, porém é uma prática trabalhosa e, certamente, mais onerosa, devido às perdas na economia de escala com a redução dos grupos (seguros de vida e saúde, plano de aposentadoria etc.).

Os benefícios concedidos custam à organização somas elevadas e, portanto, devem surtir os efeitos positivos esperados. Devem ser controlados, demonstrados os custos e funcionar perfeitamente para não se transformar em fontes de restrições à organização, apesar do seu custo.

REMUNERAÇÃO DE ESPECIALISTAS

Dentro do conceito convencional de administração de salários, a remuneração tem por base o "cargo", com suas funções definidas e estáveis. Assim, a progressão salarial se dá dentro da faixa do cargo ou por promoção para cargo maior, onde inicia outra faixa. Eventualmente, se o cargo sofre alterações significativas, ele é reavaliado, sobe no ordenamento e o salário do ocupante sobe junto.

Nesse conceito, a progressão horizontal bloqueada no teto da faixa faz sentido, tendo-se em conta que há um limite previsível no crescimento do desempenho nas atividades do cargo. Um crescimento salarial além desse patamar fica por conta da evolução profissional do ocupante, através das promoções para cargos maiores.

Acontece, porém, que em determinadas ocupações, os profissionais estão sempre evoluindo sem mudar de atividade, acumulando crescente *know how*, assumindo trabalhos mais complexos e gerando resultados de crescente relevância para a organização. São os profissionais técnicos de níveis médio e superior que se dedicam a pesquisas e desenvolvimento de tecnologias.

Uma tentativa de estender um pouco o conceito de "cargo" em ocupações que oferecem possibilidade de especialização e acumulação de conhecimento levou às derivações tipo *Trainee*, *Júnior*, *Pleno* e *Sênior*, encontradas com bastante freqüência no mercado.

Tais profissionais, ao ultrapassarem o estágio de *Sênior*, quando existe essa derivação, como se dedicam a ocupações que levam à alta especialização e dependem do aproveitamento dos talentos da organização, crescem continuamente e acabam insatisfeitos com o salário ou se transferem para outras organizações. Nesses casos, a organização sempre perde, porque investiu alto no profissional e o "perde" de alguma maneira justamente quando está em condições de gerar os resultados mais relevantes.

Uma "solução" muitas vezes encontrada nas organizações consiste em promover esses profissionais para cargos de chefia e Direção. Se o profissional tem perfil para Direção, poderá até funcionar, mas, como ocorre na maioria das vezes, perde-se um excelente e motivado técnico e ganha-se um chefe medíocre e infeliz.

Outras alternativas de solução consistem em remunerar tais profissionais fora de sua política geral ou criar uma sistemática específica para esses casos. Essa sistemática específica é chamada de "Curva de Maturidade" ou "Curva de Carreira".

Nesta metodologia, o cargo dá lugar a uma carreira cujo topo salarial se equipara ou até ultrapassa os cargos da gerência.

O critério para o crescimento salarial dentro dessa carreira é baseado na maturidade profissional, considerando fatores como tempo de graduação, tempo de experiência específica, atualização de conhecimentos, projetos desenvolvidos, obras publicadas, projeção do profissional na comunidade de sua especialidade e outros. A aplicação desses fatores pode ser similar aos métodos de avaliação de cargos (graus predeterminados ou de pontos).

Para estabelecer as escalas de salários são feitas pesquisas de mercado considerando essas variáveis da maturidade dos profissionais.

Dentro de cada nível de maturidade, existe uma faixa salarial, subdividida ou não em *steps*, na qual o profissional cresce segundo seu desempenho. Assim, o profissional evolui em termos salariais através de duas dimensões, uma vertical e outra horizontal: sua maturidade profissional e seu desempenho. Se o desempenho se situa abaixo de um certo patamar crítico, fica bloqueada também a evolução por maturidade.

Essa metodologia é mais empregada em instituições de pesquisa científica e tecnológica, empresas de engenharia consultiva e outras organizações que empreguem grande quantidade de profissionais do tipo aqui caracterizado.

Em organizações mais comuns, que se dedicam à indústria e ao comércio, o número de profissionais dessa categoria geralmente é pequeno para justificar a adoção de uma metodologia específica. Aquelas que empregam um número razoável de pesquisadores de produtos, pesquisadores de processos, profissionais de informática e outros, por certo, com o uso dessa sistemática, resolveriam boa parte de seus problemas com esses profissionais.

Parte II

Novos Caminhos na Gestão de Cargos e Salários

Capítulo 11

Metodologias em Consolidação

As organizações estão mudando sua forma de administrar e isso é uma resposta a uma grande transformação em curso no meio empresarial no mundo todo, um mundo que aos poucos vai perdendo fronteiras e se transformando, sob o ponto de vista da economia, num único país. É a "Aldeia Global" que os estudiosos da comunicação identificaram há algum tempo.

As mudanças que estão acontecendo são uma condição de sobrevivência para as organizações devido à grande competição. Essas mudanças devem ocorrer em todas as direções, das vendas à produção, passando pelas atividades-meio.

Partindo do fato incontestável de que são as pessoas que dão vida (ou morte) às organizações, é forçoso concluir que as mudanças têm que começar pelas próprias pessoas, e não seria razoável pensar em mudar tantos aspectos sem mudar uma questão tão importante como a remuneração.

Nota-se que as mudanças nas questões da remuneração buscam basicamente duas coisas: um maior comprometimento do pessoal com os destinos e o desempenho das organizações, a substituição do "cargo" tradicional como forma de organização por uma flexibilidade maior na alocação dos talentos e o alinhamento da remuneração com as estratégias da organização.

Para buscar mais comprometimento, as organizações estão partindo para os planos de remuneração variável e participação nos lucros ou resultados. Para conseguir maior flexibilidade e alinhamento da remuneração com as estratégias, as organizações estão adotando a polivalência e a multifuncionalidade e passando a atribuir um peso maior às habilidades e competências na definição da remuneração.

REMUNERAÇÃO VARIÁVEL

Um dos princípios mais arraigados da legislação trabalhista é o da irredutibilidade dos salários. Uma vez estabelecido o salário, este não pode ser reduzido, a não ser em casos excepcionais e temporários, mediante redução da jornada de trabalho.

Por outro lado, a redução de custos é hoje uma condição de sobrevivência para as organizações. O fato de os aumentos salariais por merecimento, por mais legítimos que sejam, se tornarem irreversíveis enquanto que o seu fato gerador, o mérito, pode deixar de existir a qualquer momento, representa um potencial de custo que as organizações tendem a temer cada vez mais. A ordem é aproveitar todas as oportunidades de transformar custos fixos em custos variáveis de maneira que os custos ocorram, tanto quanto possível, na mesma proporção e no mesmo ritmo das receitas. Aí entra a questão da Remuneração Variável e da Participação nos Lucros.

A luta das pessoas por maiores ganhos é uma energia permanente que pode constituir-se numa importante forma de alavancar resultados para as organizações. Sob essa perspectiva, oferecer, no lugar de aumentos salariais, uma parte dos lucros como recompensa por cumprimento e/ou superação de metas torna-se um grande negócio.

É preciso fazer-se aqui uma distinção importante entre Remuneração Variável e Participação nos Lucros. Na Remuneração Variável, a organização se propõe a pagar parcelas adicionais à remuneração básica do seu pessoal mediante o cumprimento e/ou superação de metas específicas. Estas parcelas não costumam estar, necessariamente, subordinadas à ocorrência de lucros, mas deve ser, obrigatoriamente, uma forma de buscá-los. Esses programas em geral não abrangem todo o pessoal, mas aquele segmento mais ligado às atividades-fins da organização e para o qual é mais fácil estabelecer metas. Em muitas empresas, o programa se restringe aos executivos.

Os programas de Participação nos Lucros ou Resultados existentes são, na sua quase totalidade, decorrentes de legislação baixada pelo Governo Federal com base na Constituição Federal de 1988, abrangem todos os funcionários e são estabelecidos mediante acordo entre a empresa e uma comissão de funcionários com alguma participação do sindicato predominante da categoria.

Esquematicamente, pode-se apresentar assim a comparação entre um programa e outro:

	Remuneração Variável	Participação nos Lucros ou Resultados
Base Legal:	CLT	Constituição e Lei 10.101 de 19/12/2000
Colaboradores abrangidos:	Uma parte	Todos
Periodicidade de pagamento:	Sem restrições	Anual ou semestral
Valores pagos:	Em geral, elevados	Em geral, modestos
Relação com a remuneração:	Complementa a remuneração	Não complementa a remuneração
Encargos trabalhistas:	Há incidência	Não há incidência
Acordo com colaboradores:	Facultativo	Obrigatório

A tendência nas empresas é a de, sempre que possível, estabelecer a remuneração fixa abaixo da média de mercado e complementar com a remuneração variável. A soma da parte fixa mais a parte variável pode superar a média de mercado, desde que as metas sejam também superadas.

Os indicadores e metas para compor a remuneração devem abranger quatro níveis: individual, equipe, setor e empresa. Isto é importante para se poder reconhecer desempenhos individuais sem perder de vista o sentido de equipe. Para se alcançar esse espírito é necessário treinar exaustivamente o comportamento dos participantes com a visão de "um socorrendo o outro para que os objetivos sejam alcançados".

A parte variável pode estar vinculada ao lucro ou a indicadores de resultados ou ainda a uma combinação dos dois. A parte variável pode ser totalmente proporcional ao salário ou pode ser mista: uma parte linear (distribuição igualitária para todos os participantes) e uma parte proporcional ao salário.

Basicamente são cumpridas as seguintes etapas no desenvolvimento de um Programa de Remuneração Variável:

1. Amplo debate com a direção da empresa sobre objetivos, estratégias e outros aspectos.
2. Entrevistas e debates com pessoas-chave da empresa, conforme consensado com a Direção.
3. Coleta e análise dos indicadores e informações pertinentes existentes na empresa.
4. Discussão e definição de todos os aspectos, indicadores, metas e estratégias da empresa para a inclusão no Programa.
5. Definição de indicadores individuais, equipe, setoriais e globais.
6. Pré-formatação do Programa e simulações de aplicação, com estudos de custos e potencial de alavancagem de resultados.
7. Montagem e validação da metodologia de apuração dos indicadores de resultados.
8. Treinamento dos envolvidos em relação aos aspectos do Programa e na parte comportamental.
9. Acompanhamento e assessoria na apuração dos indicadores de resultados e da participação de cada colaborador no primeiro ciclo de funcionamento do Programa.
10. Implementação do Programa, análise dos resultados e identificação das correções necessárias.
11. Elaboração do relatório e da memória do Projeto.

O ideal é que a empresa tenha, antes de iniciar o Programa, boa parte dos indicadores já identificados e testados. Contudo, não se deve ficar tentando acertar 100% logo de início. É mais realista e produtivo iniciar, fazer o básico e aprimorar com o uso.

As vantagens do Programa são evidentes e expressivas. Apenas para torná-las mais explícitas vamos destacar algumas:

- Contribui para melhorar o desempenho de áreas-chave da organização.
- Parte da remuneração paga é atrelada ao sucesso do negócio.
- Melhora o desempenho dos profissionais e das equipes.
- Leva à sintonia dos colaboradores com as prioridades da organização.

- Desenvolve cultura de comprometimento e engajamento aos objetivos de longo prazo.
- Incorpora atitudes como iniciativa, inovação e foco em resultados.
- Ativa a atenção às oportunidades para melhorar o desempenho das áreas e do negócio.

REMUNERAÇÃO POR HABILIDADES E COMPETÊNCIAS

INTRODUÇÃO

O conceito de cargo a que estamos acostumados é aquele do posto de trabalho, com tarefas e área de atuação bem definidas. Dentro desse entendimento, tudo o mais que não se encaixa nesse restrito conjunto de atividades deixa de ser obrigação do ocupante do cargo. Assim, o Analista de Sistemas, o Comprador, o Projetista etc., têm as suas funções típicas e aceitas como naturais no seu âmbito de atuação e qualquer tentativa de aumentar a sua abrangência pode ser considerada como uma "heresia organizacional".

Os tempos mudaram e as empresas não podem dar-se mais a luxos desse tipo e os talentos devem estar plenamente ocupados em atividades essenciais.

Evidentemente, só se consegue esse pleno emprego dos talentos quando se tem flexibilidade para alocá-los em qualquer trabalho, e isso só se torna viável abandonando o conceito tradicional de cargo e adotando-se uma forma mais aberta de atribuição de atividades. A multifuncionalidade não só permite maior flexibilidade, agilidade e redução de custos, como também leva ao enriquecimento do trabalho das pessoas, ao seu desenvolvimento e à quebra da monotonia.

Hoje essa abrangência ainda está restrita ao âmbito de departamentos, mas a tendência é de ela alargar-se mais e mais, de maneira que chegaremos a um conceito que já não é totalmente inusitado, isto é, as pessoas serem alocadas nas diversas áreas de uma empresa, segundo suas habilidades e competências.

HABILIDADES E COMPETÊNCIAS

As mudanças organizacionais que estão levando à multifuncionalidade estão também implicando na busca por pessoas mais habilitadas a realizar uma gama bem mais variada de trabalhos. Hoje a informação e o conhecimento são tidos como fatores críticos de sucesso para qualquer organização. Como diz Waldez Ludwig, "o cara sai da universidade e a empresa leva dois anos em média para colocá-lo em dia. O que as organizações estão fazendo? Criando as suas próprias universidades. Na nova era, toda instituição deverá ser um ambiente educacional. O momento de maior produtividade de uma pessoa é quando ela está aprendendo algo de relevante".

A multifuncionalidade implica em as pessoas dominarem mais assuntos profissionais dentro das organizações. Há, ainda, uma outra dimensão de conhecimentos a que a nova realidade empresarial está expondo as pessoas, provocados pelos sistemas de Garantia da Qualidade, pelas mudanças radicais no modelo organizacional, pelas estruturas com menos níveis hierárquicos, pela transformação de grupos chefiados em equipes autônomas, pela maior amplitude de responsabilidades, pela exigência de aperfeiçoamento contínuo etc.

Tudo isso implica no domínio de uma vasta gama de ferramentas gerenciais, procedimentos e atitudes, antes não esperados dos colaboradores. Tudo isto começou nas áreas produtivas, onde, em muitas empresas, o trabalho do Operador de Produção está sendo ampliado com o objetivo de torná-lo cada vez mais auto-suficiente e autônomo, cabendo-lhe realizar o CEP (Controle Estatístico do Processo), o *setup* (troca de ferramental e ajustes nas máquinas e dispositivos na troca de séries de produtos), o autocontrole de qualidade e execução de alguns níveis da manutenção preventiva. Além disso, o operador tem que saber operar diferentes postos de trabalho, especialmente onde a produção é organizada em células.

HABILIDADES E COMPETÊNCIAS E OS MÉTODOS DE REMUNERAÇÃO

Os métodos tradicionais empregados para determinar a remuneração são voltados prioritariamente para o cargo; o cargo é seu ponto de partida. A Remuneração por Habilidades e Competências (RHC) é vinculada à capacitação das pessoas para responder ao ambiente mais complexo dos negócios. Profissionais que adquirem habilidades relacionadas a diferentes funções e visão global do negócio tornam-se mais valiosas para as empresas. Essa nova abordagem muda o foco do cargo para a pessoa, dentro, claro, de vários parâmetros previamente definidos.

Primeiro, é necessário mudar a forma de conceber e aplicar os cargos. Em segundo lugar, é forçoso adotar sistemas de avaliação da capacitação e do desempenho do pessoal, sem os quais se torna muito precária a determinação do nível de competência em que cada colaborador se encontra. Os sistemas tradicionais têm o foco no cargo enquanto que a RHC tem o foco na pessoa, através da capacitação.

Mudam os papéis das pessoas nas empresas e mudam as bases, os pressupostos, sobre os quais se têm apoiado os sistemas de remuneração. Assim, nas empresas onde essas transformações ocorreram ou estão ocorrendo, surge, como conseqüência natural, a necessidade de adaptar os métodos de remuneração.

A metodologia que vem se apresentando como a mais adequada às empresas que adaptaram sua organização funcional para atender a essa nova realidade tornou-se conhecida como "Remuneração por Competências", ou "Remuneração por Habilidades e Competências" ou ainda por outras designações. Chamamos a atenção, porém, para esse fato importante: a mudança para essa metodologia requer primeiro a mudança na organização e na cultura da empresa.

A Remuneração por Habilidades e Competências está ainda em processo de maturação e por isto não se pode ainda falar de metodologia consolidada. Cada experiência de implantação da sistemática tem sido única, observando, no máximo, procedimentos e critérios parecidos. Do que já se pode considerar consolidado, pode-se identificar um conjunto de componentes básicos:

    a. Carreiras.

    b. Matriz de habilidade e competências.

    c. Pesos das habilidade e das competências.

    d. Níveis de proficiência.

    e. Aplicação da matriz de habilidade e competências às carreiras.

    f. Perfil complementar das carreiras (escolaridade, experiência).

    g. Pontuação das carreiras.

    h. Nomenclatura de cargos para os níveis de carreira.

    i. Estrutura salarial.

    j. Processo de avaliação da proficiência e do desempenho.

    k. Política de carreiras e de remuneração.

    l. Processo de aquisição das habilidade e das competências

A definição do que se entende por "habilidade" e por "competência" é ainda imprecisa. Tem havido, quando muito, alguma convergência para entender que "habilidade" está ligada ao "saber fazer" e "competência" ao "saber conduzir-se".

Desenvolvimento do Sistema

Este é um projeto de grande impacto na organização; dedicar tempo e esforço para seu adequado equacionamento pode fazer toda diferença. Um adequado planejamento do trabalho deve abranger algumas grandes fases como:

1. Capacitação conceitual e decisão.
2. Desenvolvimento do modelo conceitual.
3. Construção do Plano.
4. Implantação do Plano.
5. Gestão do Plano.

Construção do Plano

A construção do Plano compreende as ações de elaboração de todos os instrumentos e definição dos critérios que lhe darão formato. A construção do Plano abrange as seguintes etapas:

1. Definição das estratégias corporativas.
2. Definição das estratégias setoriais.
3. Identificação das áreas organizacionais e seus processos.
4. Identificação das carreiras.
5. Elaboração da matriz de habilidades e competências.
   - Identificação/descrição das habilidades e competências estratégias.
   - Identificação/descrição das habilidades e competências de gestão.
   - Identificação/descrição das habilidades e competências de relacionamento.
   - Identificação/descrição das habilidades e competências técnicas de aplicação geral.

- Identificação/descrição das habilidades e competências técnicas específicas.
- Identificação/descrição das habilidades e competências pessoais.
6. Determinação do peso das habilidades e competências.
7. Definição dos níveis de proficiência.
8. Aplicação das habilidades e competências às carreiras.
9. Definição do perfil complementar das carreiras.
10. Pontuação das carreiras.
11. Definição da nomenclatura de cargos para os níveis de carreira.
12. Elaboração e teste da avaliação da proficiência/desempenho.
13. Realização da Pesquisa Salarial.
14. Elaboração da Estrutura Salarial.
15. Definição da Política de Carreira e Remuneração.
16. Estimativa dos impactos financeiros.
17. Identificação do processo de aquisição das habilidades e competências.
18. Validação do Plano.

Implantação do Plano

Nesta etapa o Plano é colocado em prática e compreende as seguintes ações:

a. Explanação detalhada sobre o funcionamento e as normas do Plano.

b. Aplicação da avaliação da proficiência/desempenho.

c. Elaboração do Programa Individual de Desenvolvimento.

d. Elaboração do Programa Geral de Treinamento e Desenvolvimento.

e. Enquadramento dos profissionais nos níveis de carreira.

f. Enquadramento salarial dos profissionais.

g. Desenvolvimento de sistema *online* para atendimento aos colaboradores

Vantagens do Sistema

Um Plano de Remuneração por Habilidades e Competências adequadamente estruturado e implantado apresenta muitas vantagens em relação aos sistemas tradicionais ortodoxos. Muitas dessas vantagens são devidas, na verdade, ao conceito de Gestão por Competências, que antecede o Plano de Remuneração por Competências:

- Favorece a percepção de justiça por parte dos colaboradores.
- Ajuda a direcionar melhor os investimentos em treinamento e desenvolvimento.
- Oferece mais sustentação aos objetivos da organização.
- Permite mais flexibilidade na alocação da mão-de-obra.
- É mais adaptável a novos processos/oferece melhor resposta às mudanças organizacionais.
- Permite trabalhar com quadros mais enxutos.
- Favorece a redução da rotatividade e do absenteísmo.
- Leva a um aumento da visão sistêmica do negócio.
- Estimula a formação de um ambiente mais propício à inovação.
- Leva a um maior comprometimento do pessoal.
- Cria melhores condições para maior delegação, rapidez e segurança nas decisões e ações.
- Melhora o clima organizacional.
- Favorece a preservação dos talentos da organização.
- Estimula o desenvolvimento de competências individuais alinhadas com o estratégico.
- Melhora a qualidade do trabalho produzido e a produtividade.
- Favorece uma maior integração das ações de Gestão de Pessoas.
- Permite maior autonomia de atuação aos profissionais.
- Proporciona melhores condições ao aproveitamento dos talentos.
- Leva a uma percepção mais clara dos critérios de carreira e de salários.
- Permite maior flexibilidade na definição de salários.
- Permite avaliar com maior clareza o potencial da equipe.

Custos do Sistema

O sistema onera a empresa no início com investimentos em treinamento e ajustes, mas depois compensa pela maior eficácia do quadro de pessoal. Pode-se visualizar três momentos de custos:

- Implementação/Enquadramento – custos ascendentes.
- Consolidação – custos declinantes.
- Estabilização – custos estabilizados abaixo do primeiro momento.

Cuidados

Toda vez que se implanta um sistema na empresa são necessários alguns cuidados. Neste caso, então, por envolver os funcionários, por interferir na cultura e organização da empresa e, sobretudo, por ser um sistema ainda muito pouco validado na prática, alguns cuidados são indispensáveis:

1. Definir claramente os objetivos a alcançar com o sistema, com indicadores.
2. Considerar outros fatores que interferem no atingimento dos objetivos definidos.
3. Definir premissas claras para direcionar o Projeto.
4. Direcionar a dosagem de capacitação para as reais necessidades da empresa.
5. Exercer visão crítica em relação à capacitação (viabilidade de utilização no dia-a-dia).
6. Deixar claro para o funcionário o instrumento/critérios de avaliação, quais resultados o funcionário deve apresentar para ser considerado certificado e como pode aumentar sua renda.
7. Assegurar que todo gasto do sistema tenha sua contrapartida em resultados para a empresa.
8. Adaptar os procedimentos de recrutamento, seleção e treinamento para o Sistema.
9. Projeto organizacional avançado (equipes autônomas/alta delegação).
10. Poucos níveis hierárquicos.
11. Estilo gerencial aberto para a co-gestão.

Exemplos de Habilidades e Competências

Competências Voltadas para as Estratégias:
- Foco no Mercado.
- Orientação para a Inovação.
- Pensamento Sistêmico.
- Pensamento Criativo.
- Orientação para a Sinergia.

Competências de Gestão:
- Gestão de Pessoas.
- Liderança.
- Gestão de Processos.

Competências de Relacionamento:
- Atendimento ao Público.
- Atendimento a Clientes.
- Relações Humanas.
- Comunicação e Expressão.
- Técnicas de Negociação.
- Trabalho em equipe.
- Disseminação de Conhecimentos.

Competências Pessoais:
- Autocondução.
- Comprometimento.
- Senso de Organização.
- Assiduidade/Pontualidade.
- Flexibilidade.
- Atitude.
- Orientação para Melhoria Contínua.
- Autodesenvolvimento.
- Sobriedade.

- Sigilo Profissional.
- Cuidado Pessoal.
- Regularidade.
- Disciplina Pessoal.
- Disciplina Técnica.

Competências Técnicas de Aplicação Geral:
- Informática Usuário Nível 1.
- Informática Usuário Nível 2.
- Matemática Financeira.
- Comunicação Escrita.
- Estatística Aplicada.
- Idioma Espanhol.
- Idioma Inglês.
- Prática Comercial/Fiscal.
- Produtos/Serviços.
- Segurança do Trabalho.
- Ferramentas da Qualidade.
- Técnicas de Vendas.
- Legislação Tributária.
- Legislação Trabalhista.
- Legislação Comercial.
- Comércio Internacional.
- Gestão de Riscos.
- Solução de Problemas.
- Julgamento e Decisão.
- Cinco Esses.
- Diagrama de Causa e Efeito.
- Controle Estatístico de Processo – CEP.
- Metrologia.

Capítulo 12

Uma Metodologia Completa, Integrada e Consolidada

Este capítulo, ao expor a metodologia, trata da Administração de Cargos e Salários como um todo. Assim, é natural que acabe repetindo algum aspecto já tratado nos capítulos anteriores ou, por vezes, aborde superficialmente outros aspectos, justamente por já terem sido tratados mais minuciosamente.

Também acreditamos ser conveniente esclarecer que, embora tenhamos deixado de praticar as metodologias mais tradicionais à medida que fomos desenvolvendo a presente metodologia, optamos por mantê-las nos capítulos anteriores pelas seguintes razões, entre outras:

1. É importante ao leitor conhecer outras alternativas.
2. O conhecimento das metodologias tradicionais facilitam a compreensão da nova metodologia.
3. Tais partes contêm aspectos técnicos que continuam sendo válidos mesmo na nova metodologia.

Introdução

Desde 1970, quando iniciamos nossa vivência na Administração de Cargos e Salários, vínhamos trabalhando com a metodologia tradicional aberta (avaliação dos cargos pelo Método de Pontos, e todas as demais práticas salariais ligadas a ele), além de termos tido experiências com metodologias fechadas como Hay e Hoyler.

As características dos modelos tradicionais de Administração de Cargos e Salários estão expostos nos capítulos anteriores. A leitura daquela parte deve ter oferecido uma idéia mais ou menos suficiente da complexidade e do volume dos trabalhos nos modelos tradicionais.

Ao longo desse tempo, desenvolvemos formas e soluções próprias a partir dos processos tradicionais, as quais nos pareceram contornar certas deficiências inerentes a esses métodos. Contudo, a nossa sintonia com a realidade das organizações através dos serviços de consultoria, por um lado, e as tendências da Administração na busca da simplificação e da eficácia, por outro, nos mostraram a necessidade de se abrir novos caminhos na configuração e na gestão do Sistema de Administração de Cargos e Salários.

Tomamos então a decisão de oferecer algo melhor às organizações e empreendemos um trabalho de pesquisa, buscando uma solução que assegurasse objetividade, transparência, praticidade, segurança e que ainda atendesse a vários outros aspectos para dar resposta à demanda do mercado. Assim nasceu esta metodologia, que apresenta uma série de vantagens em relação aos modelos tradicionais, algumas das quais destacamos logo a seguir.

Esta metodologia já passou por muitas provas e teve a sua validade comprovada em várias organizações, pois substituiu toda a metodologia convencional a partir de janeiro de 1994, em todas as implantações de Planos de Cargos e Salários que conduzimos. Tais organizações onde a metodologia foi aplicada e se acha em funcionamento são dos mais diferentes tipos, portes e ramos.

Vejamos algumas das vantagens apresentadas pela metodologia:

1. Trabalha com descrições de cargos simplificadas.
2. Contempla a multifuncionalidade, a polivalência e a avaliação do conhecimento.
3. Leva a reflexões sistemáticas sobre a estrutura organizacional.
4. Define o ordenamento dos cargos de forma objetiva e rápida.
5. Baseia a avaliação do pessoal no conteúdo dos cargos.
6. Trabalha com pontuação dos cargos na Pesquisa Salarial.

7. Assegura enquadramento salarial mais objetivo e transparente.
8. Permite maior rapidez e menor custo na implantação do Plano.
9. Facilita a manutenção do Plano.
10. É universal: aplica-se a organizações de todos os tipos, ramos e portes.

Para avaliar a atualidade e a validade da metodologia, nos parece pertinente cotejar as suas principais características com alguns dos principais aspectos da atualidade nas organizações. Vamos, pois, a eles:

Mudanças: as organizações vivem dias de grande instabilidade e a agilidade para se adaptar a novas situações é o diferencial que pode salvar ou condenar uma organização. Neste aspecto, temos tido a satisfação de constatar que mesmo mudanças drásticas na estrutura das organizações foram assimiladas pela metodologia com pouco trabalho de ajuste no Plano de Cargos e Salários.

Remuneração Variável: a remuneração variável, como vimos antes, não substitui mas complementa a remuneração normal, tomando como pressuposto que esta seja confiável. Assim, a metodologia não só não conflita com a Remuneração Variável como ainda oferece uma base segura para uma remuneração básica adequada.

Habilidades e Competências: Apesar de ser focada no cargo, esta metodologia utiliza a aplicação das habilidades e competências na pontuação dos cargos e no processo de Avaliação de Desempenho que faz parte do sistema.

O exame da Metodologia e seus anexos mostrará que ela constitui um sistema integrado e completo como mostra o fluxograma a seguir:

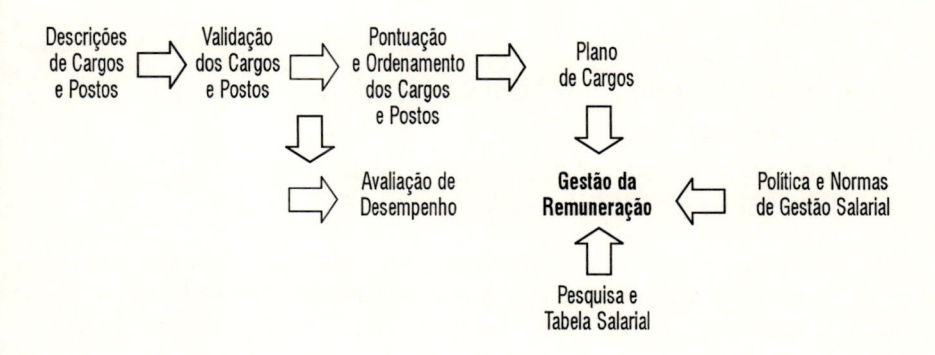

Descrições de Cargos e Postos → Validação dos Cargos e Postos → Pontuação e Ordenamento dos Cargos e Postos → Plano de Cargos ↓ Avaliação de Desempenho → **Gestão da Remuneração** ← Política e Normas de Gestão Salarial ↑ Pesquisa e Tabela Salarial

A Metodologia, Passo a Passo

A descrição que passaremos a fazer dos diversos aspectos da Metodologia fornecerão uma idéia do seu funcionamento. Visando facilitar a compreensão, percorreremos as etapas básicas da implantação do Plano de Cargos e Salários dentro da metodologia.

a. Preparação e discussão das descrições dos cargos.
b. Ordenamento dos cargos.ççç
c. Avaliação dos funcionários.
d. Pesquisa Salarial.
e. Determinação das curvas salariais de mercado.
f. Definição da Política Salarial e elaboração das tabelas de salários.
g. Estudos de enquadramento inicial dos funcionários no Plano.

Passaremos a comentar os diversos aspectos da medodologia que diferem do modelo tradicional. Alguns aspectos não serão comentados porque seguem os mesmos procedimentos já descritos nos capítulos anteriores.

Descrição de Cargos

A descrição de cargo da metodologia é bastante simplificada como se pode constatar nos modelos dos Anexos 1.2 e 1.3. A descrição tem a estrutura a seguir, cujos conceitos estão explicados no Anexo 1.1.

1. Identificação.
2. Definição.
3. Áreas de Responsabilidade.
4. Atividades.
5. Qualificações:
    Escolaridade Básica:
    Cursos/Conhecimentos Complementares:
    Experiência Prévia:
    Adaptação/Maturidade:
    Habilidades e Competências:

Devido à sua simplicidade, a elaboração das descrições pode ser delegada às próprias chefias, mediante o fornecimento de modelos e instruções. Veja no Anexo 1.1 as explicações sobre a estrutura da descrição.

As pessoas que não estão familiarizadas com esse trabalho e vão elaborar as descrições nem sempre seguem o padrão. Contudo, a experiência mostra que tem resultado pouca a necessidade de ajustes. Outros, de maior profundidade, acontecem na discussão da descrição pelo Comitê ou pela Direção da organização.

Nesta metodologia as descrições são revistas toda vez que os funcionários são avaliados e isto as mantém sistematicamente atualizadas.

Descrição de Cargos de Especialistas

Tradicionalmente se tem procurado, nas ocupações de longa maturação, descrever os cargos refletindo estágios dessa carreira. É o caso, por exemplo, do Analista de Sistemas que comumente se apresenta desdobrado em níveis como *Trainee*, Júnior, Pleno e Sênior.

A prática tem mostrado, porém, que, em razão da dinâmica nos trabalhos e da aquisição de conhecimento pelos profissionais, essas descrições não correspondem à realidade em relação à divisão de tarefas nos diferentes níveis. Além disso, considerando as necessidades de polivalência e multifuncionalidade, não seria conveniente estabelecer de modo estanque o que cabe a cada nível realizar.

Nesta metodologia, faz-se, em tais casos, uma única descrição das atividades, define-se quantos níveis o cargo terá, qual o conjunto mínimo de atividades cada nível deve estar habilitado a exercer e quais as qualificações requeridas em cada nível.

Descrição dos Postos de Trabalho na Área Operacional

A metodologia tradicional utiliza, nas atividades de fabricação, manutenção e serviços braçais em geral, a mesma descrição de cargo empregada nas áreas administrativas e técnicas, apenas com alguns detalhes específicos diferenciados. Esse tipo de descrição não atende adequadamente a vários aspectos específicos desse segmento, entre eles a questão da polivalência.

A descrição voltada para a polivalência deve enfocar cada posto de trabalho, o que pode ser uma máquina, uma etapa de montagem, um tipo de solda etc. No caso das máquinas, não basta separar por família de máquina como frezas, tornos, prensas etc. É necessário distinguir cada tipo de freza, de torno, de prensa etc.

Nesta metodologia descreve-se os postos de trabalho, especificando-se as principais operações de cada posto, os treinamentos necessários para operar o posto, o grau de escolaridade e o tempo de aprendizado e/ou de experiência. Essa especificidade permite enquadramentos funcionais e salariais mais precisos e atende a normas de Higiene, Medicina e Segurança do Trabalho e da Previdência Social. Veja o seguinte exemplo:

Posto: **ME02 Faceamento Externo**	Equipamento: Fresa U-30
1. Fazer o faceamento externo da tampa e fundo do bloco do conjunto mecânico	**Escolaridade básica:** Ensino Fundamental
2. Trocar as pastilhas e ajustar	**Cursos/treinamento:** Padrão de funcionamento
3. Lubrificar a máquina	**Tempo de aprendizado:** 3 meses
4. Prender a peça no gabarito e regular	**Tempo de experiência:** 3 meses no posto ME03 Faceamento interno
5. Acionar a máquina para facear	
6. Soltar a peça e inspecionar visualmente	
7. Contar as peças e fazer o apontamento da produção	
8. Fazer a limpeza da máquina e do posto de trabalho	

O fato de ir mais fundo na especificidade dos postos permite que a descrição seja mais sucinta e objetiva, cabendo numa folha cinco ou mais descrições. Com isso, pode-se ter todas as descrições de uma área da organização em uma ou algumas folhas. Veja modelo completo no Anexo 2.1.

IDENTIFICAÇÃO E LEVANTAMENTO DE POSTOS DE TRABALHO

O processo de levantamento e descrição dos postos ocorre em três etapas. Na primeira, percorre-se cada setor junto com o respectivo responsável, identifica-se cada posto de trabalho existente, anota-se o seu nome (identificando a atividade ali desenvolvida ou a máquina que configura o posto) e observa-se rapidamente o trabalho.

Na segunda, desenvolve-se, junto com o responsável pelo setor, a descrição das operações de cada posto, os conhecimentos necessários, grau de escolaridade e tempo de aprendizado ou experiência.

Na terceira, passa a limpo o que foi levantado, envia-se à chefia para revisar e fazer os últimos ajustes antes de submeter a descrição ao exame do Comitê.

O inventário inicial dos postos de trabalho (primeira das três etapas), deve ser conduzido por um profissional conhecedor da sistemática como um todo, tendo em vista o emprego correto do conceito de "posto".

Já o trabalho de descrição dos postos pode ser feito pelas chefias mediante o fornecimento de modelos e orientações, como vimos na descrição dos cargos. Contudo, quem estiver conduzindo o processo deve avaliar a capacidade das chefias para essa tarefa e então decidir o procedimento a tomar.

EXAME, DISCUSSÃO E VALIDAÇÃO DAS DESCRIÇÕES DE CARGOS E POSTOS

Nesta metodologia, esta é uma etapa fundamental, na qual discute-se criticamente o cargo ou posto, isto é, se ele deve existir na estrutura, se as atividades nele previstas estão corretas, a titulação, a subordinação, os cargos subordinados, as qualificações etc. Ao ser elaborada a descrição, prevaleceu a visão do titular da área, a qual pode não coincidir com a visão da direção da organização. Neste segundo estágio do processo de configuração dos cargos, eles serão submetidos à visão da Direção e/ou do Comitê e, como estará presente o titular da área, haverá então a oportunidade de troca de impressões e de ajustes nas visões acerca dos cargos e, o que é crucial, da própria missão das pessoas dentro da organização.

Nessa ocasião, visando a multifuncionalidade dos cargos, discute-se a conveniência de juntar diferentes descrições em uma só, com um ou mais níveis de execução. Pode-se fundir, por exemplo, as descrições de Comprador de diferentes segmentos, numa só, e instituir três níveis de Comprador: I, II e III.

Nas organizações médias e grandes, as discussões dos cargos e dos postos são realizadas por comitês distintos. Para a discussão dos cargos administrativos, técnicos e de chefia, o Comitê deve ser composto pela própria Direção da organização, já que haverá a necessidade de se tomar decisões quanto aos cargos e à estrutura. Caso, em razão do porte da organização ou por outra razão qualquer, a direção não possa participar do trabalho, ela deve nomear outros membros, entre assessores e executivos, que sejam objetivos e imparciais e que tenham uma visão estratégica da organização para poderem contribuir efetivamente nos trabalhos. Neste caso, os resultados dos trabalhos devem ser posteriormente submetidos à validação da direção.

O Comitê deve ser composto por cinco ou seis pessoas e, se a organização possui área de Recursos Humanos ou equivalente, o seu titular deve estar entre elas. Esses são os membros permanentes do Comitê. À medida que se discute cada setor, se seu titular não faz parte do Comitê, ele deve ser convidado a participar. Se o titular do setor é um Supervisor, por exemplo, e acima dele exista um Gerente, ambos devem ser convidados.

A discussão das descrições dos postos de trabalho da área Operacional também deve ser feita por um Comitê. Neste caso, porém, não há necessidade de envolver a direção da organização, mas a cúpula da área industrial. Novamente deve estar presente o responsável por RH e devem ser convidados os titulares dos setores. As reuniões do Comitê devem ter aproximadamente a seguinte pauta:

1. Esclarecimento ao convidado sobre os objetivos e procedimentos do trabalho.
2. Explicação dos conceitos e critérios que estão sendo empregados nas discussões.
3. Apresentação comentada do organograma da área.
4. Projeção e leitura das descrições em voz alta.
5. Debate sobre o título do cargo, subordinação, equipe, propriedade na alocação das atividades.
6. Definição das qualificações adequadas para o cargo e dos cursos e treinamentos complementares necessários a cada cargo face aos padrões e objetivos da organização.

Toda essa discussão equivale a uma revisão da estrutura e tem provocado mudanças em todas as organizações onde a metodologia foi empregada.

PONTUAÇÃO DOS CARGOS E POSTOS E DEFINIÇÃO DO *RANKING*

O ordenamento dos cargos numa hierarquia que reflita o consenso sobre o *status* de cada um na estrutura da empresa é fundamental para se estabelecer a remuneração de maneira racional e uniforme. A esse ordenamento chamaremos *ranking*.

Nesta metodologia, os cargos e postos de trabalho são pontuados e ordenados em classes (*ranking*), mediante a aplicação, sobre as qualificações e outros aspectos validados pelo Comitê, de um conjunto de critérios previstos numa grade preestabelecida e universal (ver Anexo 3.1).

O *ranking* inicial é resultado da aplicação pura e simples da grade sobre as qualificações definidas para os cargos e outros aspectos, sua conversão em pontos, totalização e enquadramento dos cargos nas classes. É, pois, um trabalho mecânico, calcado em aspectos objetivos, realizado sem a participação do Comitê. Exemplo:

Cargo: Gerente Comercial

Dados Básicos	Grade de Pontuação		
	Referência Parcial	Referência Final	Pontos
Escolaridade básica: Superior + Pós-graduação (Especialização) Experiência: 7 anos + Adaptação/maturação: 12 mese	G 23	G23	465
Equipe subordinada: 19 pessoas Níveis hierárquicos acima: 1 (Diretor-Presidente)	D 4	D4	136
Habilidades e Competências requeridas*:	85	I	152
TOTAL CLASSE			753 19

* Na pontuação das competências, totaliza-se os pesos ou frações dos pesos e determina-se a pontuação na Chave 3 da grade. A aplicação dos pesos das competências para a totalização é feita considerando-se o grau de demanda: Integral = 100% do peso; Parcial = 50% do peso; Noções = 25% do peso.

Habilidades/Competências	Peso	Domínio	%	Valor
GP Gestão de Pessoas	8	Integral	100	8,00
AC Atendimento a Clientes	4	ntegral	100	4,00
RH Relações Humanas	4	Integral	100	4,00
IP Informática Usuário Nível II	5	Integral	100	5,00
MF Matemática Financeira	5	Integral	100	5,00
RE Comunicação Escrita	5	Integral	100	5,00
CE Comunicação e Expressão	5	Integral	100	5,00
PF Prática Comercial/Fiscal	6	Integral	100	6,00
TV Técnicas de Vendas	6	Integral	100	6,00
TN Técnicas de Negociação	6	Integral	100	6,00
ET Estatística	6	Parcial	50	3,00
ES Espanhol	6	Parcial	50	3,00
IN Inglês	7	Parcial	50	3,50
PD Produtos/Serviços	5	Integral	100	5,00
FQ Ferramentas da Qualidade	5	Integral	100	5,00
LT Legislação Trabalhista	6	Noções	25	1,50
PL Planejamento	7	Integral	100	7,00
LB Legislação Tributária	6	Parcial	50	3,00
		TOTAL		85,00

Feita essa pontuação com todos os cargos, monta-se o *ranking:*

Classe	Intervalos	Administração	Pontos	Comercial/Industrial	Pontos
1	200 a 214				
2	215 a 230				
3	231 a 247				
4	248 a 265			Promotora de Vendas Atendente Posto de Vendas	252 252
5	266 a 284				
6	285 a 304	Contínuo Telefonista	285 298	Almoxarife	290
7	305 a 326	Auxiliar de Custos	326		
8	327 a 350				
9	351 a 375	Auxiliar Financeiro (Caixa) Técnico de Segurança no Trabalho Auxiliar de Contabilidade Auxiliar de Crédito e Cobrança Auxiliar de Escrita Fiscal	359 369 369 375 375	Faturista	359
10	376 a 402			Supervisor de Setor de Expedição	401
11	403 a 431	Comprador (Diversos)	427		
12	432 a 463	Secretária Executiva Analista Progr. de Computator Encarregado de RH	460 462 463	Supervisor de Setor de Embalagem	449
13	464 a 496	Comprador (Insumos)	490	Supervisor de Produção Supervisor de Preparo de Receitas	490 490
14	497 a 532	Analista de Sistemas	517		
15	533 a 571			Supervisor de Setor de Manutenção	571
16	572 a 612	Contador Coordenador de Informática	610 612	Engenheiro Químico Supervisor Geral de Produção	610 612
17	613 a 656				
18	657 a 704				
19	704 a 755	Gerente Financeiro	749	Gerente Comercial	753

Cabe agora ao Comitê examinar o *ranking* com espírito crítico e visão global e identificar eventuais inconsistências.

Em relação a cada inconsistência (quando há o consenso de que determinados cargos ou postos deveriam estar em classes acima ou abaixo daquelas onde ficaram no *ranking* preliminar), questiona-se as qualificações que foram estabelecidas e a aplicação das Habilidades e Competências. Geralmente o problema está aí e alguns ajustes nesses aspectos resolvem a questão.

Pode ocorrer, porém, de haver consenso de que um cargo deva estar em classe mais alta ou mais baixa mas a pontuação tenha sido mantida sem ajustes. Neste caso, busca-se identificar os motivos pelos quais se entende que o cargo deveria estar acima ou abaixo. Pode ser, por exemplo, o forte relacionamento externo, acesso e domínio da tecnologia, impactos financeiros etc. Neste caso, desde que haja consenso entre todos os membros, o Comitê pode colocar o cargo na classe considerada adequada e a justificativa será registrada em ata.

Pode ocorrer de um cargo estar no limite inferior ou superior na faixa de pontos da classe e a comparação com outros cargos indique que deveria ficar na classe inferior ou superior. Essa decisão também é válida, desde que seja de consenso e igualmente registrada em ata.

Nesse processo de ajuste do *ranking*, exceto naquele feito por estar o cargo no limite de pontos da classe, é importante observar a seguinte diretriz: toda redução (baixar o cargo uma ou mais classes) deve ser feita mediante uma redução nas qualificações; toda elevação (subir o cargo uma ou mais classes) pode ocorrer mediante revisão nas qualificações e/ou por considerar-se outros fatores, desde que ambas as decisões sejam tomadas por consenso.

Uma vez consensado o *ranking*, elabora-se o Plano de Cargos, com sua nomenclatura oficial e as classes onde foram colocados os cargos:

Classes	Código	Cargos		Descrições Abrangidas
1				
2				
3				
4	M0401	Auxiliar de Vendas	AT01 AT03	Atendente Postos de Vendas Promotora de Vendas
5				
6	M0601 M0602 M0603	Auxiliar Administrativo I Almoxarife Telefonista	AT15 AT20 AT07	Contínuo Almoxarife Telefonista
7	M0701	Auxiliar Administrativo II	AT08	Auxiliar de Custos
8				
9	M0901 M0902	Auxiliar Administrativo III Técnico de Segurança do Trabalho	AT12 AT02 AT13 AT14 AT11 AT19	Auxiliar Financeiro (Caixa) Faturista Auxiliar de Contabilidade Auxiliar de Crédito e Cobrança Auxiliar de Escrita Fiscal Técnico de Segurança do Trabalho
10	M1001	Supervisor de Setor de Produção I	CH10	Supervisor de Setor de Expedição
11	M1101	Comprador I	AT04	Compardor (Diversos)
12	M1201 M1202 M1203 M1204	Supervisor de Setor de Produção II Secretária da Diretoria Analista de Sistemas I Supervisor de Recursos Humanos	CH05 AT05 AT06 CH03	Supervisor de Setor de Embalagem Secretária da Diretoria Analista Programador Computador Encarregado de RH
13	M1301 M1302	Supervisor de Setor de Produção III Comprador II	CH08 CH06 AT30	Supervisor de Produção Supervisor de Preparo de Receitas Comprador (Insumos)
14				
15	M1501	Supervisor de Manutenção	CH11	Supervisor de Manutenção
16	M0401 M0402 M0403 M0404	Contador Engenheiro Químico Coordenador de Informática Supervisor Geral de Produção	CH04 AT16 CH02 CH07	Contador Engenheiro Químico Coordenador de Informática Supervisor Geral de Produção
17				
18				
19	M1901 M1902	Gerente Financeiro Gerente Comercial	CH12 CH01	Gerente Financeiro Gerente Comercial

No caso dos cargos operacionais, com o emprego do conceito de posto de trabalho, o número de títulos pode sofrer uma redução drástica. Vejamos como podem ser agrupados os postos de trabalho de uma determinada empresa:

Plano de Cargos Operacionais

CL	CARGO	ESTAMPARIA/MECÂNICA		INJEÇÃO/EXTRUSÃO	
1	Auxiliar de Produção		Iniciante		Iniciante
2	Operador de Produção I	ES03	Guilhotina – Serviços Auxiliares	PL02	Extrusora – Serviços Auxiliares
3	Operador de Produção II	ES04 MC11	Ponteamento Pré-Montagem	PL06 PL07	Armazenamento de peças Reciclagem de materiais plásticos
		MC01 MC13 MC06	Faceamento Externo Montagem Preparação de materiais		
4	Operador de Produção III	ES01	Prensas	PL01	Extrusora – Operação
		ES02 MC12 MC02 MC07	Guilhotina – Operação Pintura Faceamento interno Torno copiador	PL03 PL04	Injetoras pequenas Injetoras 450
5	Operador de Produção IV	MC05	Torno Traub/Afiação ferramentas	PL05	Injetoras 1100

Onde antes poderiam existir cerca de 20 denominações diferentes para cargos, nesta metodologia pode-se trabalhar com apenas cinco.

O funcionário é enquadrado em um dos cinco cargos a partir do seu posto base (aquele onde o operador permanece mais tempo), indicado na sua avaliação. Segundo a Política (Anexo 5.1), um operador do posto ES1 será enquadrado como "Operador de Produção III" e poderá ainda ser promovido a "Operador de Produção IV" sem mudar de posto, desde que obtenha 20% ou mais da pontuação possível da área na avaliação da polivalência (domínio de outros postos).

Avaliação do Pessoal

A Avaliação de Pessoal é uma ferramenta de grande importância para a administração da organização, para as chefias e para os funcionários, já que constitui um procedimento sistemático de "exame e correção de rota". Tal como na trajetória dos foguetes, um pequeno desvio inicial não corrigido no desempenho tenderá a se tornar um desvio irremediável depois de algum tempo.

A Avaliação de Pessoal objetiva, portanto, em primeiro lugar, promover a competência profissional, por meio de um mecanismo de exame e ajuste sistemáticos de "rota" entre o funcionário, sua função, sua chefia e a organização.

Muitos outros benefícios são gerados, tais como o fornecimento de informações para os programas de treinamento e desenvolvimento, planos de carreira, recrutamento interno e subsídio para o enquadramento funcional e salarial.

Além dessas vantagens diretas, como esta metodologia trabalha com as descrições dos cargos, a avaliação promove uma revisão e atualização sistemáticas das descrições, o que é essencial para manter o Plano de Cargos e Salários atualizado.

A avaliação adotada nesta metodologia enfoca as seguintes áreas (ver Anexos 4.1 a 4.4):

Operacional
- Competência Técnica – no Posto de Trabalho Atual.
- Competência Técnica – em outros Postos de Trabalho.
- Habilidades e Competências.
- Habilidades Pessoais e Comportamento.
- Produtividade e Perfeição Técnica.

Administrativo/Técnico
- Competência Técnica.
- Habilidades e Competências.
- Habilidades Pessoais e Comportamento.
- Produtividade e Perfeição Técnica.

Chefia
- Competência Técnica.
- Habilidades e Competências.
- Habilidades Pessoais e Comportamento.
- Resultados.

A avaliação em Competência Técnica e em Produtividade e Perfeição Técnica/Resultados é feita em relação a cada atividade considerada crítica entre as que constam na descrição do cargo. Na área das Habilidades e Competências a avaliação é feita em relação a todas as H&C demandas pela área de atuação e não apenas do cargo ou posto de trabalho. Depois é feito o confronto com as H&C demandadas pelo cargo ou posto para fins de melhorias e enquadramento salarial.

No caso do pessoal operacional, avaliação em Competência Técnica e em Produtividade e Perfeição Técnica é feita tomando-se o conjunto das operações e conhecimentos demandados pelo posto de trabalho. A prática tem demonstrado ser este o procedimento mais adequado em razão da quantidade de avaliações e do nível de instrução predominante nesse segmento.

O processo de avaliação acontece em três momentos, a saber:
- Auto-avaliação pelo colaborador.
- Avaliação do colaborador pelo superior hierárquico imediato.
- Avaliação de consenso entre avaliador e colaborador.

As eventuais divergências não superadas entre avaliado e avaliador podem ser atenuadas pela mediação do superior hierárquico do avaliador.

Antes de serem iniciadas as avaliações, tanto avaliadores como avaliado devem ser treinados para realizarem o processo da maneira mais correta, especialmente no tocante ao diálogo avaliado-avaliador. Veja instruções para avaliação no Anexo 4.4.

Recomenda-se que as avaliações sejam feitas a cada seis meses ou, no máximo, a cada ano, prazos suficientes para que se verifiquem ocorrências importantes na atuação do profissional.

Pesquisa Salarial

A Pesquisa Salarial nesta metodologia segue basicamente o roteiro tradicional, razão pela qual não nos deteremos na explicação dos procedimentos. Nos ocuparemos da comparação dos cargos na organização e o tratamento posterior no ajuste dos salários quando da tabulação.

Nas pesquisas tradicionais, compara-se as funções e outras características do cargo pesquisado com o cargo existente na organização participante e, havendo dúvidas quanto à equivalência de ambos, exclui-se a informação. Essa decisão não é sempre tranqüila e expõe o informante a muitas dúvidas.

Esta metodologia oferece a opção de pontuação dos cargos a fim de ajustar os salários segundo as diferenças de formato dos cargos nas organizações pesquisadas. Utilizando esse recurso, o informante ou o pesquisador podem manter os cargos de comparação duvidosa, pois o processamento faz um ajuste matemático que compensa as divergências. Dessa forma, evita-se descartar informações e obtém-se resultados mais precisos do que aqueles que se consegue com a comparação tradicional.

O processo de pontuação é basicamente o mesmo empregado na definição do *ranking* dos cargos, apenas suprimindo-se a parte das Habilidades e Competências (de aplicação inviável nas pesquisas) e acrescentado-se o fator "Funções", que permite considerar a abrangência e o alcance das atividades dos cargos comparados.

O ajuste matemático consiste na aplicação de um índice sobre os salários, índice este apurado a partir da diferença de pontos obtidos pelos cargos. Esse procedimento ajusta o salário para a configuração do cargo na organização analisada. O Índice de Ajuste de Cargo é obtido através da seguinte fórmula:

$$\text{Índice de Ajuste} = \frac{\text{Pontos do cargo na organização analisada}}{\text{Pontos do cargo na organização pesquisada}}$$

Entende-se como "organização analisada", qualquer uma das organizações participantes, inclusive a organização promotora da pesquisa, para a qual estão sendo tabulados os dados. Por conseqüência, a "organização pesquisada" é cada uma das que forneceram os dados que estão sendo tabulados. Vejamos um exemplo de ajuste para facilitar a compreensão do conceito:

Cargo: Auxiliar de Contabilidade   Salário na organização pesquisada: 850,00

	Funções	Escolaridade	Experiência	Escolaridade + Experiência	Posição na Estrutura	Total
Organização analisada	C = 100	F	E	FE = 266	B1 = 58	424
Organização pesquisada	B = 87	F	D	FD = 231	A1 = 50	368

$$\text{Índice de Ajuste} = \frac{424}{368} = 1{,}152174$$

Salário ajustado pelo índice: 850,00 × 1,152174 = 979,35.

O valor 979,35 representa o salário que a organização pesquisada pagaria caso esse cargo tivesse as mesmas características que tem na organização analisada.

O processo de tabulação da pesquisa é o mesmo visto no respectivo capítulo. Assim, a utilização da pontuação requer apenas que se aplique os ajustes antes de se tabular os dados. Uma vez ajustados os salários pelos Índices de Pontos, o processo de tabulação segue normal, inclusive com o procedimento de eliminação de dados destoantes.

A propósito, o processo de pontuação não tem o objetivo de livrar a pesquisa da ocorrência de salários destoantes, mas de assegurar mais confiabilidade aos dados com os quais se vai trabalhar.

Veja os diversos crivos previstos por esta metodologia, pelos quais passam os dados desde que são coletados no mercado:

a. Análise e triagem das informações antes da tabulação.

b. Ajuste dos salários para o tamanho do cargo na empresa, através do Índice de Pontos.

c. Eliminação dos dados que destoam do conjunto, via critérios estatísticos de corte na tabulação.

d. Eliminação dos salários "pouco lógicos" através da análise gráfica (quando do cálculo da curva).

e. Teste final da "lógica" dos salários através do Coeficiente de Correlação.

Construção da Estrutura Salarial

A construção da estrutura salarial nesta metodologia segue basicamente o roteiro tradicional e por isso nos deteremos apenas na explicação dos procedimentos voltados para o exemplo que usaremos a seguir, sem nos atermos aos aspectos conceituais já vistos.

Como já vimos antes, o cálculo da estrutura salarial tem como ponto de partida a curva salarial do mercado, como está explicado no capítulo que trata desse assunto.

Neste exemplo, trabalhamos com os dados da Pesquisa que aparecem no Anexo 6.7:

Classes	Salários
1	388,03
2	465,06
2	552,86
3	576,75
3	593,06
3	620,34
4	546,55
4	644,20
5	734,84
6	717,66
6	737,10
8	917,89
8	1.157,79
8	1.251,52
10	1.647,60
10	1.750,57
11	1.475,84
14	2.685,82
15	2.820,55
15	3.014,14
15	3.050,66
18	4.732,05

Com esses dados calculou-se a curva de mercado e se obteve o valor de 360,1117 para "a" e 1,151735 para "b" e a fórmula da Exponencial ficou assim:

$$Y' = 360{,}1117 \times (1{,}151735 \text{ elevado a } X)$$

Aplicando essa fórmula e substituindo o "X" pelas classes se obteve os valores da curva de mercado (Y'):

Classes	Salários	Classes	Salários	Classes	Salários
1	386,47	8	1.038,92	15	2.792,86
2	445,11	9	1.196,56	16	3.216,64
3	512,65	10	1.378,12	17	3.704,71
4	590,43	11	1.587,23	18	4.266,85
5	680,02	12	1.828,07	19	4.914,28
6	783,21	13	2.105,45	20	5.659,95
7	902,05	14	2.424,92		

CÁLCULO DA ESTRUTURA

Como já vimos, a curva estabelece um valor salarial para cada uma das classes e estes constituem o ponto de partida para o cálculo da tabela salarial, representando, na verdade, um dos "níveis" da faixa, aquele que foi escolhido para corresponder ao nível de mercado.

A definição da posição de mercado, ou seja, qual dos níveis da faixa coincidirá com a curva, depende, além da política de competitividade salarial da organização, também da análise de como se posicionam no momento os seus salários em relação à curva. Veja o gráfico do Anexo 7.1 que mostra a curva de mercado em confronto com os salários pagos.

Se os salários estão muito acima da curva e a política de competitividade é remunerar na média, a organização precisa estar ciente de que muitos dos salários atuais ficarão bloqueados porque já estarão no topo da faixa. Por outro lado, se os salários estiverem muito abaixo da curva e a política de competitividade for mais agressiva a ponto de fazer a curva coincidir com o nível A ou B, a direção deve estar prevenida de que essa decisão terá um impacto elevado sobre a folha de pagamento.

O gráfico do Anexo 7.1 mostra uma predominância de salários acima da curva na metade inferior da estrutura. Neste caso, a organização poderia optar por uma posição mais agressiva mas decidiu fazer o ponto médio da faixa (nível C) coincidir com a curva. A política adotada foi de que, nos casos em que o salário ficasse bloqueado no topo da faixa, serão estudadas medidas para aproveitar os bons profissionais em cargos das classes superiores e trocar os profissionais que não correspondessem a um padrão desejado.

Definida a posição de mercado, parte-se para a construção da estrutura salarial. A política da empresa definiu que serão utilizadas duas tabelas, uma para o pessoal Administrativo, Técnico e Chefia e outra para o pessoal Operacional, com formato de cinco níveis de faixa representados pelas letras A a E, sendo que o nível "E" de cada classe será igual ao nível "A" da classe seguinte. A tabela do pessoal Operacional tem os mesmos valores da tabela do Administrativo, apenas divididos por 220.

Tendo já definidos os valores do nível "C" da faixa através da curva de mercado, passa-se à determinação do percentual entre os níveis da faixa. Considerando a definição de fazer coincidir 1E com 2A, tem-se que a mesma razão obtida entre as classes (1,151735) será utilizada na amplitude da faixa (A a E) e, conseqüentemente, que a razão entre os níveis será obtida calculando-se a raiz quarta da razão entre classe. O resultado desse cálculo é 1,035948, ou seja, vamos trabalhar com o percentual de 3,59% entre os níveis.

Estabelecido o percentual entre níveis, calcula-se os níveis A, B, D e E simplesmente multiplicando os valores de "C" pela razão 1,035948 para encontrar "D", e deste para encontrar "E"; e dividindo os valores de "C" pela razão 1,035948 para encontrar "B" e deste para encontrar "A":

Classes	A	B	C	D	E
1	360,11	373,06	386,47	400,36	414,75
2	414,75	429,66	445,11	461,11	477,69
3	477,69	494,86	512,65	531,08	550,17
4	550,17	569,95	590,43	611,66	633,65
5	633,65	656,43	680,02	704,47	729,79
6	729,79	756,03	783,21	811,36	840,53
7	840,53	870,74	902,05	934,47	968,07
8	968,07	1.002,87	1.038,92	1.076,27	1.114,96
9	1.114,96	1.155,04	1.196,56	1.239,57	1.284,13
10	1.284,13	1.330,30	1.378,12	1.427,66	1.478,98
11	1.478,98	1.532,15	1.587,23	1.644,29	1.703,40
12	1.703,40	1.764,63	1.828,07	1.893,78	1.961,86
13	1.961,86	2.032,39	2.105,45	2.181,13	2.259,54
14	2.259,54	2.340,77	2.424,92	2.512,09	2.602,39
15	2.602,39	2.695,95	2.792,86	2.893,26	2.997,27

Classes	A	B	C	D	E
16	2.997,27	3.105,02	3.216,64	3.332,27	3.452,06
17	3.452,06	3.576,16	3.704,71	3.837,89	3.975,86
18	3.975,86	4.118,78	4.266,85	4.420,23	4.579,13
19	4.579,13	4.743,75	4.914,28	5.090,94	5.273,95
20	5.273,95	5.463,54	5.659,95	5.863,41	6.074,19

Como a Política estabelece que a tabela para o pessoal Operacional será a mesma do Administrativo dividida por 220, temos:

Classes	A	B	C	D	E
1	1,64	1,70	1,76	1,82	1,89
2	1,89	1,95	2,02	2,10	2,17
3	2,17	2,25	2,33	2,41	2,50
4	2,50	2,59	2,68	2,78	2,88
5	2,88	2,98	3,09	3,20	3,32
6	3,32	3,44	3,56	3,69	3,82
7	3,82	3,96	4,10	4,25	4,40
8	4,40	4,56	4,72	4,89	5,07
9	5,07	5,25	5,44	5,63	5,84
10	5,84	6,05	6,26	6,49	6,72
11	6,72	6,96	7,21	7,47	7,74
12	7,74	8,02	8,31	8,61	8,92

POLÍTICA SALARIAL

O modelo de Política Salarial do Anexo 5.1 está ajustado à mecânica desta metodologia, mas cada organização deve adaptá-la às suas necessidades e diretrizes de Gestão de Pessoas.

Ao aplicar a Política, há que primeiramente definir-se o cargo do funcionário e, conseqüentemente, a classe e a faixa salarial onde será posicionado. No geral, basta verificar em qual descrição de cargo ou de posto de trabalho o funcionário se enquadra. Nos casos de cargos específicos desmembrados em níveis de carreira (I, II e III), é necessário recorrer à avaliação do funcionário para definir em que nível da carreira ele se enquadra. As condições para essas definições estão estabelecidas na própria Política.

Definidos o cargo e a classe, passa-se ao enquadramento salarial, definição essa que depende dos resultados da avaliação do funcionário e do tempo de serviço na organização. Assim, o enquadramento do pessoal nos níveis "A" a "E" da faixa salarial ocorre em razão dos tempos mínimos e das notas médias obtidas na avaliação.

Em relação aos tempos mínimos, é sempre importante lembrar que o mero transcorrer do tempo não significa necessariamente maior contribuição do funcionário para a organização. Tornar o progresso salarial automático em razão do tempo é estimular a acomodação e elevar os custos. Por outro lado, o fato de tomar o tempo como limitador tem evitado problemas de comparação interna dos funcionários mais antigos nas organizações e não tem desestimulado os mais novos, já que, para estes, desde que mantenham o nível de desempenho, o enquadramento virá no tempo certo.

O comportamento adequado, sozinho, também não deve agregar mais salário, já que constitui uma obrigação, um compromisso contratual do funcionário perante a organização que o emprega. O seu uso como limitador, porém, funciona como um estímulo para que o colaborador progrida onde é esperada melhora.

Trabalhando com as tabelas salariais vistas em tópicos anteriores, vejamos agora dois exemplos de enquadramento segundo os critérios estabelecidos na Política:

Funcionário:	"A"
Admissão:	9.07.96
Setor:	Mecânica
Salário atual:	R$ 2,18 por hora
Posto de Trabalho:	MC01 Faceamento Externo
Classe do Posto:	3

Avaliação do funcionário:

I. Competência Técnica

   Ia – Posto de Trabalho Atual

      A [X]   B [ ]   C [ ]

Uma Metodologia Completa, Integrada e Consolidada 153

Ib – Em outros Postos de Trabalho

	Postos	A	B
MC02	Faceamento Interno	X	
MC07	Torno Copiador		X

II. Habilidades e Competências

	A	B	C	D
PD	X			
MP	X			
ID			X	

	A	B	C	D
MP		x		
PM		x		
FM			x	

	A	B	C	D
ID			X	
MT		X		

	A	B	C	D

	A	B	C	D

III. Habilidades Pessoais e Comportamento

	A	B	C
1. Concentração	X		
2. Autocondução		X	
3. Comprometimento		X	
4. Espírito de Equipe		X	
5. Relacionamento			X
6. Organização		X	

	A	B	C
7. Ordem		X	
8. Assiduidade	X		
9. Flexibilidade		X	
10. Atitude		X	
11. Melhoria Contínua		X	
12. Disciplina Pessoal	X		

	A	B	C
13. Disciplina Técnica.	X		
14. Desenvolvimento		X	
15. Solução de Problemas	X		
16. Registros			X
17. Condições Operacionais			X
18. Segurança			X

IV. Produtividade e Perfeição Técnica

A [ ]   B [X]   C [ ]   Motivos [ ]

Pontuação da Avaliação:

Habilidades e Competências:

	PD	ST	SQ	MP	PM	FM	ID	MT
Domínio demandado pelo Posto	B	B	B	B	A	B	B	B
Notas obtidas	B	B	C	B	B	C	C	B
Valores	3	3	2	3	2	2	2	3

Geral

	A	B	C	Média
	3	2	1	
Competência Técnica	1			3,00
Habilidades e Competências	4	4	0	2,50
Habilidades Pessoais e Comportamento	5	12	1	2,22
Produtividade e Perfeição Técnica			1	2,00
Total				9,72

Estudo da definição do cargo e do salário:

Funcionário:	**"A"**
Admissão:	9.07.2002
Setor:	Mecânica
Salário atual:	R$ 2,18 por hora
Posto de trabalho:	MC01 Faceamento Externo
Classe do posto:	3
Nota de domínio no posto:	A
Domínio de outros postos:	2 postos; 1 nota A e 1 nota B
Total das notas médias na avaliação:	9,72
Definição do cargo pelo posto base:	Operador de Produção II
Definição do cargo pela polivalência:	Operador de Produção III
Definição do cargo pela chefia:	Operador de Produção II
Enquadramento salarial p/tempo casa:	3E (classe 3, nível E)
Enquadramento pela avaliação:	3D (classe 3, nível D)
Enquadramento final:	3D
Salário de enquadramento:	R$ 2,41
Percentual do ajuste:	10,55%

Funcionário:	**"B"**
Admissão:	1.12.2003
Setor:	Compras
Salário atual:	R$ 1.507,00
Cargo atual:	Comprador

Uma Metodologia Completa, Integrada e Consolidada

Avaliação do funcionário:

I. Competência Técnica

Atividade	A	B	C	D
1	X			
2		X		

Atividade	A	B	C	D
4	X			
5	X			

Atividade	A	B	C	D
7		X		
8			X	

Atividade	A	B	C	D

II. Habilidades e Competências

	A	B	C	D
AP		X		
RH		X		
IP	X			

	A	B	C	D
MF		X		
RE		X		
CE			X	

	A	B	C	D
TN			X	
P		X		
PD			X	

	A	B	C	D
ST		X		
FQ		X		
LB			X	

	A	B	C	D
LC	X			
PL	X			
EA		X		

III. Habilidades Pessoais e Comportamento

	A	B	C
1. Autocondução		X	
2. Comprometimento		X	
3. Espírito de Equipe		X	
4. Relacionamento		X	
5. Gestão		X	
6. Assiduidade		X	

	A	B	C
7. Pontualidade		X	
8. Flexibilidade		X	
9. Atitude		X	
10. Solução de Problemas		X	
11. Evolução Contínua		X	
12. Autodesenvolvimento		X	

	A	B	C
13. Sobriedade		X	
14. Sigilo Profissional		X	
15. Cuidado Pessoal		X	
16. Regularidade		X	
17. Disciplina Profissional		X	
18. Confiabilidade Técnica		X	

IV. Produtividade e Perfeição Técnica

Atividade	A	B	C	Motivo
1	X			
2	X			

Atividade	A	B	C	Motivo
4	X			
5		X		1

Atividade	A	B	C	Motivo
7	X			
8			X	2

Pontuação da Avaliação:

Habilidades e Competências:

	AP	RH	IP	MF	RE	CE	TN	PF	PD	ST	FQ	LB	LC	PL	EA
Domínio demandado pela Função	A	A	A	B	B	B	B	B	B	C	B	C	B	B	B
Notas obtidas	B	B	A	B	B	C	C	B	C	B	B	C	A	A	B
Valores	2	2	3	3	3	2	2	3	2	3	3	3	3	3	3

Geral

	A	B	C	Média
	3	2	1	
Competência Técnica	3	2	1	2,33
Habilidades e Competências	10	5	0	2,67
Habilidades Pessoais e Comportamento	4	12	2	2,11
Produtividade e Perfeição Técnica	3	1	2	2,17
Total				9,28

Funcionário:	**"B"**
Admissão:	1.12.2003
Setor:	Compras
Salário atual:	R$ 1.507,00
Cargo atual:	Comprador
Descrição:	AT04 Comprador (Diversos)
Definição do cargo:	Comprador I
Classe do cargo:	11
Total das notas médias na avaliação:	9,28
Enquadramento salarial p/tempo casa:	11D (classe 11, nível D)
Enquadramento pela avaliação:	11D (classe 11, nível D)
Enquadramento final:	11D
Salário de enquadramento:	R$ 1.644,29
Percentual do ajuste:	9,11%

IMPLEMENTAÇÃO DO RESULTADOS

De posse do *ranking* dos cargos devidamente definido e consensado, das avaliações do pessoal, da Política e das tabelas salariais, passa-se ao estudo do enquadramento dos funcionários nas faixas, em conformidade com os critérios da Política e com base nos procedimentos vistos no tópico anterior.

Uma vez concluídas essas etapas, deve ser emitido um relatório de enquadramento contendo todos os dados envolvidos, relativamente a todos os funcionários, como nos exemplos vistos no tópico anterior.

O relatório deve trazer as totalizações e outras informações que permitam mostrar à Direção números como: quantidade e percentual de funcionários estudados e com direito a aumentos, aumento médio, acréscimo sobre a folha de pagamento, quantidade de funcionários por faixa de percentual de aumento, tudo separando por categoria (Operacional, Administrativo/Técnico/Chefia e Geral). O salário atual deve ser repetido como sendo final nos casos em que o funcionário já ganha acima do que caberia no enquadramento.

Deve ser mostrado, no momento do estudo, quanto será a folha de pagamento quando os casos de salário inflacionados forem solucionados. Às vezes o montante da folha projetada cai bastante em relação à folha com os acréscimos, podendo até ficar menor que a folha atual. É muito importante a direção ter conhecimento desse fato e entender que os acréscimos que o Plano está trazendo são, pelo menos em parte, passageiros, e que, praticamente com a mesma folha, poderia estar remunerando mais adequadamente todo o pessoal.

Uma dificuldade que costuma acontecer neste momento é a insegurança quanto aos resultados da avaliação do pessoal, por ser a primeira. Se isso ocorrer, é aconselhável fazer o enquadramento mais urgente (até o salário inicial da faixa) e deixar o resto para a segunda avaliação. Deve-se, neste caso, aproveitar para analisar bem a primeira avaliação para corrigir as possíveis falhas antes da segunda rodada.

PROCESSO DE DESENVOLVIMENTO DO PLANO NESTA METODOLOGIA

De um modo geral, o processo de implantação de um Plano de Cargos e Salários com o uso desta metodologia segue o roteiro da implantação tradicionais, com a diferença de que aqui o caminho está traçado com bastante segurança e objetividade:

1. Estudos preliminares e planejamento.

2. Apresentação da metodologia à Direção da organização.

3. Divulgação interna do Projeto a todos os níveis de chefia.

4. Preparação das descrições das funções e dos postos de trabalho.

5. Exame, discussão e ajustes das descrições das funções e dos postos pelo Comitê.

6. Pontuação das funções e dos postos de trabalho e montagem do *ranking*.

7. Discussão do *ranking* pelo Comitê e execução de ajustes.

8. Adaptação da sistemática de avaliação do pessoal às realidades da organização.

9. Treinamento das chefias para a realização da avaliação.

10. Realização da avaliação do pessoal.

11. Realização da Pesquisa Salarial.

12. Apuração da curva salarial de mercado.

13. Adaptação do modelo de Política às realidades da organização.

14. Construção das tabelas de salários.

15. Estudos de enquadramento dos funcionários no Plano e apuração dos custos.

16. Apresentação dos resultados à Direção da organização.

17. Elaboração do relatório do Projeto para a direção.

18. Treinamento das chefias e implementação do Plano.

19. Implementação do Plano.

20. Elaboração da Memória do Projeto.

Uma visão do andamento e da interdependência das etapas é importante para se ter uma clareza maior sobre o processo de desenvolvimento do Plano. Veja, pois, no Anexo 8.1, o fluxograma do processo.

Quase todas as etapas acima já foram examinadas nos tópicos e capítulos anteriores e não necessitam maiores explicações. Acrescentaremos apenas alguns comentários que nos parecem mais pertinentes.

A apresentação da metodologia à direção da organização é necessária, tanto para atender à sua necessidade de informação quanto para validar o processo e executar algum eventual ajuste devido às peculiaridades da organização, seus planos e filosofias.

A prática tem demonstrado que as chefias, mesmo quando não possuem um grau de instrução mais elevado, não encontram maiores dificuldades para preparar as minutas de descrições de cargos das suas áreas. Esse fato se deve à simplicidade do modelo de descrição adotado na metodologia. É necessário, contudo, fazer uma explanação para as chefias e fornecer-lhes instruções escritas acompanhadas de exemplos.

O processo de avaliação do pessoal também não oferece maiores dificuldades, merecendo maiores cuidados apenas o relacionamento avaliador-avaliado no momento do consenso. O treinamento previsto e uma assistência durante o processo são necessários e suficientes.

A implementação e posterior aplicação do Plano requerem o envolvimento direto das chefias e a idéia é que elas se tornem bastante autônomas nesse processo. As chefias devem ser as gestoras de recursos humanos nas suas áreas. A obtenção desse nível de excelência exige um completo esclarecimento das chefias acerca de toda a lógica de construção e funcionamento do Plano e, sobretudo, da Política Salarial e de seus procedimentos.

Anexos da Metodologia

METODOLOGIA DE GESTÃO DE CARGOS E SALÁRIOS ANEXO 1.1
ESTRUTURA DA DESCRIÇÃO DE FUNÇÃO

IDENTIFICAÇÃO:

Denominação, localização departamental, a quem se reporta, equipe subordinada.

DEFINIÇÃO:

Breve justificativa para a existência da função na organização

ÁREAS DE RESPONSABILIDADE (chefia):

Principais assuntos pelos quais a função é responsável, sejam eles tratados pelo titular do cargo e/ou pelos subordinados.

ATIVIDADES DO TITULAR:

Principais funções desempenhadas diretamente pelo ocupante do cargo.

ATIVIDADES:

Principais funções desempenhadas pelo ocupante da função.

QUALIFICAÇÕES: (Perfil básico adequado para a função)

Escolaridade Básica:	Nível mínimo de instrução formal que o cargo exige: Ensino Fundamental, Ensino Médio etc.
Cursos/ Conhecimentos Complementares	Cursos/conhecimentos que o ocupante deve ter para adquirir conhecimentos técnicos/teóricos específicos exigidos pelas atividades da função e que não são fornecidos pela Escolaridade Básica. São divididos em cursos/conhecimentos que a pessoa deve ter antes de ocupar o cargo (pré-requisitos) ou que pode receber durante o exercício do cargo (aperfeiçoamento).
Experiência:	Tipo de vivência prática necessária para exercer a função e o tempo estimado para sua aquisição na própria e/ou em outras empresas.
Adaptação/ Maturidade:	Tempo estimado para que a pessoa assimile o ambiente e as peculiaridades da função e da organização.
Habilidades e Competências:	Recursos de excelência profissional requeridos para desempenhar a função segundo as estratégias da organização.

METODOLOGIA DE GESTÃO DE CARGOS E SALÁRIOS

DESCRIÇÃO DE FUNÇÃO ADMINISTRATIVA

ANEXO 1.2

Desc.: AT01
Data: 12.08.06
Folha: 1/1

Cargo: **COMPRADOR**
Unidade: Matriz   Área: Diretoria Administrativa
Seção: Suprimentos   Setor: Compras
Superior hierárquico: Supervisor de Compras

DEFINIÇÃO:
Este cargo existe para assegurar o suprimento dos diversos serviços e materiais necessários para o funcionamento normal da empresa.

ATIVIDADES:
1. Negociar e comprar matérias-primas em geral.
2. Negociar e comprar materiais e serviços de manutenção em geral.
3. Negociar e comprar materiais de consumo e de expediente em geral.
4. Negociar e contratar serviços diversos.
5. Contratar e supervisionar os serviços de transportes.
6. Pesquisar novos materiais e desenvolver novos fornecedores.
7. Fazer o acompanhamento dos pedidos até a entrada do material na empresa.
8. Efetuar cotações, conferir notas, emitir relatórios para fins contábeis.
9. Manter atualizado o cadastro de fornecedores.
10. Emitir pedidos de compras.
11. Executar outros trabalhos afins necessários ao setor e à empresa.

QUALIFICAÇÕES:

Escolaridade Básica:	Ensino Superior:
Cursos Complementares como Pré-Requisitos:	Processo de Compras, Negociação, Matemática Financeira.
Cursos Complementares de Aperfeiçoamento:	Relações Humanas, Análise de Valor.
Experiência:	2 anos em compras gerais de indústria.
Adaptação/Maturidade:	6 meses.
Habilidades e Competências:	AP-I, RH-I, IP-I, MF-P, RE-P, CE-P, TN-P, PF-P, PD-P, ST-N, FQ-P, LB-N, LC-P, PL-P, EA-P

METODOLOGIA DE GESTÃO DE CARGOS E SALÁRIOS
DESCRIÇÃO DE FUNÇÃO DE CHEFIA

ANEXO 1.3

Desc.: CH01
Data: 12.08.06
Folha: 1/1

Cargo: **GERENTE COMERCIAL**
Unidade: Matriz   Área.: Diretoria Comercial
Seção: Vendas   Setor: ....
Superior hierárquico: Diretor Comercial
Subordinados Diretos: Supervisor de Administração de Vendas (01)
                     Supervisor de Promoção de Vendas (01)
                     Secretária (01)
                     Representantes (05)

DEFINIÇÃO:
Este cargo existe para responder pelas estratégias comerciais e pela realização das vendas da empresa.

ÁREAS DE RESPONSABILIDADE:
01. Vendas dos produtos da empresa nos territórios definidos pela Direção.
02. Promoção dos produtos através dos meios disponíveis.
03. Faturamento.
04. Administração de vendas.

ATIVIDADES:
1. Pesquisar e propor listas de preços e condições de pagamento.
2. Pesquisar e definir mapas de cotas de vendas para representantes e distribuidores.
3. Planejar, organizar, controlar e dirigir os programas e metas de vendas.
4. Realizar visitas periódicas a representantes para conhecer dificuldades e analisar suas ações.
5. Coordenar pesquisas de mercado e analisar dados para opções de vendas.
6. Prestar atendimento direto e visitas a clientes especiais para estreitar os relacionamentos.
7. Coordenar os trabalhos administrativos e de apoio às vendas para assegurar o suporte necessário.
8. Negociar espaços em gôndolas, degustações, cursos de culinária e outros com supermercados.
9. Participar de convenções, feiras, cursos e outros eventos junto com representantes.
10. Executar e responder por outros trabalhos afins necessários à área e à empresa.

QUALIFICAÇÕES:

Escolaridade Básica:	Ensino Superior com preferência para Marketing e Vendas.
Cursos Complementares como Pré-Requisitos:	Matemática financeira, técnicas de chefia.
Cursos Complementares de Aperfeiçoamento:	Técnicas Gerenciais.
Experiência:	8 anos em vendas e marketing de alimentos.
Adaptação/Maturidade:	12 meses.
Habilidades e Competências:	GP-I, AC-I, RH-I, IP-I, MF-I, RE-I, CE-I, PF-I, TV-I, TN-I, ET-P, ES-P, IN-P, PD-I, FQ-I, LT-N, PL-I, LB-P

METODOLOGIA DE GESTÃO DE CARGOS E SALÁRIOS
INVENTÁRIO DE FUNÇÕES

ANEXO 1.4

Função:	
Área:	Setor:
Cargo do superior hierárquico:	
Funções subordinados:	

FUNÇÕES PRINCIPAIS:
(Veja instruções no rodapé)

1.
2.
3.
4.
5.
6.
7.
8.
9.
10.
11.
12.
13.
14.
15.

Descreva as funções que você vem desempenhando, atendo-se àquelas mais relevantes, que caracterizam bem o seu cargo. Comece sempre por um verbo no infinitivo como nestes exemplos:

1. Efetuar a conciliação bancária diária das contas do CRCsc e digitar os lançamentos na planilha "Fluxo de Caixa".
2. Receber e conferir as contas a pagar, colher visto e encaminhar à Gerencia Administrativa, justificando a despesa sempre que necessário.
3. Preparar e enviar, via sistema, os arquivos dos cheques emitidos e demais comprovantes de despesas e pagamentos realizados.

METODOLOGIA DE GESTÃO DE CARGOS E SALÁRIOS
DESCRIÇÃO DE POSTOS DE TRABALHO

ANEXO 2.1

Setor: PRODUÇÃO MECÂNICA	Data: 12.08.2006
Posto: ME01 AFIAÇÃO DE FERRAMENTAS 1. Afiar brocas, vídeas e ferramentas de corte para tornos e fresas. 2. Soldar pastilha de metal duro em ferramentas de corte, com solda a oxigênio. 3. Utilizar esmeril e dispositivo para afiar fresas. 4. Fazer a limpeza da máquina e do posto de trabalho.	**Equipamento:** - - - - - - **Escolaridade Básica:** Ensino Fundamental. **Cursos/Treinamentos:** Metrologia. **Tempo de aprendizado:** 6 meses. **Tempo de experiência:** 6 meses no ME02. Faceamento Externo.
Posto: ME02 FACEAMENTO EXTERNO 1. Fazer o faceamento externo da tampa e fundo do bloco do conjunto mecânico. 2. Trocar as pastilhas e ajustar. 3. Lubrificar a máquina. 4. Prender a peça no gabarito e regular. 5. Acionar a máquina para facear. 6. Soltar a peça e inspecionar visualmente. 7. Contar as peças e fazer o apontamento da produção. 8. Fazer a limpeza da máquina e do posto de trabalho.	**Equipamento:** Fresa U-30 **Escolaridade Básica:** Ensino Fundamental. **Cursos/Treinamentos:** Padrão de Faceamento. **Tempo de aprendizado:** 3 meses. **Tempo de experiência:** 6 meses no ME03. Faceamento Interno.
Posto: ME03 FACEAMENTO INTERNO 1. Fazer o faceamento interno da tampa e fundo do bloco do conjunto mecânico. 2. Trocar as pastilhas e ajustar. 3. Lubrificar a máquina. 4. Regular a altura da ferramenta. 5. Prender a peça na mesa. 6. Acionar a máquina e deslocar a peça girando a manivela. 7. Soltar a peça, inspecionar visualmente e medir por amostragem. 8. Contar as peças e fazer o apontamento da produção. 9. Fazer a limpeza da máquina e do posto de trabalho.	**Equipamento:** Fresa Kone **Escolaridade Básica:** Ensino Fundamental. **Cursos/Treinamentos:** Padrão de Faceamento. Metrologia. **Tempo de aprendizado:** 3 meses. **Tempo de experiência:** 6 meses no ME04. Montagem.

METODOLOGIA DE GESTÃO DE CARGOS E SALÁRIOS
DESCRIÇÃO DE POSTOS DE TRABALHO

ANEXO 2.1

Setor: PRODUÇÃO MECÂNICA (Continuação)

Posto: **ME04 MONTAGEM**	
1. Fazer furações simples e de pequeno porte na peças. 2. Montar subconjuntos (engrenagem no eixo, braço de propulsão e engrenagem parcial, conjunto de supiro na tampa). 3. Montar conjuntos, acoplando subconjuntos. 4. Montar acessórios: correia, polias, parafusos, arruelas etc. 5. Usar martelo, parafusadeira pneumática, alicate, chave-de-boca e outros. 6. Tamborear peças, adicionar produtos, controlar tempo. 7. Controlar visualmente os componentes que vai usar na montagem. 8. Controlar o amperímetro e voltímetro no conjunto mecânico montado. 9. Contar as peças e fazer o apontamento da produção. 10. Fazer a limpeza da máquina e do posto de trabalho.	**Equipamento:** **Escolaridade Básica:** Ensino Fundamental. **Cursos/Treinamentos:** Processo de Montagem. **Tempo de aprendizado:** 3 meses. **Tempo deexperiência:** 3 meses no ME05. Pintura.
Posto: **ME05 PINTURA** 1. Fazer a pintura do bloco do conjunto mecânico com pistola. 2. Verificar vazamento da lubrificação com ar comprimido. 3. Preparar tinta e solvente. 4. Regular a pistola e o pressurizador. 5. Limpar a chapa de suporte antes da pintura. 6. Contar as peças e fazer o apontamento da produção. 7. Fazer a limpeza da máquina e do posto de trabalho.	**Equipamento:** Cabine de Pintura e Pistola. **Escolaridade Básica:** Ensino Fundamental. **Cursos/Treinamentos:** Tintas. **Tempo de aprendizado:** 2 meses. **Tempo de experiência:** Não exigido.

METODOLOGIA DE GESTÃO DE CARGOS E SALÁRIOS
GRADE PONTUAÇÃO DE FUNÇÕES

ANEXO 3.1

CHAVE 1: **HABILITAÇÃO BÁSICA** – ESCOLARIDADE e EXPERIÊNCIA

		A ALFABETIZAÇÃO	B ENSINO FUNDAMENTAL	C ENSINO MÉDIO CURSANDO	D ENSINO MÉDIO COMPLETO/TÉCNICO NÍVEL MÉDIO CURSANDO	E TÉCNICO DE NÍVEL MÉDIO COMPLETO/ENSINO SUPERIOR CURSANDO	F ENSINO SUPERIOR COMPLETO	G PÓS-GRADUAÇÃO EM NÍVEL DE ESPECIALIZAÇÃO	H PÓS-GRADUAÇÃO EM NÍVEL DE MESTRADO	I PÓS-GRADUAÇÃO EM NÍVEL DE DOUTORADO
1	NÃO EXIGIDA	100	115	132	152	175	201	231	266	306
2	ATÉ 1 MÊS	102	118	135	156	179	206	237	272	313
3	ATÉ 2 MESES	105	120	138	159	184	211	242	279	321
4	ATÉ 3 MESES	107	123	142	163	188	216	248	285	328
5	ATÉ 4 MESES	110	126	145	167	192	221	254	292	336
6	ATÉ 5 MESES	112	129	148	171	197	226	260	299	344
7	ATÉ 6 MESES	115	132	152	175	201	231	266	306	352
8	ATÉ 9 MESES	119	137	157	181	209	240	275	317	365
9	ATÉ 12 MESES	123	142	163	188	216	248	285	328	377
10	ATÉ 18 MESES	128	147	169	194	224	257	295	340	391
11	ATÉ 2 ANOS	132	152	175	201	231	266	306	352	405
12	2,5 ANOS	137	157	181	208	240	275	317	364	419
13	3 ANOS	142	163	188	216	248	285	328	377	434
14	3,5 ANOS	147	169	194	223	257	295	340	391	450

METODOLOGIA DE GESTÃO DE CARGOS E SALÁRIOS
GRADE PONTUAÇÃO DE FUNÇÕES

ANEXO 3.1

CHAVE 1: HABILITAÇÃO BÁSICA – ESCOLARIDADE e EXPERIÊNCIA (Cont.)

		ALFABETIZAÇÃO	ENSINO FUNDAMENTAL	ENSINO MÉDIO CURSANDO	ENSINO MÉDIO COMPLETO/TÉCNICO NÍVEL MÉDIO CURSANDO	TÉCNICO DE NÍVEL MÉDIO COMPLETO/ ENSINO SUPERIOR CURSANDO	ENSINO SUPERIOR COMPLETO	PÓS-GRADUAÇÃO EM NÍVEL DE ESPECIALIZAÇÃO	PÓS-GRADUAÇÃO EM NÍVEL DE MESTRADO	PÓS-GRADUAÇÃO EM NÍVEL DE DOUTORADO
		A	B	C	D	E	F	G	H	I
15	4 ANOS	152	175	201	231	266	306	352	405	466
16	4,5 ANOS	157	181	208	240	275	317	364	419	482
17	5 ANOS	163	188	216	248	285	328	377	434	499
18	5,5 ANOS	169	194	223	257	295	340	391	449	516
19	6 ANOS	175	201	231	266	306	352	405	465	535
20	6,5 ANOS	181	208	240	275	317	364	419	482	554
21	7 ANOS	188	216	248	285	328	377	434	499	574
22	7,5 ANOS	194	223	257	295	340	391	449	517	595
23	8 ANOS	201	231	266	306	352	405	465	535	615
24	8,5 ANOS	208	240	275	317	364	419	482	554	637
25	9 ANOS	216	248	285	328	377	434	499	574	660
26	9,5 ANOS	223	257	295	340	391	449	517	594	683
27	10 ANOS	231	266	306	352	405	465	535	615	707
28	ACIMA de 10 ANOS	248	285	328	377	434	499	574	660	759

METODOLOGIA DE GESTÃO DE CARGOS E SALÁRIOS
GRADE PONTUAÇÃO DE FUNÇÕES

ANEXO 3.1

CHAVE 2: POSIÇÃO NA ESTRUTURA

TAMANHO DA EQUIPE SUBORDINADA (SUBORDINADOS DIRETOS + INDIRETOS)

	Nº de Níveis Hierárquicos Acima do Cargo	Não Tem	Até 5	6 a 10	11 a 20	21 a 40	41 a 80	81 a 160	161 a 320	321 a 640	641 a 1280	1281 a 2560	Mais de 2560
		A	B	C	D	E	F	G	H	I	J	K	L
1	4 Níveis ou +	50	59	70	83	98	115	136	161	190	225	266	314
2	3 Níveis	59	70	83	98	115	136	161	190	225	266	314	372
3	2 Níveis	70	83	98	115	136	161	190	225	266	314	372	439
4	1 Nível	83	98	115	136	161	190	225	266	314	372	439	519

METODOLOGIA DE GESTÃO DE CARGOS E SALÁRIOS
GRADE PONTUAÇÃO DE FUNÇÕES

ANEXO 3.1

CHAVE 3: HABILIDADES E COMPETÊNCIAS

QUADRO DE HABILIDADES E COMPETÊNCIAS – Administrativos, Técnicos e Chefia

	COMPETÊNCIA	CONCEITO	PESO
GP	Gestão de Pessoas	Dominar os conceitos e os princípios da gestão de equipes e as ferramentas e processos de seleção, avaliação, ensino e desenvolvimento de pessoas, de modo a manter um quadro capacitado, motivado e comprometido.	8
LD	Liderança	Dominar os conceitos e os princípios e ser capaz de inspirar e estimular pessoas e grupos na realização de missões, atribuir tarefas, acompanhar, orientar e facilitar.	8
SV	Supervisão	Dominar o processo de atribuir tarefas, acompanhar, orientar e revisar trabalhos.	8
AP	Atendimento ao Público	Dominar o processo de prestar atendimento eficaz, informar e orientar o público interno e externo de modo a satisfazer aos interessados e preservar a boa imagem da empresa.	4
AC	Atendimento a Clientes	Dominar o processo de prestar atendimento comercial eficaz aos atuais e potenciais clientes, de modo a preservar e aiudar a incrementar os negócios da empresa.	4
RH	Relações Humanas	Dominar o processo de relacionamento interpessoal e intergrupal, de forma a gerar ambiente e relações de trabalho harmoniosos, profissionais, éticos e produtivos.	4
IB	Informática Usuário Nível I	Dominar, como usuário, os recursos fundamentais de microinformática: sistemas operacionais, editor de texto, planilha eletrônica, aplicativos de apresentação, Internet e Intranet.	2
IP	Informática Usuário Nível II	Dominar todos itens da Informática Usuário Nível I, sendo alguns em nível avançado, e/ou softwares/aplicativos profissionais e sistemas informatizados em uso na empresa.	5
MF	Matemática Financeira	Dominar o processo de efetuar os cálculos de juros, custo financeiro, projeções de valores, valor presente, valor futuro, amortizações, fatores de correção etc.	5
RE	Comunicação Escrita	Dominar as técnicas de escrever em nível especial, escrever corretamente no idioma nacional e/ou conhecer os formatos oficiais e usuais de redação nos negócios: relatórios, atas, ofícios, cartas etc.	5
CE	Comunicação e Expressão	Dominar o processo de exposição de ideias e fatos por meio da fala e da expressão corporal, de forma a se fazer entender com clareza e objetividade, convencer e gerar empatia nos interlocutores.	5

(Continua)

	COMPETÊNCIA	CONCEITO	PESO
TN	Técnicas de Negociação	Dominar o processo de negociar interesses econômico-financeiros e de atendimento de demandas, no âmbito interno e/ou externo da empresa, de modo a atingir integralmente os objetivos preservando os direitos envolvidos.	6
EA	Estatística Aplicada	Dominar os conceitos e cálculos estatísticos e saber interpretar os resultados nas aplicações requeridas pelos controles e estudos de interesse da empresa.	6
ES	Espanhol	Dominar técnicas de leitura, escrita e conversação no idioma espanhol.	6
IN	Inglês	Dominar técnicas de leitura, escrita e conversação no idioma inglês.	7
PF	Prática Comercial/Fiscal	Conhecer e saber interpretar as normas que regem as transações comerciais, a emissão e controle de notas fiscais e faturas e a apuração dos tributos.	5
PD	Produtos/Serviços	Conhecer a área de atuação e os diversos produtos e serviços da empresa.	5
ST	Segurança do Trabalho	Conhecer e saber aplicar as normas, trâmites e procedimentos necessários ao atendimento das políticas internas e exigências legais da Segurança do Trabalho.	5
FQ	Ferramentas da Qualidade	Conhecer e saber aplicar conceitos, instrumentos e processos da Garantia da Qualidade como Normas ISO 9000 e ISO 14000, 5S, Kaizen, Sistema de Sugestões, CCQ, etc.	5
TV	Técnicas de Vendas	Dominar o processo de conquista e manutenção de clientes para a empresa e de levar os clientes a se interessarem e se decidirem pela aquisição dos produtos/serviços.	6
LB	Legislação Tributária	Conhecer e saber interpretar as normas que regem a aplicação dos tributos federais, estaduais e municipais à empresa, de modo a conduzir as atividades, orientações e decisões em consonância com os seus dispositivos.	6
LT	Legislação Trabalhista	Conhecer e saber interpretar as normas que regem as relações de trabalho, de modo a conduzir as atividades, orientações e decisões em consonância com os seus dispositivos.	6
LC	Legislação Comercial	Conhecer e saber interpretar as normas que regem as transações comerciais que afetam a empresa, de modo a conduzir as atividades, orientações e decisões em consonância com os seus dispositivos.	6
PL	Planejamento	Dominar o processo de antecipar cenários, planejar, controlar de executar as tarefas.	7
CI	Comércio Internacional	Dominar as técnicas comerciais no contexto do Comércio Internacional; conhecer e saber interpretar as normas que regem as transações comerciais e os processos burocráticos de importação e exportação.	8

METODOLOGIA DE GESTÃO DE CARGOS E SALÁRIOS
GRADE PONTUAÇÃO DE FUNÇÕES

ANEXO 3.1

CHAVE 3: **HABILIDADES E COMPETÊNCIAS**

QUADRO DE HABILIDADES E COMPETÊNCIAS – Postos de Trabalho

	COMPETÊNCIA	CONCEITO	PESO
LD	Liderança	Dominar o processo de estimular e dirigir pessoas e grupos na realização de missões e trabalhos.	6
SV	Supervisão	Dominar o processo de atribuir tarefas, acompanhar, orientar e revisar trabalhos.	6
RH	Relações Humanas	Dominar o processo de relacionamento interpessoal e intergrupal, de forma a gerar ambiente e relações de trabalho harmonioso, profissional, ético e produtivo.	4
IB	Informática Básica	Saber operar sistemas operacionais, terminais de controle e processamento, Intranet, sistema de gestão informatizado etc.	2
CE	Comunicação e Expressão	Dominar o processo de exposição de idéias e fatos por meio da fala e da expressão corporal, de forma a se fazer entender com clareza e objetividade, convencer e gerar empatia nos interlocutores.	4
PD	Produtos/Serviços	Conhecer a área de atuação e os diversos produtos e serviços da empresa.	4
ST	Segurança do Trabalho	Conhecer e saber aplicar as normas, trâmites e procedimentos necessários ao atendimento das políticas internas e exigências legais da Segurança do Trabalho.	4
SQ	Sistema da Qualidade	Conhecer e saber aplicar conceitos, instrumentos e processos do Sistema da Qualidade adotados pela empresa.	5
KB	Kanban	Conhecer e saber aplicar conceitos do sistema Kanban de gestão do fluxo de produção.	4
KZ	Kaizen	Conhecer e saber aplicar conceitos do processo de melhorias contínuas denominado Kaizen.	4
5S	Cinco Esses	Conhecer e saber aplicar conceitos do sistema 5 S's de organização e limpeza.	4
MP	MPT	Conhecer e saber aplicar conceitos do sistema MTP de manutenção preventiva sistemática.	5
SU	Set Up	Conhecer e saber aplicar conceitos da troca rápida de ferramentas e dispositivos de produção.	5
DC	Diagrama de Causa e Efeito	Conhecer e saber aplicar conceitos e técnicas do processo de análise e solução de problemas denominada Diagrama de Causa e Efeito ou Diagrama Espinha de Peixe.	5

(Continua)

	COMPETÊNCIA	CONCEITO	PESO
CP	CEP	Conhecer e saber aplicar conceitos e técnicas de acompanhamento, controle e monitoramento do processo de produção através da ferramenta denominada CEP - Controle Estatístico do Processo.	5
PM	Preparação de Máquinas	Saber preparar, ajustar e, quando aplicável, programar a máquina ao iniciar a produção e durante o processo.	5
CD	CAD	Conhecer e saber trabalhar com os aplicativos de desenho informatizado.	7
FM	Fundamentos de Mecânica	Conhecer e saber trabalhar com os princípios e aplicações da ciência mecânica em materiais, máquinas e motores.	6
FÉ	Fundamentos de Eletricidade	Conhecer e saber trabalhar com os princípios e aplicações da eletricidade em instalações e equipamentos.	6
FO	Fundamentos de Eletrônica	Conhecer e saber trabalhar com os princípios e aplicações da eletrônica em instalações e equipamentos.	6
FQ	Fundamentos de Química	Conhecer e saber trabalhar com os princípios e aplicações da química e manipular substâncias e produtos.	6
ID	Leitura e Interpretação de Desenho	Saber ler e entender diagramas, plantas, fluxogramas e outras formas de apresentação de objetos e estruturas.	5
MT	Metrologia	Conhecer e saber trabalhar com os sistemas de pesos e medidas e com instrumentos de medição.	4
HE	Habilitação de Motorista Categoria E	Possuir habilitação legal e saber conduzir veículos com capacidade para mais de 6.000 kg ou para mais de nove passageiros.	6
HD	Habilitação de Motorista Categoria D	Possuir habilitação legal e saber conduzir veículos com capacidade para até 6.000 kg ou para mais de nove passageiros.	5
HC	Habilitação de Motorista Categoria C	Possuir habilitação legal e saber conduzir veículos com capacidade para até 6.000 kg ou para até nove passageiros.	4
HB	Habilitação de Motorista Categoria B	Possuir habilitação legal e saber conduzir veículos com capacidade para até 3.500 kg ou para até nove passageiros.	3
OE	Operação de Empilhadeira	Possuir habilitação legal e saber operar empilhadeiras de movimentação de materiais.	3
OC	Operação de Caldeira	Possuir habilitação legal para operar e controlar caldeira de produção de vapor.	3

Anexos da Metodologia

PESO = COMPLEXIDADE + OFERTA DE TALENTOS QUE DETÊM A H/C

COMPLEXIDADE	MÍNIMA			MÉDIA			ESPECIAL		ALTA	
PESO	1	2	3	4	5	6	7	8	9	10
OFERTA TALENTOS	ALTA			NORMAL			BAIXA		RAREFEITA	

NÍVEIS DE DOMÍNIO

INTEGRAL	Domínio pleno da H/C, em todos seus aspectos, particularidades e atributos.	100% peso
PARCIAL	Domínio pleno apenas de uma parte dos aspectos, particularidades ou atributos da H/C.	50% peso
NOÇÕES	Domínio apenas superficial e de uma parte dos aspectos, particularidades ou atributos.	25% peso

	SOMA DOS PESOS	PONTOS			SOMA DOS PESOS	PONTOS
A	Até 4	5		E	14,1 a 20	87
B	4,1 a 6	57		F	20,1 a 30	100
C	6,1 a 9	66		G	30,1 a 46	115
D	9,1 a 14	76		H	46,1 a 68	132

	SOMA DOS PESOS	PONTOS
I	68,1 a 103	152
J	103,1 a 154	175
K	154,1 a 231	201
L	Acima de 231	231

TABELA PARA DEFINIÇÃO DA CLASSE

Classes	1	2	3	4	5	6	7	8	9	10	11	12	13
Intervalos de Pontos	200 214	215 230	231 247	248 265	266 284	285 304	305 326	327 350	351 375	376 402	403 431	432 463	464 496
Classes	14	15	16	17	18	19	20	21	22	23	24	25	26
Intervalos de Pontos	497 532	533 571	572 612	613 656	657 704	705 755	756 809	810 868	869 930	931 998	999 1070	1071 1148	Acima 1148

METODOLOGIA DE GESTÃO DE CARGOS E SALÁRIOS
AVALIAÇÃO DE PESSOAL

ANEXO 4.1
OPERACIONAL

Colaborador:	
Setor:	Posto de Trabalho:
Escolaridade do Colaborador:	

I. COMPETÊNCIA TÉCNICA

Ia. No Posto de Trabalho Atual – Avalie o grau de domínio técnico comprovado pelo colaborador em relação às operações e aos conhecimentos específicos previstos na descrição do Posto de Trabalho no qual o colaborador atua (identificado no cabeçalho).

A ☐ B ☐ C ☐

Ib. Em outros Postos de Trabalho – Avalie o grau de domínio técnico comprovado pelo colaborador em relação às operações e aos conhecimentos específicos previstos na descrição de outros Posto de Trabalho nos quais o colaborador tenha atuado.

Postos	A	B

Postos	A	B

II. HABILIDADES E COMPETÊNCIAS

Avalie o grau de domínio do colaborador em relação às Habilidades e Competências demandadas pela sua área de atividade:

A	B	C	D

A	B	C	D

A	B	C	D

A	B	C	D

A	B	C	D

(Continua)

III. HABILIDADES PESSOAIS E COMPORTAMENTO

Avalie o nível de atendimento do colaborador aos padrões esperados nos seguintes aspectos:

	A	B	C
01. Concentração			
02. Autocondução			
03. Comprometimento			
04. Espírito de Equipe			
05. Relacionamento			
06. Organização			
07. Ordem			
08. Assiduidade			
09. Flexibilidade			

	A	B	C
10. Atitude			
11. Melhoria Contínua			
12. Disciplina Pessoal			
13. Disciplina Técnica			
14. Desenvolvimento			
15. Solução de Problemas			
16. Registros			
17. Condições Operacionais			
18. Segurança			

IV. PRODUTIVIDADE E PERFEIÇÃO TÉCNICA

Avalie os resultados que o colaborador tem apresentado, como um padrão seu, nos últimos seis meses, no atual e em outros postos de trabalho onde tem atuado:

A ☐   B ☐   C ☐   **Motivos** [   ]

Observações sobre a Avaliação e Oportunidades de Melhoria:

DATA DA AVALIAÇÃO:

_____   _____   _____
Colaborador   Avaliador   Superior Hierárquico do Avaliador

METODOLOGIA DE GESTÃO DE CARGOS E SALÁRIOS
AVALIAÇÃO DE PESSOAL

ANEXO 4.2
ADMINSTRATIVO/TÉCNICO

Colaborador:	
Setor:	Código de Descrição da Função:
Escolaridade do Colaborador:	

I. COMPETÊNCIA TÉCNICA

Identifique, entre as atividades especificadas na Descrição da Função, aquelas consideradas **CRÍTICAS**, anote seus números nas linhas abaixo e avalie o grau de domínio técnico comprovado pelo colaborador em relação a cada uma delas:

Atividades	A	B	C	D

Atividades	A	B	C	D

Atividades	A	B	C	D

Atividades	A	B	C	D

Anexe a este formulário uma cópia da Descrição de Função utilizada na avaliação.

II. HABILIDADES E COMPETÊNCIAS

Avalie o grau de domínio do colaborador em relação às Habilidades e Competências demandadas pela sua área de atuação:

A	B	C	D

A	B	C	D

A	B	C	D

A	B	C	D

(Continua)

III. HABILIDADES PESSOAIS E COMPORTAMENTO

Avalie o nível de atendimento do colaborador aos padrões esperados nos seguintes aspectos:

	A	B	C
01. Autocondução			
02. Comprometimento			
03. Espírito de Equipe			
04. Relacionamento			
05. Gestão			
06. Assiduidade			

	A	B	C
07. Pontualidade			
08. Flexibilidade			
09. Atitude			
10. Solução de Problemas			
11. Evolução Contínua			
12. Autodesenvolvimento			

	A	B	C
13. Sobriedade			
14. Sigilo Profissional			
15. Cuidado Pessoal			
16. Regularidade			
17. Disciplina Profissional			
18. Confiabilidade Técnica			

IV. PRODUTIVIDADE E PERFEIÇÃO TÉCNICA

Identifique, entre as atividades especificadas na Descrição de Função, aquelas consideradas **CRÍTICAS**, anote seus números nas linhas abaixo e avalie os resultados que o colaborador tem apresentado, como um padrão seu, nos últimos seis meses:

Atividade	A	B	C	Motivo	Atividade	A	B	C	Motivo	Atividade	A	B	C	Motivo	Atividade	A	B	C	Motivo

Observações sobre a Avaliação e Oportunidades de Melhoria:

DATA DA AVALIAÇÃO: _____

_____ _____ _____
Colaborador   Avaliador   Superior Hierárquico do Avaliador

ANEXO 4.3
CHEFIA

METODOLOGIA DE GESTÃO DE CARGOS E SALÁRIOS
AVALIAÇÃO DE PESSOAL

Colaborador:	
Setor:	Código de Descrição da Função:
Escolaridade do Colaborador:	

I. COMPETÊNCIA TÉCNICA

Identifique, entre as atividades especificadas na Descrição de Função, aquelas consideradas **CRÍTICAS**, anote seus números nas linhas abaixo e avalie o grau de domínio técnico comprovado pelo colaborador em relação a cada atividade e Áreas de Responsabilidade:

Atividades	A	B	C	D		Atividades	A	B	C	D		Atividades	A	B	C	D		Atividades	A	B	C	D

Anexe a este formulário uma cópia da Descrição de Função utilizada na avaliação.

II. HABILIDADES E COMPETÊNCIAS

Avalie o grau de domínio do colaborador em relação às Habilidades e Competências demandadas pela sua área de atuação:

A	B	C	D		A	B	C	D		A	B	C	D		A	B	C	D

(Continua)

III. HABILIDADES PESSOAIS E COMPORTAMENTO

Avalie o nível de atendimento do colaborador aos padrões esperados nos seguintes aspectos:

	A	B	C
01. Autocondução			
02. Comprometimento			
03. Espírito de Equipe			
04. Relacionamento			
05. Gestão			
06. Pontualidade			

	A	B	C
07. Atitude			
08. Solução de Problemas			
09. Evolução Contínua			
10. Autodesenvolvimento			
11. Sobriedade			
12. Sigilo Profissional			

	A	B	C
13. Cuidado Pessoal			
14. Regularidade			
15. Disciplina Profissional			
16. Confiabilidade Técnica			
17. Comando			
18. Comunicação			

IV. RESULTADOS

Identifique, entre as atividades especificadas na Descrição de Função, aquelas consideradas **CRÍTICAS**, anote seus números nas linhas abaixo. Anote também os números das Áreas de Responsabilidade e avalie os resultados que o colaborador tem apresentado, como um padrão seu, nos últimos seis meses:

Atividades	A	B	C	D

Atividades	A	B	C	D

Atividades	A	B	C	D

Atividades	A	B	C	D

Observações sobre a Avaliação e Oportunidades de Melhoria:

DATA DA AVALIAÇÃO: ☐

_____ _____ _____
Colaborador   Avaliador   Superior Hierárquico do Avaliador

METODOLOGIA DE GESTÃO DE CARGOS E SALÁRIOS
AVALIAÇÃO DE PESSOAL

ANEXO 4.4
INSTRUÇÕES

INTRODUÇÃO

A Avaliação de Pessoal, em razão de constituir um procedimento sistemático de "exame e correção de rota", é uma ferramenta de grande importância para a administração da organização, para as chefias e para os funcionários. Tal como na trajetória dos foguetes, um pequeno desvio inicial não corrigido no desempenho tenderá a se tornar um desvio irremediável depois de algum tempo.

A Avaliação de Pessoal constitui, portanto, uma importantíssima ferramenta de gestão e um procedimento sistemático de exame e correção de rota. Assim, você deve avaliar tendo clareza de que este instrumento não se destina prioritariamente à questão salarial. Outras questões têm mais prioridade para a avaliação:

- Verificar e reconhecer a excelência da atuação do colaborador.
- Identificar deficiências nas condições de trabalho disponibilizadas ao colaborador.
- Detectar déficits de competência.
- Mapear o quadro de talentos da empresa.
- Apoiar o planejamento dos Recursos Humanos.
- Subsidiar planos de carreira e decisões de promoções.
- Ajudar a direcionar os esforços de treinamento e desenvolvimento.
- Subsidiar as decisões de ajuste salarial.

PROCEDIMENTOS

Esta avaliação segue procedimentos bastante democráticos e observa os seguintes passos:

- Conversa preparatória do avaliador com o avaliado.
- Auto-avaliação pelo colaborador.
- Avaliação do colaborador pelo chefe imediato.
- Avaliação de consenso.

Na conversa preparatória, o avaliador irá fornecer o material ao colaborador, explicar os objetivos e procedimentos da auto-avaliação e agendar o dia e a hora da avaliação de consenso.

Na auto-avaliação, o colaborador irá refletir sobre sua atuação no trabalho em relação a cada quesito do formulário, escolher as notas correspondentes e registrar.

Na avaliação do colaborador, o superior hierárquico imediato irá refletir sobre a atuação do avaliado no trabalho em relação a cada quesito do formulário, escolher as notas correspondentes e registrar.

Na avaliação de consenso, avaliador e avaliado irão expor as notas escolhidas, discutir as divergências e produzir a avaliação oficial.

Na conversa preparatória, o avaliador deve explicar os objetivos da avaliação procurando tranqüilizar o colaborador, ressaltando que a avaliação não representa nenhuma ameaça, ao contrário, ela permite determinar com mais precisão e justiça um retrato da sua atuação, reconhecer suas qualidades e ajudá-lo a corrigir eventuais deficiências. Deve explicar em detalhes como ele deve fazer a auto-avaliação e agendar dia e horário para fazer a avaliação de consenso.

Ao avaliar, o gestor deve procurar ser justo e isento, tendo sempre em vista os objetivos da avaliação e a contribuição que deve dar para o desenvolvimento profissional e pessoal do avaliado. Deve ater-se a fatos e nunca focar a pessoa do colaborador, separando bem o que ele é (não é objeto da avaliação) do como ele está agindo no trabalho (objeto da avaliação). Deve ainda tomar todo cuidado para não se deixar influenciar por fatos isolados e/ou fatos muito recentes mas ater-se ao padrão de resultados e comportamentos que o colaborador formou.

Será altamente proveitoso um exame conjunto da avaliação entre o avaliador e seu superior hierárquico imediato antes da entrevista de consenso com o colaborador.

A avaliação de consenso deve ser realizada no dia e hora marcados, em local tranqüilo, observando os seguintes pontos:

- Perguntar, em cada parte da avaliação, qual nota o colaborador se atribuiu. Dialogar calma e pacientemente com o colaborador em caso de divergência, procurando saber suas razões e pedindo para ele ilustrar seu ponto de vista com fatos quando achar necessário. O objetivo é buscar sempre o consenso e nunca impor nada ao colaborador.
- Lembrar-se de que a avaliação deve ajudar no diálogo chefe-subordinado e nunca prejudicar o entendimento.
- Se o colaborador alegar que não conhece determinada atividade porque não teve oportunidade de aprender ou outra restrição qualquer que venha influenciando o seu desempenho, o avaliador deve mostrar-lhe que a avaliação tem entre seus objetivos justamente identificar e corrigir tais situações.
- Se não houver consenso sobre algum ponto da avaliação, o avaliador pode solicitar ao seu superior imediato que faça o papel de mediador. Persistindo o impasse, o avaliador deve registrar o ponto de vista do colaborador e procurar estabelecer com ele um acordo no sentido de que a divergência será observada durante os próximos meses para voltarem a ela na próxima avaliação.
- Assinar a avaliação e pegar a assinatura do colaborador.

A avaliação de consenso, devidamente assinada pelas duas partes, deve ser entregue ao superior hierárquico do avaliador para seu exame e assinatura. Eventuais discordâncias deste devem ser comunicadas ao avaliador mas não deve implicar em alteração na avaliação sem a participação do colaborador.

CONCEITOS EMPREGADOS NA AVALIAÇÃO

I. COMPETÊNCIA TÉCNICA

OPERACIONAL

Nota A:	Integral	Tem domínio técnico pleno de **todas** as operações e conhecimentos específicos do Posto de Trabalho, não necessitando de acompanhamento e assistência de outros.
Nota B:	Parcial	Tem domínio técnico pleno de **uma parte** das operações e conhecimentos específicos do Posto de Trabalho.
Nota C:	Noções	Está em fase de treinamento/aprendizagem no Posto de Trabalho.

ADMINISTRATIVO/TÉCNICO/CHEFIA

Nota A:	Integral	Domina completamente a atividade/área de responsabilidade, em toda sua extensão e particularidades.
Nota B:	Parcial	Domina alguns aspectos ou uma parcela da extensão da atividade/área de responsabilidade.
Nota C:	Noções	Domina aspectos meramente conceituais e/ou superficiais da atividade/área de responsabilidade.
Nota D:	Nulo	Desconhece a atividade/área de responsabilidade.

II. HABILIDADES E COMPETÊNCIAS

Nota A:	Integral	Domina completamente a H/C especificada, em toda sua extensão e particularidades.
Nota B:	Parcial	Domina alguns aspectos ou uma parcela da H/C especificada.
Nota C:	Noções	Domina aspectos meramente conceituais e/ou superficiais da H/C especificada.
Nota D:	Nulo	Desconhece completamente a H/C especificada.

III. HABILIDADES PESSOAIS E COMPORTAMENTO

CONCEITOS
Concentração: Mantém-se "ligado" no trabalho que está fazendo e só desvia a atenção por motivos justificados; mantém-se nas prioridades; não costuma dispersar-se.
Autocondução: Tem iniciativa e automotivação; é proativo, antecipa-se aos problemas e solicitações; toma ações e providências, executa os trabalhos e busca soluções e imprime velocidade às ações; não precisa ser "mandado".
Comprometimento: Busca conhecer as necessidades da empresa e do setor; cumpre as missões que lhe são confiadas mesmo na ausência do responsável pelo setor, trata os recursos disponibilizados para o trabalho e o patrimônio em geral da empresa com zelo total, utilizando-os de maneira responsável e sem desperdício.

CONCEITOS
Espírito de Equipe: Trabalha de forma conjunta e integrada, buscando seus resultados sem prejuízo para os demais colegas, percebe seu trabalho como parte do todo, coopera com todos buscando sempre o sucesso do time e não apenas o bom desempenho individual. "Rema" junto e na mesma direção.
Relacionamento: Tem sincero apreço e respeito por todas as pessoas com quem trabalha (internas e externas); procura sempre entender o ponto de vista dos outros; relaciona-se amistosa e educadamente com todos à sua volta; evita atritos e administra bem os conflitos.
Organização: Trabalha com planejamento e ordem; prevê, providencia e dispõe os recursos de modo a facilitar o trabalho; consegue evitar as falhas decorrentes da falta de previsão e de controle.
Ordem: Mantém o local de trabalho arrumado e todos os pertences e objetos no devido lugar.
Assiduidade: Demonstra sempre empenho em evitar faltas, atrasos e saídas antecipadas, mesmo em situações em que possa ter reais motivos para ausentar-se do trabalho.
Pontualidade: Observa com rigor os horários assumidos dentro e fora da empresa.
Flexibilidade: Dispõe-se a realizar todos os tipos de trabalho para os quais é solicitado; não se recusa nem coloca obstáculos para executar trabalhos diferentes dos habituais e aproveita essas oportunidades para desenvolver-se.
Atitude: Reage positivamente aos fatos do trabalho e rebate negativismos; influencia positivamente o ambiente de trabalho; reage com boa vontade e otimismo às solicitações e objeções; reage de maneira racional e com controle emocional às ocorrências não desejadas do trabalho; é acessível às críticas formuladas com intenção construtiva.
Melhoria Contínua: Adere ao Sistema da Qualidade e a todas suas ferramentas apóia a investigação e resolução das não-conformidades ocorridas no processo produtivo; está sempre empenhado em inovar; aplica e sugere melhorias para o desenvolvimento contínuo dos processos de trabalho.
Disciplina Pesssoal: Evita brincadeiras em serviço; evita parar o trabalho antes da hora; mantém-se no local de trabalho; acata/executa as determinações mesmo na ausência do responsável pelo Setor.
Disciplina Técnica: Segue com rigor os métodos e processos de trabalho estabelecidos; confere e controla a qualidade de tudo que realiza e só passa adiante trabalhos que tenham suficiente precisão e qualidade.
Desenvolvimento: Atende/participa de todos treinamentos para os quais é convocado, demonstra empenho em desenvolver e aperfeiçoar suas competências.
Solução de Problemas: Consegue analisar racionalmente os problemas, identificar as causas e buscar soluções, atem-se à natureza dos problemas sem dispersar-se na busca de culpados; porta-se como "fazendo parte da solução" e não como "fazendo parte do problema".
Registros: Faz corretamente as anotações e registros requeridos pelo Posto de Trabalho.
Condições Operacionais: Confere e solicita, sempre que necessário, a substituição de ferramental desgastado, danificado ou que necessite de reparo ou substituição; mantém os instrumentos de trabalho em perfeitas condições de uso.
Segurança: Tem consciência preventiva, usa sempre e adequadamente e incentiva os colegas a usarem os EPI's necessários; evita atos inseguros.

CONCEITOS
Gestão: Trabalha com planejamento e ordem; prevê, providencia e dispõe os recursos de modo a facilitar o trabalho; consegue evitar as falhas decorrentes da falta de previsão e de controle; zela pela organização e preservação de seus papéis e materiais de trabalho.
Evolução Contínua: Está sempre empenhado em inovar; demonstra aperfeiçoar suas competências, aplica e sugere melhorias para o desenvolvimento contínuo dos processos de trabalho.
Autodesenvolvimento: Tem interesse em aprender, manter-se atualizado e informado com o contexto social e profissional; cultiva o hábito da leitura diversificada geradora de cultura geral e visão global dos negócios e das questões humanas.
Sobriedade: Demonstra sempre alto senso de responsabilidade e grande maturidade no trato das questões de seu trabalho, do cliente e da empresa.
Sigilo Profissional: Zela com rigor pela discrição e reserva no trato de informações a que tem acesso no exercício de suas funções, tanto nos assuntos dos clientes, da própria empresa e de pessoas envolvidas.
Cuidado Pessoal: Zela sempre pela própria saúde, cultivando hábitos saudáveis na alimentação, na ingestão de bebidas, na prática de esportes, no aproveitamento inteligente dos momentos de repouso; evita a exposição desnecessária a riscos de acidentes.
Regularidade: É confiável para assumir trabalhos com prazo definido pois conclui seus trabalhos sempre dentro do prazo previsto; eventuais atrasos só ocorrem por motivos sobre os quais não tenha controle e, nestes casos, notifica os interessados em tempo hábil.
Disciplina Profissional: Observa com rigor as prioridades estabelecidas; mantém-se aplicado ao trabalho até sua conclusão final; mantém-se "ligado" no trabalho que está realizando e evita dispersar-se.
Confiabilidade Técnica: Segue com rigor os métodos e processos de trabalho estabelecidos; confere e controla a qualidade de tudo que realiza e só passa adiante trabalhos que tenham suficiente precisão nos dados e números.
Comando: Escolhe, avalia, ensina e desenvolve com acerto as pessoas da equipe; consegue manter um quadro estável e motivado; consegue distribuir tarefas, acompanhar, orientar e facilitar de modo a obter alta produtividade.
Comunicação: Consegue fazer-se entender eficazmente para todas as pessoas com quem se relaciona, em todos os níveis, especialmente com os colaboradores da própria equipe.

CONCEITOS DAS NOTAS:

Nota A:	**Superior:** Elogiado por satisfazer sempre e superar às vezes o padrão sem nunca ter necessidade de ser abordado sobre o assunto, constituindo mesmo um exemplo a ser seguido.
Nota B:	**Adequado:** Atende satisfatoriamente ao padrão esperado; raramente precisa ser abordado sobre o assunto.
Nota C:	**Requer Melhoria:** Deixa, repetidamente, de atender ao padrão esperado; precisa ser abordado sobre o assunto mais freqüentemente do que seria desejável.

IV. PRODUTIVIDADE E PERFEIÇÃO TÉCNICA/RESULTADOS

Nota A:	Os resultados têm sido altamente satisfatórios: os objetivos visados têm sido sempre atingidos, há elogios de clientes internos e/ou externos, os trabalhos são plenamente confiáveis e concluídos antes do prazo esperado na maioria das vezes.
Nota B:	Os resultados têm sido satisfatórios: os objetivos visados têm sido atingidos na maioria das vezes, as reclamações de clientes internos e/ou externos são poucas, os trabalhos apresentam apenas erros normais e são concluídos dentro do prazo esperado na maioria das vezes.
Nota C:	Os resultados têm sido insatisfatórios: os objetivos visados não têm sido atingidos, há freqüentes reclamações de clientes internos e/ou externos, ocorrência de erros freqüentes, trabalhos refeitos ou reformulados, nem sempre concluídos ou concluídos depois do prazo.

Se deu nota "C" indique, no espaço "Motivos", uma ou mais das razões, como segue:

Motivo 1: Falta conhecimento técnico sobre o assunto.
Motivo 2: Tem dificuldade pessoal para trabalhar no assunto.
Motivo 3: Faltam recursos (humanos, materiais, normativos, métodos e processos, comunicação etc.).
Motivo 4: Tem faltado vontade/empenho do colaborador para obter melhores resultados.

METODOLOGIA DE GESTÃO DE CARGOS E SALÁRIOS | ANEXO 5.1
POLÍTICA SALARIAL

SUMÁRIO DA POLÍTICA
1. SISTEMA DE REMUNERAÇÃO
    1.1 Plano de Cargos
    1.2 Estrutura Salarial
    1.3 Critérios de Aplicação
        1.3.1 Pessoal Operacional
            1.3.1.1 Contratação
            1.3.1.2 Promoção
            1.3.1.3 Progressão na Faixa
        1.3.2 Pessoal Administrativo, Técnico e de Chefia
            1.3.2.1 Contratação
            1.3.2.2 Promoção
            1.3.2.3 Progressão na Faixa

2. DISPOSIÇÕES GERAIS
    2.1 Revisão Salarial
    2.2 Avaliação de Pessoal
    2.3 Escolaridade *versus* Enquadramento Salarial

NORMAS DA POLÍTICA
1. SISTEMA DE REMUNERAÇÃO
O Sistema de Remuneração adotado na Organização é composto pelos seguintes elementos:
- Plano de Cargos.
- Estrutura Salarial.
- Critérios de Aplicação.

1.1 Plano de Cargos
O Plano de Cargos contém os cargos oficializados na organização e constitui a base única para registro de colaborador. Todo cargo a ser atribuído a qualquer colaborador deve constar do Plano de Cargos e a alteração ou inclusão de cargo se dá mediante a observância dos seguintes procedimentos:

A. Descrição da função ou do Posto de Trabalho, devidamente discutida e aprovada pelo respectivo Comitê.
B. Definição da classe e do cargo a que deve corresponder a função ou o Posto de Trabalho, através da grade de pontuação em uso na organização;
C. Validação da classe e do cargo pelo respectivo Comitê.
D. Inclusão da função ou do Posto de Trabalho no Plano de Cargos.

1.2 Estrutura Salarial

A estrutura salarial adotada pela organização é composta de tabelas salariais com o seguinte formato:

	Classe do Cargo	Nível A	Nível B	Nível C	Nível D	Nível E
Operacional	1 a ...	R$ hora	R$ hora	R$ hora	R$ hora	R$ hora
Administrativo	1 a ...	R$ mês	R$ mês	R$ mês	R$ mês	R$ mês

1.3 Critérios de Aplicação

1.3.1 Pessoal Operacional

1.3.1.1 Contratação

A contratação de profissional com **experiência total** ocorrerá no cargo correspondente ao Posto de Trabalho que vai efetivamente exercer, com salário limitado ao do nível "A" da classe do posto.

Se o salário inicial for inferior ao do nível "A" da classe do posto, o colaborador poderá ter ajustes salariais com intervalos mínimos de três meses até atingir o nível "A" da classe do posto.

A contratação de profissional com **experiência parcial** ocorrerá em cargo de um, dois ou três classes abaixo do posto que vai exercer, conforme as condições técnicas do candidato, com salário limitado ao do nível "A" dessa classe.

A contratação de profissional **sem experiência** para ser treinado internamente para ocupar o Posto de Trabalho da classe 2 e acima ocorrerá da seguinte forma:

- Produção: no cargo "Auxiliar de Produção I", classe 1, salário 1A.
- Demais áreas: no cargo "Auxiliar Serviços Gerais", classe 1, salário 1A.

O colaborador contratado sem experiência para posto da classe 2 e acima permanece no cargo inicial durante os primeiros 12 meses, passando então ao cargo correspondente ao posto que vier efetivamente exercer.

O profissional contratado com **experiência parcial** ou **sem experiência** poderá ter ajustes salariais com intervalos mínimos de três meses, conforme se mostrar sua evolução técnica, até atingir o nível "A" da classe do posto. Ao atingir o nível "A" de cada classe, o colaborador será enquadrado no cargo correspondente a essa classe.

Para postos da classe 1 adota-se o mesmo tratamento dispensado ao profissional contratado **com experiência**.

1.3.1.2 Promoção

A Promoção se dá quando o colaborador passa a ocupar um Posto de Trabalho de classe maior que o atual e depende da existência de vaga, bem como de o colaborador preencher os requisitos de escolaridade definidos para o posto.

Se o colaborador possuir **experiência total** no posto que irá exercer, será enquadrado no cargo correspondente ao posto, com salário limitado ao do nível "A" da classe do posto. Excepcionalmente, o colaborador poderá ser enquadrado em cargo e classe correspondentes a um posto mais elevado, desde que as condições operacionais exijam mobilidade entre postos e o colaborador domine um ou mais postos de classe maior.

Se o salário inicial for inferior ao do nível "A" da classe do posto, o colaborador poderá ter ajustes salariais com intervalos mínimos de três meses até atingir o nível "A" da classe do posto.

Se o colaborador possuir **experiência parcial** no posto que irá exercer, será enquadrado em cargo de um, dois ou três classes abaixo do posto, conforme as condições técnicas do colaborador, com salário limitado ao do nível "A" dessa classe.

O colaborador promovido com **experiência parcial** poderá ter ajustes salariais com intervalos mínimos de três meses, conforme se mostrar sua evolução técnica, até atingir o nível "A" da classe do posto. Ao atingir o nível "A" de cada classe, o colaborador será enquadrado no cargo correspondente a essa classe.

Se, na Promoção, o salário já estiver acima do inicial do novo posto, não haverá ajuste salarial no momento da Promoção, e o colaborador aguardará os avanços previstos para os níveis "B", "C", "D" e "E".

1.3.1.3 Progressão na Faixa

A progressão nos níveis da faixa salarial ocorre após o colaborador atingir o nível "A" da classe do posto exercido e observará o atendimento à escolaridade exigida pelo posto, tempos mínimos e resultados da Avaliação de Pessoal, como segue:

Níveis ➤	B	C	D	E
Tempo mínimo*	6 meses	18 meses	30 meses	42 meses
Avaliação de Pessoal	5 pontos	7 pontos	9 pontos	11 pontos

* Tempo contado a partir do mês em que atingir o nível "A" do posto.

Os pontos considerados nos critérios de progressão na faixa são determinados somando-se as médias das notas de Avaliação de Pessoal. As notas, alfabéticas, são convertidas em valores como segue:

    I. Competência Técnica – notas A, B, C e D

    III. Habilidades Pessoais e Comportamento – notas A, B e C

    IV. Produtividade e Perfeição Técnica – notas A, B e C

        A = 3   B = 2   C = 1   D = 0

II. Habilidades e Competências – notas A, B, C e D

Nota obtida	Nível Requerido pelo Posto		
	Integral	Parcial	Noções
A	3	3	3
B	2	3	3
C	1	2	3
D	0	0	0

1.3.2 Pessoal Administrativo, Técnico e de Chefia

1.3.2.1 Contratação

A contratação de profissional com experiência total ocorrerá no cargo correspondente à função que irá efetivamente exercer, com salário limitado ao do nível "A" da classe da função.

Se o salário inicial for inferior ao do nível "A" da classe da função, o colaborador poderá ter ajustes salariais com intervalos mínimos de três meses até atingir o nível "A" da classe da função.

A contratação de profissional com experiência parcial ocorrerá em cargo de um, dois ou três classes abaixo da função que vai exercer, conforme as condições técnicas do candidato, com salário limitado ao do nível "A" dessa classe.

O profissional contratado com experiência parcial poderá ter ajustes salariais com intervalos mínimos de três meses, conforme se mostrar sua evolução técnica, até atingir o nível "A" da classe da função. Ao atingir o nível "A" de cada classe, o colaborador será enquadrado no cargo correspondente a essa classe.

1.3.2.2 Promoção

A Promoção se dá quando o colaborador passa a ocupar função de classe maior que a atual e depende da existência de vaga, bem como de o colaborador preencher os requisitos de escolaridade definidos para a função.

Se o colaborador possuir experiência total na função que irá exercer, será enquadrado no cargo correspondente à função, com salário limitado ao do nível "A" da classe da função.

Se o salário inicial for inferior ao do nível "A" da classe da função, o colaborador poderá ter ajustes salariais com intervalos mínimos de três meses até atingir o nível "A" da classe da função.

Se o colaborador possuir experiência parcial na função que irá exercer, será enquadrado em cargo de um, dois ou três classes abaixo da função, conforme as condições técnicas do colaborador, com salário limitado ao do nível "A" dessa classe.

O colaborador promovido com experiência parcial poderá ter ajustes salariais com intervalos mínimos de três meses, conforme se mostrar sua evolução técnica, até atingir o nível "A" da classe da função. Ao atingir o nível "A" de cada classe, o colaborador será enquadrado no cargo correspondente a essa classe.

Se, na Promoção, o salário já estiver acima do inicial da nova função, não haverá ajuste salarial no momento da Promoção, e o colaborador aguardará os avanços previstos para os níveis "B", "C", "D" e "E".

Nos casos de carreira onde estejam previstos cargos específicos desmembrados em níveis do tipo I, II e III, todos com atividades idênticas, a promoção observará os requisitos previstos na respectiva descrição e ainda os resultados da Avaliação de Pessoal como segue:

- Competência Técnica – nota mínima "B" nas atividades próprias do nível em que será enquadrado.
- Habilidades Pessoais e Comportamento – nota mínima "B".
- Produtividade e Perfeição Técnica – nota mínima "B" nas atividades próprias do nível em que será enquadrado.
- Habilidades e Competências – nota mínima "B" nas H&C demandadas pelo nível em que será enquadrado.

1.3.2.3 Progressão na Faixa

A progressão nos níveis da faixa salarial ocorre após o colaborador atingir o nível "A" da classe da função exercida e observará o atendimento à escolaridade exigida pela função, tempos mínimos e resulta-dos da Avaliação de Pessoal, como segue:

Níveis ▶	B	C	D	E
Tempo mínimo*	6 meses	18 meses	30 meses	42 meses
Avaliação de Pessoal	5 pontos	7 pontos	9 pontos	11 pontos

* Tempo contado a partir do mês em que atingir o nível "A" do posto.

Os pontos considerados nos critérios de progressão na faixa são determinados somando-se as médias das notas de Avaliação de Pessoal. As notas, alfabéticas, são convertidas em valores como segue:

I. Competência Técnica – notas A, B, C e D
III. Habilidades Pessoais e Comportamento – notas A, B e C
IV. Produtividade e Perfeição Técnica/Resultados – notas A, B e C

A = 3   B = 2   C = 1   D = 0

II. Habilidades e Competências – notas A, B, C e D

Nota obtida	Nível Requerido pelo Cargo		
	Integral	Parcial	Noções
A	3	3	3
B	2	3	3
C	1	2	3
D	0	0	0

2. DISPOSIÇÕES GERAIS

2.1 Revisão Salarial

A análise salarial com vistas aos avanços nas faixas será realizada uma vez por ano, no mês de setembro, mediante liberação da Diretoria, e os ajustes salariais aprovados serão programados ao longo do próximo período de 12 meses de acordo com o vencimento dos tempos mínimos exigidos nesta Norma e em concordância com as disponibilidades financeiras da organização.

Na ocasião da Revisão Salarial poderão ocorrer os ajustes de cargo de acordo com os critérios e requisitos estabelecidos nesta Norma.

2.2 Avaliação de Pessoal

A Avaliação de Pessoal terá como finalidade secundária subsidiar os avanços salariais, e como finalidade primordial a de promover a competência profissional, através de um mecanismo de exame e ajuste sistemáticos de "rota" entre o colaborador, sua função, sua chefia e a organização.

A Avaliação de Pessoal será realizada por meio dos formulários aplicados na organização, nos meses de fevereiro e agosto, para todos os colaboradores com mais de três meses de organização e que não estejam afastados por qualquer motivo.

Após cada rodada de avaliação deverão ser analisados seus resultados e planejadas/executadas ações visando implementar as melhorias requeridas, tais como:

- Verificar as notas baixas e definir ações para corrigir.
- Identificar os treinamentos e outras ações que poderão ajudar nas melhorias.
- Promover sessões de aconselhamento com o colaborador que apresente notas baixas.
- Identificar os remanejamentos que permitam aproveitar melhor as características dos colaboradores.
- Providenciar as correções no enquadramento dos colaboradores nos cargos conforme indicado pela avaliação.
- Providenciar melhorias nos processos e nas condições de trabalho para corrigir deficiências operacionais evidenciadas no processo de avaliação.

2.3 Escolaridade *versus* Enquadramento Salarial

O colaborador que não tenha a escolaridade exigida pela função ou Posto de Trabalho terá os avanços na faixa salarial bloqueados no nível "A" da classe da função ou do posto.

Ao retomar os estudos em cursos compatíveis com as exigências do cargo, o colaborador poderá retomar a progressão na faixa, observados os requisitos e critérios estabelecidos nesta Norma, como segue:

- Poderá ir para o nível "B" três meses após ingressar no curso exigido.
- Poderá ir para o nível "C" no mês seguinte após cumprir 1/3 do curso exigido.
- Poderá ir para o nível "D" no mês seguinte após cumprir 2/3 do curso exigido.
- Poderá ir para o nível "E" no mês seguinte após concluir o curso exigido.

Nas funções e Postos de Trabalho em que se exige escolaridade "em andamento", entende-se que o atendimento ao requisito exige o cumprimento da metade do curso.

METODOLOGIA DE GESTÃO DE CARGOS E SALÁRIOS — ANEXO 6.1
PESQUISA SALARIAL — PLANILHA DE INFORMAÇÕES GERAIS

Nome Completo da Empresa:		Nº de Funcionários:	
Endereço:		Cidade:	CEP:
Informante:	Nome:	Telefone:	Ramal:
	Cargo:	E-mail:	

Data-base: [ ]   Mês de vigência dos salários informados nesta pesquisa: [ ]

Reajustes praticados após o último acordo e que serão compensados na próxima Data-base:

Meses										
Índices										

Benefícios/Vantagens	Assinalar com "x"	Segmento de Funcionários Beneficiados
Assistência Médica-Hospitalar		
Assistência Odontológica		
Alimentação (Restaurante, Ticket)		
Cesta Básica (Mercadorias, Ticket)		
Transporte (Não considerar Vale Transporte)		
Seguro de Vida em Grupo		
Cooperativa de Consumo		
Assistência Financeira		
Convênios com Óticas, Farmácias etc.		
14º Salário		
Participação nos Lucros ou Resultados		
Outros (Especificar)		

Menor Salário de Contratação – Fábrica	Cargo:	Valor:
Menor Salário de Contratação – Adminíst.	Cargo:	Valor:

Observações:

METODOLOGIA DE GESTÃO DE CARGOS E SALÁRIOS	ANEXO 6.2
PESQUISA SALARIAL	DESCRIÇÃO DOS CARGOS (Parcial)

100 PROGRAMADOR DE PRODUÇÃO

1. Dar o aceite aos programas dos clientes dentro dos prazos previstos no sistema.
2. Programar e controlar a produção, monitorando o cumprimento dos prazos acordados.
3. Calcular os recursos necessários para produção (mão-de-obra, máquinas, matéria-prima etc.)
4. Negociar com clientes prazos de entrega, quando não for possível o atendimento conforme solicitado.
5. Verificar junto a Suprimentos o andamento dos pedidos de matéria-prima.

101 TÉCNICO DE SEGURANÇA

1. Atuar na administração de riscos ambientais (agentes químicos, físicos, biológicos, mecânicos e ergonômicos) e tratamento de efluentes.
2. Avaliar, analisar e implementar instruções de segurança.
3. Controlar exames periódicos e complementares, previstos no PCMSO.
4. Confeccionar os mapas de riscos de acidentes e implementar melhorias necessárias.
5. Administrar preventivamente os riscos de acidentes e doenças profissionais, e doenças contagiosas que provoque absenteísmo.
6. Administrar e formalizar atividades referentes à CIPA.

102 ALMOXARIFE

1. Administrar a guarda e manutenção de todos os materiais da área quanto ao estado de conservação, classificação e ordenação.
2. Sugerir alterações nos limites mínimos e máximos de estoques em função da demanda.
3. Informar sobre obsolescência física de materiais e/ou baixa rotatividade, assim como da não utilização dos mesmos.

103 COMPRADOR

1. Executar compra de produtos e serviços necessários para o funcionamento da empresa.
2. Renovar e negociar os seguros da empresa.
3. Efetuar pesquisa de preços, prazos de entrega, condições de pagamento e qualidade do produto junto a fornecedores cadastrados e/ou desenvolver novos.

4. Desenvolver sistema de abastecimento da empresa, buscando fornecedores com máxima qualidade (produto, preço, prazos de entrega, solidez) reduzindo o custo de suprimento da empresa.
5. Participar da avaliação, desenvolvimento e auditoria de fornecedores.

104 TÉCNICO DE MICROINFORMÁTICA

1. Manter em pleno funcionamento todas as estações de trabalho (micros, terminais WTS, impressoras etc.) da empresa.
2. Garantir a instalação e pleno funcionamento de todos os softwares utilizados nas estações de trabalho.
3. Treinar clientes internos em softwares específicos definidos pela coordenadoria.
4. Executar as cópias de segurança dos dados conforme instrução de trabalho estabelecida.
5. Instalar softwares nos servidores e nas estações de trabalho.

METODOLOGIA DE GESTÃO DE CARGOS E SALÁRIOS
PESQUISA SALARIAL

ANEXO 6.3

PLANILHA COLETA DE DADOS

Código do Cargo	Funções	Dados do Perfil				Salário Inicial	Salário Final	Salário Pago	Freq.	Salário Pago	Freq.	Salário Pago	Freq.
		Escolaridade	Experiência	Níveis Acima	Equipe								

Dados do perfil: ver a Grade de Informações sobre o Perfil dos Cargos.

METODOLOGIA DE GESTÃO DE CARGOS E SALÁRIOS — ANEXO 6.4
PESQUISA SALARIAL
GRADE DE INFORMAÇÕES SOBRE O PERFIL DOS CARGOS

FUNÇÕES
A O cargo descrito abrange muito menos funções ou abrange funções muito menos importantes do que as do cargo comparado.

B O cargo descrito abrange menos funções ou abrange funções menos importantes do que as do cargo comparado.

C O cargo descrito abrange funções equivalentes às do cargo comparado.

D O cargo descrito abrange mais funções ou abrange funções mais importantes do que as do cargo comparado.

E O cargo descrito abrange muito mais funções ou abrange funções muito mais importantes do que as do cargo comparado

ESCOLARIDADE
A Alfabetização
B Séries Iniciais do Ensino Fundamental
C Ensino Fundamental completo
D Ensino Fundamental + cursos complementares
  Ensino Médio em andamento
  Ensino Profissionalizante do tipo SENAI
E Ensino Médio completo
  Ensino Técnico de Nível Médio em andamento
F Ensino Médio completo + cursos complementares
  Ensino Técnico de Nível Médio completo
  Ensino Superior em andamento
G Ensino Superior completo
H Ensino Superior completo + cursos complementares livres
I Pós-graduação em nível de Especialização
J Pós-graduação em nível de Mestrado

EXPERIÊNCIA

1	Não exigida	7	+ de 4 até 5 meses	11	+ de 1,5 até 2 anos	16	+ de 6 até 7 anos
2	Até 1 mês	8	+ de 5 até 6 meses	12	+ de 2 até 3 anos	17	+ de 7 até 8 anos
3	+ de 1 até 2 meses	9	+ de 6 até 9 meses	13	+ de 3 até 4 anos	18	+ de 8 até 9 anos
4	+ de 2 até 3 meses	10	+ de 9 até 12 meses	14	+ de 4 até 5 anos	19	+ de 9 até 10 anos
5	+ de 3 até 4 meses	11	+ de 12 até 18 meses	15	+ de 5 até 6 anos	20	+ de 10 anos

POSIÇÃO NA ESTRUTURA

NÍVEIS HIERÁRQUICOS ACIMA DO CARGO		EQUIPE TOTAL (subordinados diretos + subordinados dos subordinados)			
A	4 níveis ou mais	1	Não tem equipe	7	Equipe de 81 a 160 pessoas
B	3 níveis acima	2	Equipe de até 5 pessoas	8	Equipe de 161 a 320 pessoas
C	2 níveis acima	3	Equipe de 6 a 10 pessoas	9	Equipe de 321 a 640 pessoas
D	1 nível acima	4	Equipe de 11 a 20 pessoas	10	Equipe de 641 a 1.280 pessoas
		5	Equipe de 21 a 40 pessoas	11	Equipe de 1.281 a 2.560 pessoas
		6	Equipe de 41 a 80 pessoas	12	Equipe de mais de 2.560 pessoas

METODOLOGIA DE GESTÃO DE CARGOS E SALÁRIOS
PESQUISA SALARIAL

ANEXO 6.5
GRADE DE PONTUAÇÃO
DOS PERFIS DOS CARGOS

CHAVE 1: COMPARAÇÃO DE FUNÇÕES

A	B	C	D	E
76	87	100	115	132

CHAVE 2: ESCOLARIDADE (A a J) + EXPERIÊNCIA (1 a 20)

	A	B	C	D	E	F	G	H	I	J
1	100	115	132	152	175	188	201	231	248	266
2	105	120	138	159	183	197	211	242	260	279
3	110	126	145	167	192	206	221	254	272	292
4	115	132	152	175	201	216	231	266	285	306
5	120	138	159	183	211	227	242	278	299	321
6	126	145	167	192	221	237	254	292	313	336
7	132	152	175	201	231	249	266	306	328	352
8	142	163	187	216	248	266	285	328	352	377
9	152	175	201	231	266	285	306	352	377	405
10	163	187	216	248	285	306	328	377	405	434
11	175	201	231	266	306	328	352	405	434	465
12	187	216	248	285	328	352	377	434	465	499
13	201	231	266	306	352	377	405	465	499	535
14	216	248	285	328	377	404	434	499	535	574
15	231	266	306	352	405	434	465	535	574	615
16	248	285	328	377	434	465	499	574	615	660
17	266	306	352	405	466	499	535	615	660	708
18	285	328	377	434	499	535	574	660	708	759
19	306	352	405	466	535	573	615	708	759	814
20	352	405	466	535	616	661	707	814	872	936

METODOLOGIA DE GESTÃO DE CARGOS E SALÁRIOS
PESQUISA SALARIAL

ANEXO 6.5
GRADE DE PONTUAÇÃO DOS PERFIS DOS CARGOS

CHAVE 3: POSIÇÃO NA ESTRUTURA

	PORTE I ATÉ 100				PORTE II 101 A 200				PORTE III 201 A 400				PORTE IV 401 A 800				PORTE V 801 A 1.600				PORTE VI 1.601 A 3.200				PORTE VII MAIS DE 3.200			
	A	B	C	D	A	B	C	D	A	B	C	D	A	B	C	D	A	B	C	D	A	B	C	D	A	B	C	D
1	50	56	62	70	50	57	64	73	50	58	66	76	50	58	68	79	50	59	70	83	50	60	72	86	50	61	74	90
2	56	62	70	78	57	64	73	83	58	66	76	87	58	68	79	92	59	70	83	98	60	72	86	103	61	74	90	110
3	62	70	78	87	64	73	83	94	66	76	87	100	68	79	92	107	70	83	98	115	72	86	103	124	74	90	110	133
4	70	78	87	97	73	83	94	106	76	87	100	115	79	92	107	125	83	98	115	136	86	103	124	148	90	110	133	161
5	78	87	97	109	83	94	106	120	87	100	115	132	92	107	125	146	98	115	136	161	103	124	148	178	110	133	161	196
6	87	97	109	122	94	106	120	136	100	115	132	152	107	125	146	170	115	136	161	190	124	148	178	213	133	161	196	238
7	97	109	122	136	106	120	136	154	115	132	152	175	125	146	170	198	136	161	190	225	148	178	213	255	161	196	238	290
8	109	122	136	152	120	136	154	175	132	152	175	201	146	170	198	231	161	190	225	266	178	213	255	306	196	238	290	352
9	122	136	152	170	136	154	175	198	152	175	201	231	170	198	231	269	190	225	266	314	213	255	306	367	238	290	352	428
10	136	152	170	190	154	175	198	225	175	201	231	265	198	231	269	314	225	266	314	372	255	306	367	440	290	352	428	520
11	152	170	190	212	175	198	225	255	201	231	265	305	231	269	314	366	266	314	372	439	306	367	440	527	352	428	520	632
12	170	190	212	237	198	225	255	289	231	265	305	351	269	314	366	426	314	372	439	519	367	440	527	632	428	520	632	768

Porte: Número total de funcionários da empresa participante. 1 a 12: Número de pessoas na Equipe Subordinada.
A, B, C, D: Níveis hierárquicos acima do cargo.

METODOLOGIA DE GESTÃO DE CARGOS E SALÁRIOS
PESQUISA SALARIAL

ANEXO 6.6

RESUMO POR CARGO

Pesquisa Salarial – Tabulação para a Empresa: X

CARGO: 131 SUPERVISOR DE PRODUÇÃO

Empresa	Cargo	Pontos	Salário Informado	Freqüência	Salário Ajustado Data-base	Índice Ajuste Cargo	Salário Ajustado Ind. Cargo
X	131	695	2.065,61	1	2.065,61	1,000	2.065,61

Empresa	Cargo	Pontos	Salário Informado	Freqüência	Salário Ajustado Data-base	Índice Ajuste Cargo	Salário Ajustado Ind. Cargo
R	131	595	1.043,24	1	1.043,24	1,168	1.218,57*
A	131	652	1.217,11	1	1.217,11	1,066	1.297,38*
T	131	633	1.304,05	2	1.304,05	1,098	1.431,78*
C	131	638	1.617,02	4	1.809,93	1,089	1.971,64
I	131	745	2.339,85	1	2.339,85	0,933	2.182,81
C	131	638	1.843,06	2	2.062,94	1,089	2.247,24
G	131	568	1.641,02	3	1.836,80	1,224	2.247,49
C	131	638	1.947,38	2	2.179,71	1,089	2.374,45
L	131	603	2.086,48	1	2.086,48	1,153	2.404,81
Q	131	692	2.333,38	1	2.481,08	1,004	2.491,84
C	131	638	2.180,37	1	2.440,48	1,089	2.658,52
E	131	740	2.847,64	1	3.073,47	0,939	2.886,57
F	131	463	1.956,07	1	1.956,07	1,501	2.936,22
D	131	705	3.300,11	1	3.512,64	0,986	3.462,81*
K	131	544	2.721,12	1	2.850,63	1,278	3.641,89*

* Salários cortados dos cálculos.

RESUMO DO CARGO

	Empresas Informantes	Freqüência Total	Freqüência após Corte	Desvio Padrão	Coef. de Variação	Índice Ajustado	Salário Ajustado
	12	23	17	164,37	12,32%		
Menor Salário	1º Quartil	2º Quartil	M.A.P.	3º Quartil	Maior Salário	M.A.P. Empresa	Desvio Percentual
1.971,63	2.077,23	2.247,48	2.319,59	2.448,33	2.936,21	2.065,61	– 12,30%

METODOLOGIA DE GESTÃO DE CARGOS E SALÁRIOS

ANEXO 6.7

PESQUISA SALARIAL

RESUMO GERAL DO MERCADO

PESQUISA SALARIAL — **QUADRO RESUMO PARA A EMPRESA: X**

Cargo		Empr. Infor.	Freq. Total	Freq. Cortes	Desvio Padrão	Coef. Variação	Menor Salário	1º Quartil	2º Quartil	M.A.P.	3º Quartil	Maior Salário	M.A.P.	Desvio Percentual
100	Auxiliar de Produção	14	712	683	55,19	11,87%	304,28	437,22	467,08	465,06	511,52	637,52	501,03	7,74%
101	Operador de Produção	9	296	286	80,82	13,63%	443,43	521,43	581,29	593,06	611,51	787,23	911,67	53,72%
102	Operador de Produção Líder	9	41	31	133,10	16,99%	535,32	700,52	788,03	783,44	907,62	998,03	1.224,07	56,24%
103	Mecânico de Manutenção	11	29	27	178,31	16,13%	770,55	951,12	1.061,27	1.105,59	1.285,27	1.431,74	914,57	−20,89%
104	Eletricista	8	19	19	189,63	16,33%	816,32	1.031,85	1.200,72	1.160,97	1.285,27	1.572,16	973,69	−19,23%
105	Mecânico de Veículos	3	11	9	148,47	20,69%	609,62	609,62	660,42	717,66	856,36	986,99	1.032,81	43,91%
106	Auxiliar de Expedição	10	97	95	120,60	19,44%	416,86	536,71	598,51	620,34	720,08	871,89	619,68	−0,11%
107	Motorista de Carreta	2	7	6	109,92	20,11%	470,95	470,95	506,63	546,55	602,17	781,77	825,90	51,11%
108	Motorista Entregador	8	23	22	130,72	15,64%	582,48	754,61	827,78	835,53	956,30	1.063,10	782,43	−6,79%
109	Ajudante de Motorista	3	10	10	108,31	16,80%	444,51	444,51	677,06	644,58	677,06	817,40	516,40	−24,82%
110	Auxiliar de Recebimento	6	28	28	62,79	10,89%	471,18	516,14	574,49	576,75	638,05	682,47	535,53	−7,70%
111	Operador de Empilhadeira	6	14	14	118,03	17,09%	517,90	566,72	701,28	690,55	810,94	867,99	535,53	−28,95%
112	Operador de Caldeira	7	19	19	115,35	14,78%	577,64	676,42	834,90	780,33	856,85	1.003,65	918,05	17,65%
113	Auxiliar de Serviços Gerais	10	45	40	94,73	17,13%	406,74	449,62	563,63	552,86	653,90	692,83	446,28	−23,88%
114	Engenheiro Químico	5	8	6	411,71	14,60%	2.243,47	2.419,31	2.818,52	2.820,55	3.218,20	3.410,92	3.094,94	9,73%
115	Faturista	12	17	16	195,83	21,34%	567,85	737,73	957,80	917,89	1.080,40	1.220,59	1.860,44	102,69%
116	Promotora de Vendas	5	16	16	85,13	13,21%	508,21	614,45	643,73	644,20	699,61	844,92	577,26	−11,60%
117	Auxiliar de Contabilidade	8	14	14	160,45	20,25%	521,29	634,17	778,13	792,20	913,98	1.083,56	1.451,84	83,27%
118	Aux. de Créd. e Cobr.	10	14	10	124,22	18,03%	461,89	584,87	712,06	688,80	797,75	863,30	1.860,44	170,10%

METODOLOGIA DE GESTÃO DE CARGOS E SALÁRIOS
PESQUISA SALARIAL

ANEXO 6.7
RESUMO GERAL DO MERCADO

	Cargo	PESQUISA SALARIAL					QUADRO RESUMO PARA A EMPRESA: X						
		Empr. Infor.	Freq. Total	Freq. Cortes	Desvio Padrão	Coef. Variação	Menor Salário	1º Quartil	2º Quartil	M.A.P.	3º Quartil	Maior Salário	M.A.P.	Desvio Percentual
119	Caixa	8	8	8	229,84	17,99%	940,88	1.040,46	1.293,56	1.277,39	1.443,04	1.668,16	1.356,21	6,17%
120	Calculista de Custos	4	5	5	226,17	17,93%	1.055,84	1.087,23	1.118,61	1.261,62	1.507,50	1.668,16	1.356,21	7,50%
121	Comprador	11	15	12	285,20	17,31%	1.226,26	1.344,63	1.705,44	1.647,60	1.825,93	2.117,29	1.147,56	– 43,57%
122	Escriturário Fiscal	7	9	7	207,12	17,89%	998,03	998,03	1.056,96	1.157,79	1.398,06	1.549,16	1.095,40	– 5,70%
123	Contínuo	10	13	11	134,44	18,30%	465,82	696,61	750,44	734,84	849,27	916,59	869,37	18,31%
124	Progr. de Computador	6	15	15	204,09	14,67%	1.158,52	1.228,41	1.269,76	1.391,16	1.469,00	1.745,70	2.608,10	87,48%
125	Secretária Executiva	6	9	9	165,81	11,23%	1.260,23	1.374,57	1.452,99	1.475,84	1.514,38	1.885,39	1.860,44	26,06%
126	Técn. Segur. do Trab.	7	9	9	179,63	12,90%	1.187,64	1.243,82	1.320,36	1.392,50	1.576,35	1.731,29	1.043,24	– 33,48%
127	Telefonista	12	19	15	131,36	17,82%	508,96	615,42	762,10	737,10	819,85	987,15	1.147,56	55,69%
128	Aux. de Correspondência	3	3	2	27,77	5,95%	438,63	438,63	466,40	466,40	494,18	494,18	1.147,56	146,04%
129	Coord. de Informática	2	3	3	130,68	4,34%	2.908,59	2.908,59	2.935,55	3.014,14	3.198,29	3.198,29	2.781,97	– 8,35%
130	Superv. de Adm. Pessoal	10	10	4	462,83	26,44%	1.075,14	1.199,20	1.854,32	1.750,57	2.198,21	2.218,53	1.860,44	6,28%
131	Supervisor de Produção	12	23	17	285,80	12,32%	1.971,63	2.077,23	2.247,48	2.319,59	2.389,63	2.936,21	2.065,61	– 12,30%
132	Supervisor de Expedição	7	7	4	189,92	15,18%	1.056,61	1.087,07	1.191,81	1.251,52	1.475,68	1.565,85	1.759,60	40,60%
133	Supervisor de Manutenção	5	5	5	633,52	23,59%	1.697,59	1.961,59	2.928,39	2.685,82	3.288,79	3.416,03	1.794,37	– 49,68%
134	Contador	7	7	5	122,98	4,03%	2.859,27	2.939,19	3.060,57	3.050,66	3.157,19	3.244,33	2.781,97	– 9,66%
135	Gerente Comercial	9	10	7	718,65	15,19%	3.702,68	3.746,36	4.859,91	4.732,05	5.525,59	5.692,10	4.172,96	– 13,40%
200	Menor Salário de Contratação	14	14	14	84,00	16,36%	312,80	448,50	540,89	513,29	567,92	646,30	506,00	– 1,44%

METODOLOGIA DE GESTÃO DE CARGOS E SALÁRIOS
GRÁFICO CURVA DE MERCADO X SALÁRIOS PAGOS NA ORGANIZAÇÃO

ANEXO 7.1

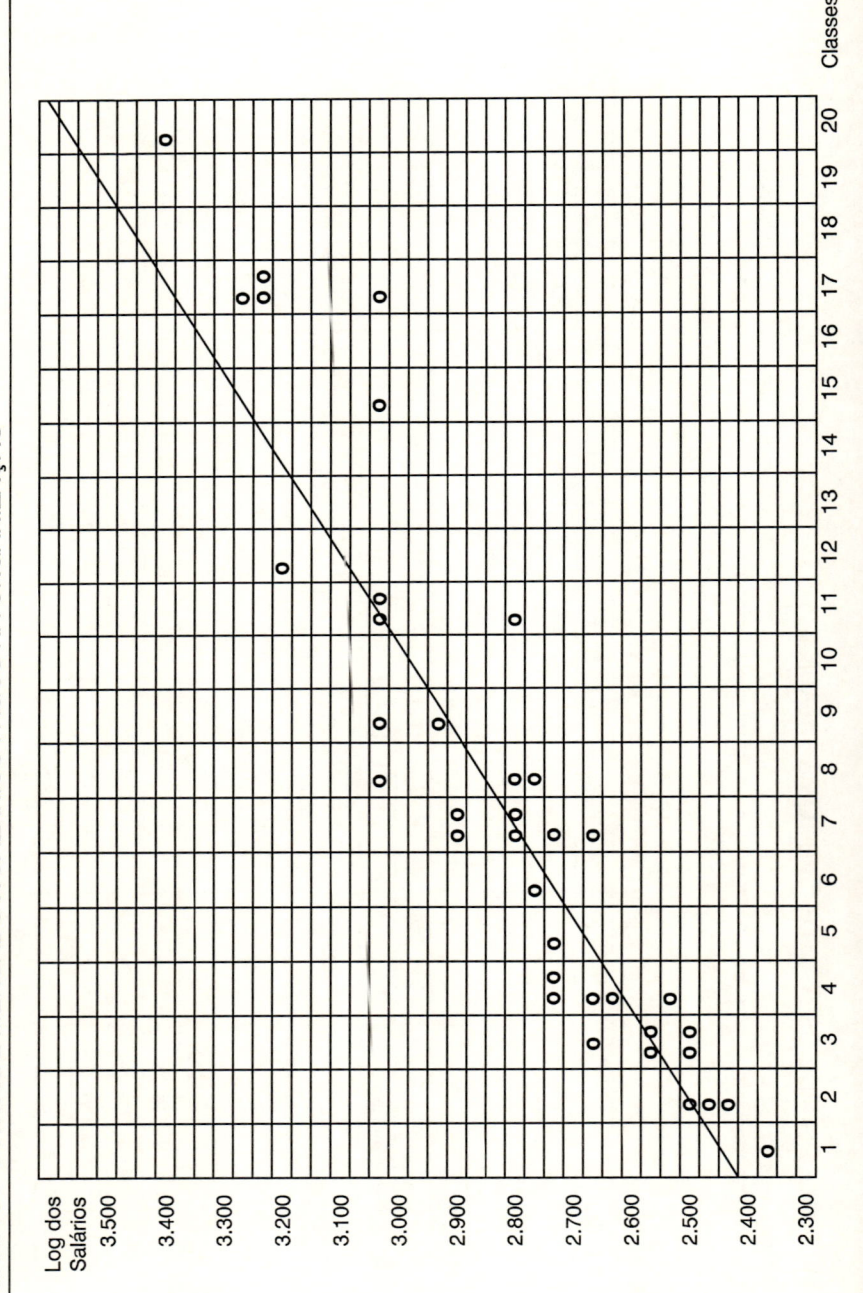

METODOLOGIA DE GESTÃO DE CARGOS E SALÁRIOS
FLUXOGRAMA DE IMPLANTAÇÃO DO PLANO DE CARGOS E SALÁRIOS

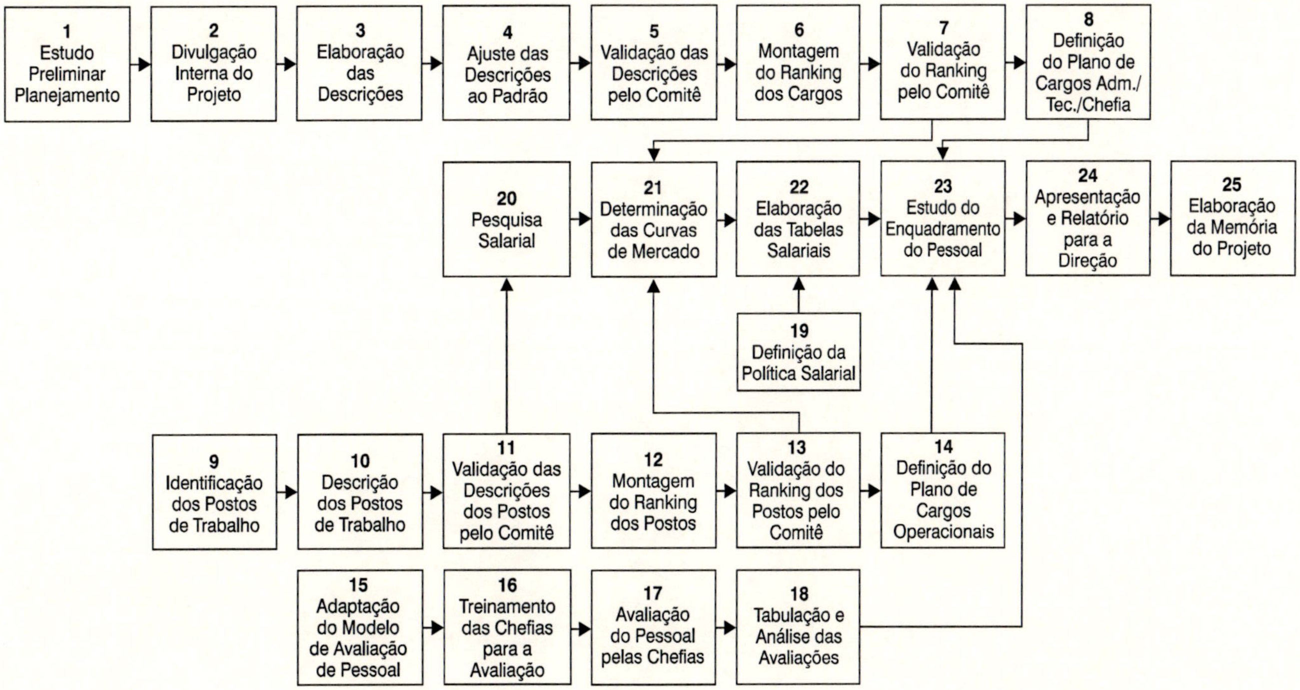

ANEXO 8.1

```
1. Estudo Preliminar Planejamento
2. Divulgação Interna do Projeto
3. Elaboração das Descrições
4. Ajuste das Descrições ao Padrão
5. Validação das Descrições pelo Comitê
6. Montagem do Ranking dos Cargos
7. Validação do Ranking pelo Comitê
8. Definição do Plano de Cargos Adm./Tec./Chefia

9. Identificação dos Postos de Trabalho
10. Descrição dos Postos de Trabalho
11. Validação das Descrições dos Postos pelo Comitê
12. Montagem do Ranking dos Postos
13. Validação do Ranking dos Postos pelo Comitê
14. Definição do Plano de Cargos Operacionais

15. Adaptação do Modelo de Avaliação de Pessoal
16. Treinamento das Chefias para a Avaliação
17. Avaliação do Pessoal pelas Chefias
18. Tabulação e Análise das Avaliações

19. Definição da Política Salarial
20. Pesquisa Salarial
21. Determinação das Curvas de Mercado
22. Elaboração das Tabelas Salariais
23. Estudo do Enquadramento do Pessoal
24. Apresentação e Relatório para a Direção
25. Elaboração da Memória do Projeto
```

Parte III

Estatística Aplicada à Administração de Cargos e Salários

Capítulo 13

Estatística: Uma Ferramenta de Gestão

INTRODUÇÃO

A Estatística é assim chamada porque originalmente lidava apenas com os assuntos do Estado, isto é, dos governos dos países. Atualmente, essa ciência tem larga aplicação em todos os campos científicos e principais atividades humanas, como agricultura, biologia, comércio, economia, sociologia, psicologia, administração, educação, meteorologia etc.

A Estatística nos permite, através de pesquisa quantitativa dos fatos e fenômenos, tirar conclusões científicas. Muitas perícias e pareceres técnicos reconhecidos oficialmente são dados com base na pesquisa estatística. Como afirma Murray R. Spiegel, a Estatística "está interessada nos métodos científicos de coleta, organização, resumo, apresentação e análise de dados, bem como na obtenção de conclusões válidas e na tomada de decisões razoáveis baseadas em tais análises".

Através da Estatística se pode, por exemplo, estabelecer métodos e critérios de Controle de Qualidade, fixar padrões aceitáveis de ocorrência de defeitos, estimar o comportamento das vendas nos próximos meses, estimar a contribuição do investimento publicitário no incremento das vendas etc.

Na Administração de Recursos Humanos, a Estatística é aplicada nos testes de seleção, na avaliação de desempenho, no controle de acidentes, no controle de faltas e atrasos dos empregados, nas pesquisas internas de opinião (clima organizacional), controle de saúde, nível de utilização dos benefícios e serviços oferecidos, aproveitamento nos treinamentos e outros estudos, entre eles, logicamente, a Administração de Cargos e Salários.

Na Administração de Cargos e Salários, que nos interessa mais de perto, a Estatística é aplicada na avaliação e classificação dos cargos, nas pesquisas salariais, nos cálculos da estrutura salarial, entre outros.

A nossa proposta, ao examinar aqui a estatística aplicada na Administração de Cargos e Salários, é procurar trazer a teoria para a prática, traduzindo-a em termos mais familiares e explicando os seus cálculos de uma maneira mais simples e assimilável. Veremos, portanto, apenas os pontos da Estatística que utilizamos com mais freqüência, deixando de abordar tudo aquilo que escapa a esse contexto.

AMOSTRAGEM

Nos estudos estatísticos relativos a fatos, objetos ou indivíduos que se apresentam em número muito elevado, a coleta integral torna-se impraticável. A solução consiste em examinar uma parcela desse grupo, mediante a aplicação de critérios científicos. O grupo todo é denominado População ou Universo e a parcela é chamada Amostra.

É o caso, por exemplo, das pesquisas eleitorais, nas quais se examina um grupo de 3 ou 4 mil pessoas, cientificamente escolhidas, e se estima o comportamento de 80 milhões, com uma margem de erro muito reduzida. Esse processo de estimação chama-se Inferência Estatística.

Uma amostra, para ser válida, e, portanto, permitir inferências válidas a respeito da população de onde é extraída, deve ser representativa dessa população, ou seja, deve conter as mesmas caraterísticas dessa população. No caso da pesquisa eleitoral, a amostra de pessoas pesquisadas deve ter, na mesma proporção, as classes sociais, níveis de escolaridade, distribuição geográfica etc., apresentadas na população total de eleitores.

Da mesma maneira, pode-se calcular medidas estatísticas, como altura média da população toda através de uma amostra de pessoas dessa população.

No caso da Administração de Salários, aplicamos alguns princípios da amostragem na Pesquisa Salarial. De fato, é inviável pesquisarmos todos os cargos da organização, por isso escolhemos uma amostra que reproduza as condições do universo de cargos, isto é, cargos das diversas áreas de atividades, dos diversos níveis existentes etc., tendo o cuidado adicional de incluir somente aqueles que vamos encontrar no mercado.

Ainda no caso da Pesquisa Salarial, outro universo do qual geralmente se deve escolher uma amostra é o das organizações. Neste caso, porém, os princípios são um pouco diferentes, prevalecendo a questão da concorrência em termos de mão-de-obra.

É de se notar que os rigores científicos da Teoria da Amostragem são dispensados na Pesquisa Salarial, já que o percentual da amostra geralmente é bastante alto (entre 20 e 50%) além de outros fatores circunstanciais acabarem sendo considerados.

Distribuição de Freqüência

Os dados coletados num levantamento estatístico geralmente se apresentam em grandes quantidades, de maneira que os cálculos se tornam muito morosos. Imagine-se, por exemplo, calcular as medidas estatísticas da altura de uma população de milhares de pessoas. Imaginemos o seguinte exemplo de dados colhidos na população:

TABELA 1

Alturas	N*	Alturas	N*	Alturas	N*	Alturas	N*	Alturas	N*
1,51	1	1,60	2	1,69	7	1,78	6	1,87	1
1,52		1,61	2	1,70	8	1,79	5	1,88	1
1,53	1	1,62	2	1,71	11	1,80	4	1,89	1
1,54		1,63	2	1,72	15	1,81	4	1,90	
1,55		1,64	3	1,73	23	1,82	3	1,91	
1,56		1,65	3	1,74	15	1,83	2	1,92	1
1,57	1	1,66	4	1,75	11	1,84	2	1,93	
1,58	1	1,67	5	1,76	9	1,85	2	1,94	
1,59	1	1,68	6	1,77	7	1,86	2	1,95	1
Totais	5		29		106		30		5
Total	175								

(*) N = número de pessoas.

Para facilitar os cálculos, costuma-se **tabular** os dados, organizando-os em classes. No exemplo das alturas, organiza-se uma tabela com classes de altura e apura-se as quantidades de pessoas em cada classe. Essas quantidades são denominadas **freqüências**. Essa tabela, com as classes e freqüências, são chamadas **Distribuição de Freqüência**. Vejamos o exemplo da Tabela 1, organizados:

TABELA 2

Classes de Altura	Freqüência de Pessoas
1,51 a 1,55	2
1,56 a 1,60	5
1,61 a 1,65	12
1,66 a 1,70	30
1,71 a 1,75	75
1,76 a 1,80	31
1,81 a 1,85	13
1,86 a 1,90	5
1,91 a 1,95	2

Além de facilitar os cálculos, a apresentação dos dados desta forma permite uma visualização global mais clara. De fato, pode-se ver, por exemplo, que a maior concentração está entre 1,71m e 1,75m.

O intervalo entre 1,51m e 1,55m e os demais, chamam-se **Intervalos de Classe**.

Os valores 1,71 e 1,75, por exemplo, são chamados de **Limites de Classe** e o espaço entre eles **Intervalos de Classe**. A diferença entre o limite superior e o limite inferior chama-se **Amplitude do Intervalo de Classe**. A diferença entre o maior valor e o menor valor de toda a amostra chama-se **Amplitude Total dos Dados**. No exemplo da Tabela 1, a amplitude dos intervalos de classe é 0,04 e a amplitude total dos dados é 0,44.

Ao se construir uma tabela de distribuição de frequência, a primeira tarefa consiste em calcular as amplitudes dos intervalos de classe. O número de classes será conseqüência do tamanho dos intervalos. De fato, a amplitude total dividida pela amplitude das classes menos 1 dá o número de classes.

Ao trabalharmos com os dados tabulados e não na sua forma original, incorreremos em certa distorção nos resultados, chamada **Erro de Agrupamento**. Portanto, quanto maior for a amplitude dos intervalos de classe, maior será esse erro.

Uma amplitude de intervalos muito pequena, por outro lado, leva a um número grande de classes e isso não permite obter a facilidade da tabulação. Temos, portanto, que buscar um meio termo, isto é, um número de classes adequado. Uma fórmula conhecida para esse fim é a Fórmula de Sturges:

$$\text{número de classes} = (3,2 \times \log n) + 1$$

onde: log = logaritmo
n = freqüência total

No exemplo da Tabela 1, temos:

número de classes = (3,2 × log 175) + 1 = (3,2 × 2,243038) + 1 = 8,1777

O número de classes deve ser inteiro, então devemos arredondar 8,1777 para 8. Feito isto, devemos calcular a amplitude do intervalo:

$$h = \frac{R}{\text{número de classes}}$$

onde: h = amplitude do intervalo
R = amplitude total

No exemplo da Tabela 1, temos:

$$h = \frac{1,95 - 1,51}{8} = \frac{0,44}{8} = 0,055$$

Os intervalos ficariam assim:

TABELA 3

Classes de Altura	Freqüência de Pessoas
1,510 a 1,565	2
1,566 a 1,620	9
1,621 a 1,675	17
1,676 a 1,730	70
1,731 a 1,785	48
1,786 a 1,840	20
1,841 a 1,895	7
1,896 a 1,950	2

Esta seria a distribuição mais adequada pois o número de classes e, conseqüentemente, a amplitude de intervalo, foram dimensionados a partir do próprio volume de dados.

Freqüência Absoluta, Relativa e Acumulada

A **Freqüência Absoluta** é a que aparece na tabela, sem nenhum retoque; a **Freqüência Relativa** é o percentual de cada freqüência absoluta em relação ao total e a **Freqüência Acumulada** é cada freqüência absoluta somada com as freqüências absolutas anteriores. Para ficar mais claro, examinemos a tabela a seguir:

TABELA 4

Intervalos de Classes	Freqüência Absoluta	Frequência Relativa	Frequência Acumulada
1,510 a 1,565	2	1,14%	2
1,566 a 1,620	9	5,14%	11
1,621 a 1,675	17	9,71%	28
1,676 a 1,730	70	40,00%	98
1,731 a 1,785	48	27,43%	146
1,786 a 1,840	20	11,43%	166
1,841 a 1,895	7	4,00%	173
1,896 a 1,950	2	1,14%	175

Tabulação de Dados Salariais

Os conceitos vistos aqui para Distribuição de Freqüência são aplicáveis em Administração de Salários, na tabulação de pesquisas salariais, com a diferença de que, como a massa de dados não chega a ser grande demais, não se costuma organizar os dados em intervalos de classe. Também não se costuma usar a Freqüência Relativa.

TABELA 5

Salários	Freqüência Absoluta	Freqüência Acumulada
800,00	6	6
900,00	10	16
1.000,00	12	28
1.070,00	15	43
1.130,00	20	63
1.200,00	14	77
1.310,00	11	88
1.420,00	9	97
1.510,00	5	102

Estatística: Uma Ferramenta de Gestão   219

Representação Gráfica

A representação gráfica das distribuições contribuem muito para ressaltar suas expressões numéricas. O gráfico de barras representando as freqüências é chamado de **Histograma**, e o gráfico de linha delineando as freqüências é chamado de **Polígono de Freqüência**:

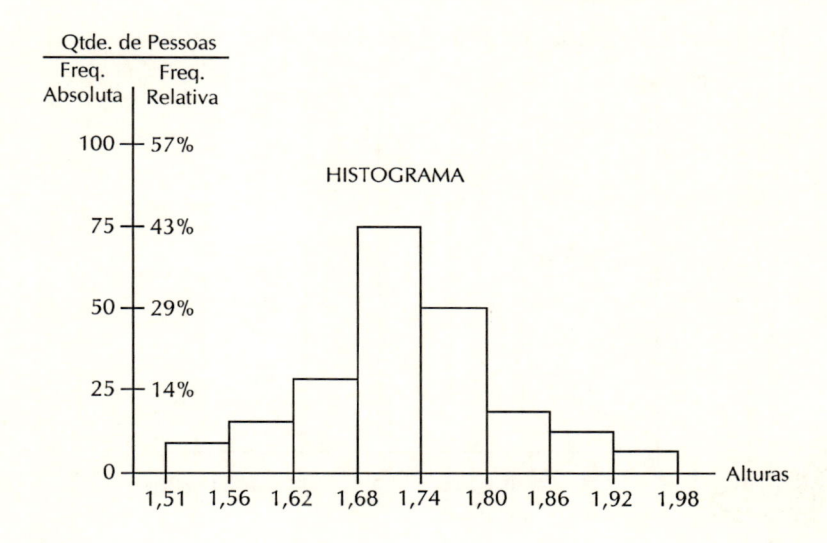

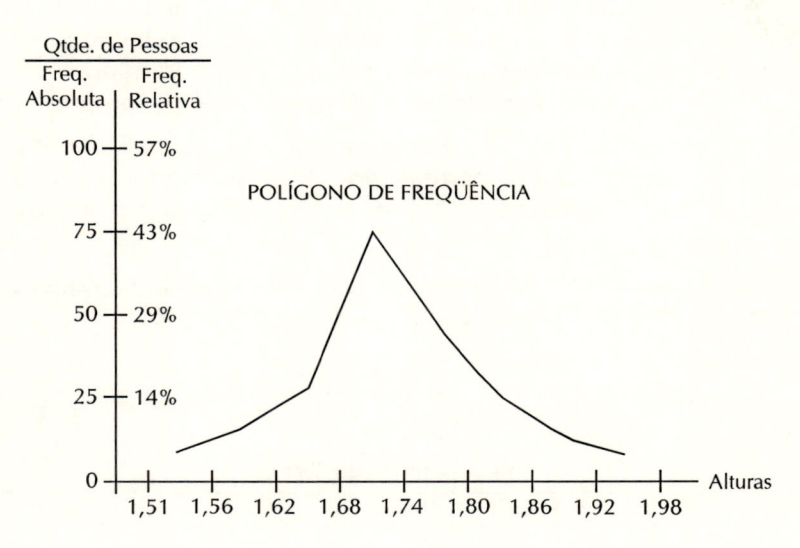

DISTRIBUIÇÃO NORMAL

A chamada "Curva Normal", "Curva de Gauss" ou "Curva Campanular" (tem a forma de um sino), é uma distribuição teórica que busca descrever a forma pela qual a maioria dos fenômenos se apresentam, isto é, com freqüências altas nas ocorrências normais e freqüências baixas nas ocorrências "anormais".

A Distribuição Normal perfeita tem a seguinte forma:

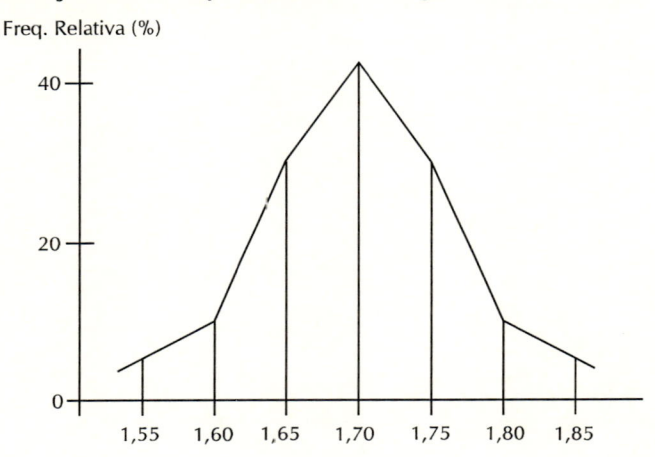

O exemplo da Tabela 3 ilustra bem essa forma de distribuição. As alturas normais das pessoas são encontradas em maior quantidade, daí as freqüências mais altas estarem entre 1,67 e 1,78. As freqüências das alturas acima e abaixo dessa faixa vão diminuindo até se tornarem raras.

O conceito de Curva Normal permite delimitar "zonas" dentro da distribuição, tais como "zona de normalidade" (valores centrais com freqüências mais altas), "zonas altas" ou "zonas baixas" (faixa logo acima e abaixo da zona central) e "zonas extremas" (pontas).

Os parâmetros mais usados para delimitar essas "zonas" são o Desvio Padrão e as Separatrizes (Quartis, Decis e Percentis).

Usando o Desvio Padrão (DP):

Extremo Inferior	Baixo	Médio ou Normal		Alto	Extremo Superior
		Médio Inferior	Médio Superior		
– 2 DP	– 1 DP	Média		+ 1 DP	+ 2 DP
2,27%	13,59%	68,27%		13,59%	2,27%

Usando os Quartis e Percentis :

Extremo Inferior	Baixo	Médio ou Normal		Alto	Extremo Superior
		Médio Inferior	Médio Superior		
Percentil 5	1º Quartil	2º Quartil/Mediana		3º Quartil	Percentil 95
5%	20%	50%		20%	5%

Em Recursos Humanos, essas delimitações são aplicadas na Avaliação de Desempenho, testes de seleção, aproveitamento nos treinamentos, controle de faltas e atrasos e outros.

Em Administração de Salários, usa-se principalmente nas pesquisas de salários para comparar a posição da empresa com o mercado e para estabelecer os níveis das faixas salariais.

Capítulo 14

Medidas de Posição

As medidas de posição, como a Média, por exemplo, tem vastíssima utilização, pois um único valor pode representar uma massa enorme de dados. Sempre que lidamos com mais de um valor sobre um mesmo assunto, buscamos saber "qual é a Média". Portanto, as medidas de posição nos dão parâmetros sobre um conjunto de coisas. As principais medidas de posição são as Médias, a Mediana, a Moda e os Quartis.

MÉDIA ARITMÉTICA

A Média Aritmética é um valor típico de um conjunto de dados, obtido aritmeticamente através da divisão da soma desses valores pelo número de dados. Para facilitar o entendimento, examinemos os dados da Tabela 1:

TABELA 1

Ordem(n)	Salários(X)	Freqüência(f)	Salários x Freqüência (X.f)
1	800,00	6	4.800,00
2	900,00	10	9.000,00
3	1.000,00	12	12.000,00
4	1.070,00	15	16.050,00

TABELA 1 (Cont.)

Ordem (n)	Salários (X)	Freqüência (f)	Salários x Freqüência (X.f)
5	1.130,00	20	22.600,00
6	1.200,00	14	16.800,00
7	1.310,00	11	14.410,00
8	1.420,00	9	12.780,00
9	1.510,00	5	7.550,00
Totais	10.340,00	102	115.990,00

A Média Aritmética Simples (MAS) é obtida sem considerar as freqüências:

$$MAS = \frac{\text{soma de X}}{n} = \frac{10.340}{9} = 1.148,89$$

A Média Aritmética Ponderada (MAP) é obtida computando-se as freqüências:

$$MAP = \frac{\text{soma de X.f}}{\text{soma de f}} = \frac{115.990}{102} = 1.137,16$$

As freqüências funcionam como "pesos", daí o nome "Média Ponderada". É o cálculo correto da média. Afinal, a colocação das freqüências é só uma forma de organizar os dados. Na origem, encontraríamos os dados um a um, ou seja, encontraríamos o salário 800 repetido seis vezes. Se não organizássemos os dados em forma de tabela, calcularíamos a Média computando o valor 800 seis vezes. Como deixar de fazê-lo agora? Se dizemos, por exemplo, que o valor 800,00 tem freqüência 6 é porque, originalmente, o valor 800 apareceu 6 vezes. Se não considerarmos as freqüências, estaremos computando 800 uma vez só.

Neste exemplo, a diferenca entre MAS e MAP é pequena, mas, dependendo de como se comportam as freqüências, ela pode ser bastante significativa. Note que, caso tivéssemos, na Tabela 1, intervalos de classes, como no capítulo anterior, utilizaríamos os pontos médios dessas classes significando "X" nos nossos cálculos.

MÉDIA GEOMÉTRICA

Quando os valores de uma série têm entre si uma progressão geométrica e não aritmética, isto é, são diferenciados por percentuais como os valores de uma tabela salarial, por exemplo, a média desses valores não pode ser obtida pela soma e divisão, mas sim pela multiplicação e radiciação.

Exemplo: 292,00   315,36   340,59   367,84   397,26

Média Geométria (MG) = raiz 5 de (292,00 × 315,36 × 340,59 × 367,84 × 397,26) =
= 340,59

MODA

A Moda é o valor que ocorre com maior freqüência. Na Tabela 1, a Moda é 1.130. Numa distribuição tendente a normal, como é o caso da Tabela 1, a Moda geralmente coincide com a Mediana, porque a freqüência do valor central é a maior. Numa mesma distribuição pode haver mais de uma Moda, caso ocorrer de a freqüência maior se repetir. Igualmente, pode acontecer de não ter Moda nenhuma, se todas as freqüências forem iguais.

O "Valor Modal", isto é, aquele correspondente à Moda, não tem tido aplicação prática em Administração de Salários.

SEPARATRIZES

As Separatrizes são parâmetros de posições que dividem uma massa de dados em partes, podendo ser, por exemplo, 50% e 50%, 25% e 75%, 10% e 90%, 5%, 20%, 50%, 20% e 5% etc. São valores que delimitam uma "zona", uma parcela. Assim, os quartis dividem a massa de dados em quatro partes, os decis dividem a massa em dez partes, os percentis dividem a massa em cem partes etc. Examinaremos inicialmente os quartis, por ser de uso mais freqüente.

QUARTIS

Os quartis são valores teóricos que, como o nome indica, dividem a distribuição em quatro partes iguais. O 1º Quartil se situa no meio da metade inferior dos dados e abaixo dele estão 25% dos dados, os mais baixos. O 2º Quartil, ou Mediana, se situa exatamente no meio da distribuição dos dados. O 3º Quartil se situa no meio da metade superior e acima dele estão 25% dos dados, os mais altos. Vejamos o seu significado numa distribuição:

1º Quartil	
25%	75%

2º Quartil/Mediana	
50%	50%

3º Quartil	
75%	25%

Se os salários de uma empresa coincidem com o 1º Quartil do mercado, diz-se que 75% dos salários do mercado estão acima dos salários dessa empresa.

Cálculo da Mediana

A Mediana (que é igual ao 2º Quartil), é o valor central do conjunto de dados, o valor que divide o conjunto bem ao meio. Para determinar o valor da Mediana, devemos primeiro achar a sua posição na freqüência acumulada:

$$\text{Posição Md} = \frac{\text{Freqüência Total} + 1}{2}$$

Na Tabela 1:

$$\text{Posição Md} = \frac{102 + 1}{2} = 51,5$$

Uma vez determinada a posição, vamos à freqüência acumulada e encontramos o valor que corresponde à Mediana:

Salário	Freqüências Simples	Freqüências Acumuladas	Posições	
800,00	6	6	1 a 6	
900,00	10	16	7 a 16	
1.000,00	12	28	17 a 28	
1.070,00	15	43	29 a 43	
1.130,00	20	63	44 a 63	→ aqui se situa a posição 51,5 e corresponde ao salário de 1.130
1.200,00	14	77	64 a 77	
1.310,00	11	88	78 a 88	
1.420,00	9	97	89 a 97	
1.510,00	5	102	98 a 102	

Após localizar a posição na freqüência acumulada, basta identificar o salário correspondente que, no caso, é 1.130.

Note que, se a posição fosse 63,5, por exemplo, ela ficaria entre 1.130 e 1.200. Neste caso, teríamos que calcular a média dos dois, que daria: (1.130 + 1.200)/2 = 1.165.

CÁLCULO DO 1º QUARTIL

O cálculo do 1º Quartil é igual ao da Mediana, apenas mudando a posição:

$$\text{Posição 1Q} = \frac{\text{Freqüência Total} + 1}{4}$$

Na Tabela 1:

$$\text{Posição 1Q} = \frac{102 + 1}{4} = 25{,}75$$

Na Tabela 1, do 17º ao 28º valor, o salário é 1.000. Portanto, a posição 25,75 corresponde ao salário 1.000, ou seja, o 1º Quartil. Se o 26º salário correspondesse a 1.070, por exemplo, significaria que o valor do 1º Quartil estaria entre o 25º valor (1.000) e o 26º valor (1.070), mais próximo do segundo do que do primeiro.

Neste caso teríamos que achar o 1º Quartil por interpolação:

1Q = [(Valor superior – valor inferior) × fração da posição] + valor inferior
1Q = [(1.070 – 1.000) × 0,75) + 1.000] = (70 × 0,75) + 1.000 = 1.052,50

O 3º Quartil calcula-se da mesma forma, porém mudando a posição:

$$\text{Posição 3Q} = \frac{\text{Freqüência Total} + 1}{4} \times 3$$

Na Tabela 1:

$$\text{Posição 3Q} = \frac{102 + 1}{4} \times 3 = 77{,}25$$

Na tabela 1, o 77º valor é 1.200 e o 78º é 1.310. Logo, o 3º Quartil está entre 1.200 e 1.310 e, assim, será determinado por interpolação:

3Q = [(Valor superior − valor inferior) × fração da prosição] + valor inferior
3Q = [(1.310 − 1.200) × 0,25) + 1.200] = (110 × 0,25) + 1.200 = 1.227,50

Após calcular os quartis, deve-se fazer uma checagem geral para se certificar de que não se cometeu erros grosseiros. Essa verificação consiste em confirmar que o 1º Quartil nunca será inferior ao menor valor; que a Média e a Mediana, ou 2º Quartil, nunca serão inferiores ao 1º Quartil; que o 3º Quartil nunca será menor que a Média e a Mediana; que o maior valor nunca será inferior ao 3º Quartil. Caso se esteja trabalhando com planilha de cálculo, cria-se uma coluna extra temporária para essa checagem.

Quando se tem menos de três valores para uma situação (salários de um cargo, por exemplo), costuma-se desconsiderá-los nos cálculos. Porém, se quisermos calcular os quartis, devemos proceder como explicado a seguir.

Supondo que tenhamos apenas dois valores com freqüência 1, ao calcularmos a posição do 1Q, teremos (2 + 1)/4 = 0,75, o que levaria o 1º Quartil a ser menor que o menor valor. No 3Q, teremos ((2 + 1)/4) × 3 = 2,25, portanto com o 3º Quartil maior que o maior valor. Para evitar essas incoerências, consideraremos o 1º Quartil igual ao menor valor e o 3º Quartil igual ao maior valor.

Enquanto os quartis dividem o conjunto de dados em quatro partes, os decis o dividem em dez partes e os percentis o dividem em cem partes. O processo de cálculo é idêntico ao usado nos quartis. Vejamos o cálculo do percentil 95:

Na Tabela 1:

$$\text{Posição P95} = \frac{102 + 1}{100} \times 95 = 97,85$$

P95 = [(1.510 − 1.420) × 0,85) + 1.420] = (90 × 0,85) + 1.420 = 1.496,50

Como vimos no tópico da Distribuição Normal, os quartis, decis e percentis nos fornecem parâmetros importantes para delimitarmos e analisarmos o conjunto de dados.

Os salários de mercado situados abaixo do 1º Quartil são chamados "baixos"; os situados entre o 1º e o 3º Quartis são "normais"; os situados acima do 3º Quartil são chamados "altos". Podemos ainda chamar de "Média Inferior" a zona situada entre o 1º Quartil e a Mediana; e "Média Superior" a zona situada entre a Mediana e o 3º Quartil.

Essa análise se aplica a muitos estudos e controles, como Controle de Qualidade, Avaliação de Desempenho etc.

Na Administração de Salários, podem ser usados nas faixas salariais e associados ao desempenho. Assim, o desempenho Médio Superior faria jús a um salário Médio Superior (entre a Mediana e o 3º Quartil).

Capítulo 15

Medidas de Dispersão

Dispersão em um conjunto de dados é o distanciamento desses dados entre si. Os dados têm maior ou menor afinidade entre si na medida que sua dispersão é menor ou maior. Se a dispersão é muito acentuada, pode-se afirmar que os dados são estranhos entre si e, a rigor, não formam um conjunto.

A Média, por exemplo, quando se refere a certos fatos, é muito questionada. É o caso, por exemplo, da renda *per capita*, que é a riqueza média por habitante. Aí se diz, "o meu vizinho tem dois carros, eu não tenho nenhum, e, na média, cada um de nós tem um carro". Outra farpa contra a média é aquela segundo a qual, se submetermos metade do corpo de uma pessoa a uma temperatura de 150 graus e a outra metade a 77 graus negativos, sua temperatura média será normal (36,5 graus), mas a pessoa fatalmente morrerá. Portanto, se a Média é tirada de um conjunto de dados muito distantes entre si, ela não pode ser tomada como um valor que representa esse conjunto.

Várias são as medidas que indicam a dimensão da dispersão nos conjuntos de dados, tais como Desvio Médio, Desvio Padrão, Coeficiente de Variação, Variância, Amplitude Semi-Interquartílica etc. Os mais comumente empregados para checar a média (nossa maior preocupação), são os três primeiros, e é deles que vamos nos ocupar.

Desvio Médio (DM)

Quando queremos observar a dispersão em um conjunto de dados, basta verificarmos as distâncias entre a Média e cada um dos dados. Fazendo isso já estaremos apurando os desvios entre a Média e os seus dados. Se os desvios são grandes, então a dispersão é grande.

Para termos uma idéia mais geral, então calculamos a média desses desvios e temos o Desvio Médio. Para ilustrar, vejamos os dados da Tabela 1 do capítulo anterior:

Salários	Freqüências	Desvios (Média-Salário)	Desvios × Freqüências
800,00	6	337,16	2.022,96
900,00	10	237,16	2.371,60
1.000,00	12	137,16	1.645,92
1.070,00	15	67,16	1.007,40
1.130,00	20	7,16	143,20
1.200,00	14	62,84	879,76
1.310,00	11	172,84	1.901,24
1.420,00	9	282,84	2.545,56
1.510,00	5	372,84	1.864,20
Totais	102		14.381,84

$$\text{Desvio Médio (DM)} = \frac{14.381,84}{102} = 141,00$$

Desvio Padrão (DP)

O Desvio Médio, embora seja uma medida válida, contém uma "heresia" matemática, isto é, o tratamento dado ao sinal na subtração de cada valor em relação a Média. Quando o valor real é maior que a Média, deveríamos usar o sinal negativo e, assim, ao final, a soma dos desvios vezes a freqüência seria zero.

Para solucionar esse impasse, usa-se um artifício matemático: eleva-se os desvios ao quadrado e transforma-se os sinais negativos em positivos. Como os desvios foram elevados ao quadrado, extrai-se a raiz do resultado final. Esse é o calculo do DESVIO PADRÃO, que é mais aceito que o Desvio Médio. Voltemos à Tabela 1:

Medidas de Dispersão

Salários	Freqüências	Desvios (Média-Salário)	Desvios ao Quadrado	Desvios × Freqüências
800,00	6	337,16	113.676,87	682.061,19
900,00	10	237,16	56.244,87	562.448,66
1.000,00	12	137,16	18.812,87	225.754,39
1.070,00	15	67,16	4.510,47	67.656,98
1.130,00	20	7,16	51,27	1.025,31
1.200,00	14	62,84	3.948,87	55.284,32
1.310,00	11	172,84	29.873,67	328.610,32
1.420,00	9	282,84	79.998,47	719.986,19
1.510,00	5	372,84	139.009,67	695.048,33
Totais	102			3.337.875,50

Desvio Padrão = Raiz de [soma dos (desvios ao quadrado × freqüência)/soma das freqüências]
Desvio Padrão = Raiz de (3.337.875,50 / 102) = 180,90

Relação Empírica entre Desvio Médio e Desvio Padrão

Segundo a bibliografia estatística, numa distribuição razoavelmente normal, o Desvio Médio representa cerca de 4/5 do Desvio Padrão. De fato, no caso estudado, temos uma relação de 3,9/5 entre o DM e o DP.

Coeficiente de Variação (CV)

O Desvio Médio e o Desvio Padrão nos dão uma medida numérica que expressa o grau de dispersão existente no conjunto de dados. Assim, têm eles a finalidade de nos dizer se a dispersão é grande ou não.

Entretanto, sendo o Desvio Médio e o Desvio Padrão valores absolutos, como vamos interpretá-los? Os desvios que acabamos de calcular são grandes ou são pequenos? Que conclusões tiramos? Podemos ou não confiar na Média que obtivemos antes?

Só existe uma maneira de tirarmos uma conclusão definitiva, isto é, relacionando o DM e o DP com a Média, calculando o percentual deles em relação à Média. Esse é o cálculo e o conceito do Coeficiente de Variação.

Nos exemplos vistos, temos:

$$\text{CV do DM} = \frac{141}{1.137,16} \times 100 = 12,4\%$$

$$\text{CV do DP} = \frac{180,90}{1.137,16} \times 100 = 15,9\%$$

Agora já podemos ter uma idéia da significância da dispersão, pois ela está traduzida em um percentual sobre a Média.

A ciência estatística aceita a média como confiável quando o CV está abaixo de 20% no caso do Desvio Médio e 25% no caso do Desvio Padrão. Portanto, a nossa média de 1.137,16 pode ser usada sem receio, pois a dispersão nela contida mostrou-se plenamente aceitável.

Em Administração de Salários, a questão da dispersão é muito séria, pois a Média é a principal medida utilizada e, se não checarmos a sua confiabilidade, podemos estar cometendo grandes erros. Uma dispersão muito acentuada numa pesquisa salarial pode significar, entre outras coisas, que o cargo em questão não tem boa comparação entre as organizações participantes.

O Desvio Padrão é usado também como medida para delimitar áreas de um conjunto de dados. Numa distribuição normal, a faixa compreendida entre a Média menos 1 DP e a Média mais 1 DP abrange 68,27% dos dados e é considerada a "zona da normalidade"; a faixa qua vai de menos 2 DP a mais 2 DP em torno da Média abrange 95,45% dos dados; três desvios para menos e para mais abrangem 99,73% dos dados.

Tratando a Dispersão na Tabulação de Salários

Quando o Coeficiente de Variação fica acima de 25% da Média, o conjunto contém dados que destoam entre si de uma maneira mais acentuada do que é aceitável. Sendo um estudo estatístico puro, pode-se parar aí e concluir que os dados não formam um conjunto e, portanto, não permitem obter uma Média confiável.

Em se tratando de salários, porém, temos a missão de aproveitar os dados e obter uma Média, desde que haja um mínimo de condições de confiabilidade. Nesse intento, no caso da Pesquisa Salarial, devemos identificar os valores que destoam do conjunto para analisá-los e, se for o caso, eliminá-los dos cálculos.

Medidas de Dispersão

Podemos fazer essa tarefa visualmente, escorados na nossa experiência ou tecnicamente, identificando os valores através de cálculos. Para essa opção técnica existem vários processos, dos quais dois são mais largamente aplicados, a saber:
  a. Estabelecer uma faixa em torno da primeira média (através de um percentual ou do Desvio Padrão).
  b. Fixar uma faixa em torno do Valor Central.

Examinemos a seguinte tabela:

Salários	4.900	7.200	8.997	9.647	10.055	10.556	12.347	13.832
Freqüências	2	1	1	1	1	1	1	1

Temos:

  MAP = 9.159,33   **DP** = 2.889,35   **CV** = 31,55%
  Valor Central = (9.647 + 10.055)/2 = 9.851

Examinemos agora os critérios mais usuais para identificação dos valores destoantes para análise e eliminação, se necessário:

Critério 1: Raiz quadrada de 2 ou 1,4142 em torno da MAP (assim, o percentual entre o maior e o menor salários fica limitado a 100% (mais e menos 41,42%)

  Máximo da faixa de aceitação = 9.159,33 × 1,4142 = 12.953,13

  Mínimo da faixa de aceitação = 9.159,33/1,4142 = 6.476,69

Dados a serem cortados: os que ficarem abaixo de 6.476,69 ou acima de 12.953,13. São eles: 4.900 e 13.832.

Recalculada a MAP sem esses valores, temos:

  MAP = 9.800,33   **DP** = 1.557,35   **CV** = 15,89%

Critério 2: Faixa de 1 DP em torno da MAP

  Máximo da faixa de aceitação = 9.159,33 + 2.889,35 = 12.048,68

  Mínimo da faixa de aceitação = 9.159,33 − 2.889,35 = 6.269,98

Dados a serem cortados: os que ficarem abaixo de 6.269,98 ou acima de 12.048,68. São eles: 4.900, 12.347 e 13.832.

Recálculo após os cortes:

  MAP = 9.291   **DP** = 1.163,56   **CV** = 12,52%

Critério 3: Faixa de raiz de 2 em torno do **valor central** sem considerar as freqüências

Máximo da faixa de aceitação = 9.851 × 1,4142 = 13.931

Mínimo da faixa de aceitação = 9.851 / 1,4142 = 6.966

Dados a serem cortados: os que ficarem abaixo de 6.966 ou acima de 13.931. Dado cortado: 4.900.

Recálculo:

MAP = 10.376,29   **DP** = 2.017,29   **CV** = 19,44%

Se tomarmos como critério de escolha o valor do CV, a escolha indicaria o número 2 como o mais apropriado. Entretanto, como nos interessa preservar o máximo de dados e, ao mesmo tempo, manter o CV abaixo de 25%, a escolha volta-se para o número 3. Vejamos ainda algumas considerações:

a. Qualquer critério de corte em torno da primeira Média tem o problema de se basear numa Média já questionada (a primeira MAP tinha CV = 31,55% e, portanto, não confiável);

b. O Desvio Padrão usado na definição da faixa de aceitação nasce, necessariamente, da primeira Média, o que o expõe ao questionamento. Além disso, verificações práticas têm mostrado que esse critério muitas vezes corta o que não devia cortar e deixa de cortar o que devia.

c. O critério que faz o Coeficente de Variação baixar para menos de 25% cortando o mínimo de dados é o melhor. É o caso do terceiro. Além disso, o dado cortado (4.900, no exemplo) é o que efetivamente se apresenta mais distante do conjunto.

Capítulo 16

Logaritmos

Logaritmo de um número é o expoente de uma base constante cujo resultante da exponenciação é o número dado. No exemplo "10 elevado a 2 é igual a 100", 10 é a base, 2 é o expoente e 100 é o valor dado, resultante de se elevar 10 ao expoente 2. Neste caso, dizemos que 2 é o logaritmo de 100 na base 10.

Os logaritmos mais comuns são o *Decimal*, cuja base é 10, e o logaritmo *Natural*, cuja base é "e", um número teórico cujo valor é aproximadamente 2,7182818. Desses dois, o mais usado é o Decimal, e é dele que vamos tratar a seguir. Convém esclarecer que, nas aplicações práticas do logaritmo, tanto um como outro apresentam o mesmo resultado.

O antilogaritmo é o número que deu origem ao logaritmo.

Em **a** = 10 elevado a **n**, "**a**" é o antilogaritmo (dizemos "antilog") de "**n**" (log) na base 10. Essa informação é importante porque sempre que empregamos o logaritmo para resolver uma operação, temos que, ao final, reverter o log ao seu número de origem, isto é, determinar o seu antilog.

Um valor que torna claro o funcionamento do logaritmo é o número 100, pois quando dizemos que 100 é 10 elevado a **n**, automaticamente sabemos que **n** é igual a 2, pois 10 elevado a 2 é igual a 100 (10 × 10).

Constatado que o log de 100 é 2, fica fácil ver que o log de 10 é 1, de 1000 é 3, de 10.000 é 4 e assim por diante. Observa-se que o log nestes números é igual ao número de casas menos 1.

Como vimos, para múltiplos de 10 é fácil determinar o log. A questão está em calcular o log para os demais valores. Para isso, precisamos saber que o valor antes da vírgula chama-se *Característica* e o que vem depois da vírgula chama-se *Mantissa*. A *Característica* é sempre igual ao número de casas do valor dado, menos 1. Assim, se 100 tem 3 casas, a característica do seu log e $3 - 1 = 2$.

Para valores diferentes de múltiplos de 10, como 13.455, por exemplo, cujo log é 4,1289, calculamos automaticamente a Característica, sem auxílio de tabela ou calculadora. Já para a Mantissa, o cálculo é complexo e aí devemos recorrer às famosas *Tábuas de Logaritmos* ou usar calculadoras que tenham essa função, assim como as funções de cálculo dos microcomputadores.

Para que serve o Logaritmo?

O fato de ser contante a base no logaritmo nos permite o seu uso em cálculos que empreguem expoentes e raízes de valor fracionado, pois transforma uma operação de potenciação em multiplição e uma de radiciação em divisão.

Se temos, por exemplo, que X = 4 elevado a 2,25, fica difícil resolver a menos que usemos uma calculadora ou micro que tenha a função de exponenciação com qualquer valor. Se fosse X = 4 elevado a 2, seria fácil concluir que X = 16, pois 4 elevado a 2 é igual a 4×4 que é 16. Para elevar 4 a 2,25 podemos lançar mão do logaritmo e resolver assim:

Log X = 2,25 × Log 4

Log X = 2,25 × 0,60206 = 1,354635

X = antilog de 1,354635 = 22,627

Se temos que X = raiz 2,25 de 4, também nos socorremos do logaritmo para resolver:

$$\text{Log X} = \frac{\text{Log 4}}{2,25} \qquad \text{Log X} = \frac{0,60206}{2,25} \qquad \text{Log X} = 0,2675822$$

X = antilog de 0,2675822 = 1,8517

Propriedades do Logaritmo

Das propriedades do logaritmo decimal, as duas que mais usamos são as que acabamos de ver e que podem ser apresentadas assim:

$$\log \text{ de } Y^x = x \cdot \log \text{ de } Y$$

$$\log \text{ de } \sqrt[x]{Y} = \frac{\log \text{ de } Y}{x}$$

Se se dispõe de calculadora que faça qualquer operação de exponenciação, então não se depende do logarítmo para resolver as operações acima, nem mesmo para a operação de extrair a raiz, pois esta pode ser convertida em potenciação:

$$\sqrt[x]{Y} = Y^{1/x}$$

Além desses empregos, usamos o logaritmo também no cálculo da Regressão Exponencial, pois nesse cálculo os valores de Y (salários, por exemplo) devem ser convertidos em log e os resultados reconvertidos em seus antilogs. Esse assunto será visto mais adiante.

Portanto, mesmo que nos livremos do logaritmo nas operações de potenciação e radiciação, em algum momento vamos depender dele.

Muitas calculadoras possuem o cálculo do logaritmo, bastando dar entrada do número e acionar a tecla "log". Essas máquinas costumam ter também a operação invertida na qual entramos com o log e obtemos o antilog. Se não tem essa operação e tem operação de potenciação, basta elevarmos 10 ao log e temos seu antilog.

Se não dispomos de calculadora, a solução é usarmos a "tábua de logaritmos". O uso das "tábuas de logaritmos" requerem algumas instruções, das quais vamos nos abster em razão dos recursos hoje disponíveis, os quais relegaram o uso das "tábuas" a coisa de passado distante.

Capítulo 17

Progressões

As progressões são sucessões de valores resultantes da aplicação de um acréscimo constante ou crescente. Se ao número 10, por exemplo, acrescentarmos, sucessivamente, o valor 2, teremos uma progressão: 10, 12, 14, 16, 18, 20 etc.

Os valores da progressão são chamados **Termos** e são simbolizados pela letra "a" mais o número do termo: **a1, a2, a3** etc. Se o número de termos é desconhecido, chamamos o último de "**an**".

O valor do acréscimo é chamado Razão e é simbolizado pela letra "**q**". O acréscimo pode se dar por adição de um valor absoluto constante, como vimos no exemplo dado, ou pela multiplicação por um número constante.

No primeiro caso, temos uma **Progressão Aritmética** (PA) e, no segundo, uma **Progressão Geométrica** (PG).

Se multiplicarmos 10 por 1,1, o seu resultante por 1,1 e, assim, sucessivamente, teremos 11; 12,10; 13,31; 14,64 etc.

Na Progressão Aritmética, a razão **q** é sempre igual e os percentuais entre os valores são decrescentes. Na Progressão Geométrica, os acréscimos são crescentes e o percentual de um valor para outro se mantém sempre igual (razão **q**).

Sempre que grupos ou coisas crescem se multiplicando, como a população da Terra, por exemplo, diz-se que cresce **geometricamente**.

Para ilustrar, lembremos uma teoria do economista inglês Thomas Malthus. Em 1800, ele expressava sua grande preocupação baseada na sua teoria de que as populações crescem em Progressão Geométrica e a produção de alimentos cresce em Progressão Aritmética, permitindo prever um futuro negro para o planeta.

Felizmente, a evolução tecnológica tem permitido alguns "saltos geométricos" na produção de alimentos.

Note que, no primeiro exemplo, o percentual do 10 para 12 é 20%, do 12 para o 14 é 16,67%, do 14 para o 16 é 14,29%, e assim por diante, sempre diminuindo.

Já no segundo exemplo, o acréscimo absoluto do 10 para o 11 é de 1, do 11 para o 12,10 é 1,10, do 12,10 para o 13,31 é 1,21, e assim por diante, sempre crescendo. O percentual, nesse caso, é sempre de 10%.

Em cálculos de salários, geralmente utilizamos a Progressão Geométrica. Sempre nos referimos aos aumentos em percentuais e não em valor monetário, por exemplo.

Nas projeções de valores futuros, se quisermos, por exemplo, saber quanto um salário de 100 valerá daqui a 5 meses, sendo aumentado sempre em 20%, fazemos:

No mês presente:	=	100,00
No primeiro mês:	100,00 × 1,20 =	120,00
No segundo mês:	120,00 × 1,20 =	144,00
No terceiro mês:	144,00 × 1,20 =	172,80
No quarto mês:	172,80 × 1,20 =	207,36
No quinto mês:	207,36 × 1,20 =	248,83

Assim, temos uma PG em que **a1** = 100, **a6** = 248,83 e **q** = 1,20.

Geralmente, nos cálculos de progressão, temos os valores extremos (**a1** e **an**) e o número de termos (**n**) e temos que calcular a razão **q** (constante da adição ou multiplicação).

Nesses casos, devemos usar as fórmulas seguintes:

Progressões

$$\text{PA: } q = \frac{an - a1}{n - 1} = \frac{20 - 10}{6 - 1} = \frac{10}{5} = 2$$

PG: q = raiz $n-1$ de $an/a1$ = raiz $6-1$ de $\dfrac{248{,}83}{100}$ = raiz 5 de 2,4883 = 1,20

Note que a razão **q** da PG também pode ser obtido assim:

PG: **q** = an/a1 elevado a 1/n-1

$q = \dfrac{248{,}83}{100}$ elevado a 1/(6-1)

$q = 2{,}4883 \wedge 1/5 = 2{,}4883 \wedge 0{,}2 = 1{,}20$

Ou ainda assim:

$$\text{PG: Log } q = \frac{\log (an/a1)}{n - 1}$$

$$\text{Log } q = \frac{\log (248{,}83/100)}{6 - 1} = \frac{\log 2{,}4883}{5} = \frac{0{,}3959}{5} = 0{,}07918$$

Log **q** = 0,07918   Antilog **q** = Antilog de 0,07918 = 1,20

Em outras ocasiões, conhecemos a razão **q** e precisamos determinar algum outro dos elementos da progressão. Para obtermos o **n**, o **a1** ou o **an**, temos as fórmulas seguintes:

$$\text{PA: } n = \frac{an - a1}{q} + 1 = \frac{20 - 10}{2} + 1 = \frac{10}{2} + 1 = 6$$

$a1 = an - [q(n-1)] = 20 - [2(6-1)] = 20 - 10 = 10$

$an = a1 + [q(n-1)] = 10 + [2(6-1)] = 10 + 10 = 20$

$$\text{PG: } n = \frac{\log (an/a1)}{\log q} + 1 = \frac{\log (248{,}83/100)}{\log 1{,}2} + 1 = \frac{0{,}3959}{0{,}07918} + 1 = 6$$

$$a1 = \frac{an}{q \wedge (n-1)} = \frac{248{,}83}{1{,}2 \wedge (6-1)} = \frac{248{,}83}{2{,}4883} = 100$$

$an = a1 \times [q \wedge (n-1)] = 100 \times [1{,}2 \wedge (6-1)] = 100 \times 2{,}4883$
$= 248{,}83$

Diferencial Limiar de Percepção (DLP)

Já que estamos falando de progressão e progressão trabalha basicamente com diferenciais, aproveitemos para abordar um índice que vamos nos referir e utilizar algumas vezes: o Diferencial Limiar de Percepção (DLP).

Na parte da Psicologia que trata dos estímulos e das percepções e, mais particularmente, da psicofísica, encontramos as referências aos estudos relativos a nossa capacidade de perceber diferenças nos objetos e condições. Nesses estudos se verificou que as diferenças mínimas que percebemos dependem das grandezas e intensidades dos objetos e condições. Assim, a diferença mínima perceptível entre objetos de cerca de 10 cm é uma e entre objetos de cerca de 1 m é outra. Contudo, para cada tipo de objeto é possível estabelecer um percentual de percepção. A formulação matemática para esses atos recebeu o nome de LEI DE WEBER, pois foi o fisiologista Weber quem primeiro expressou formalmente tais relações.

Em relação a ruídos, por exemplo, verificou-se que as pessoas notam diferenças a partir de 9% de acréscimo ou redução de decibéis. Abaixo dessa marca, a maioria das pessoas diria que não percebem diferença de intensidade. Em matéria de grandezas numéricas, o percentual que vem sendo aceito e utilizado pelos estudiosos é de 15%. Assim, numa pesquisa salarial, por exemplo, dois cargos cujas pontuações têm diferença inferior a 15% nos parecem "basicamente" iguais.

Esse princípio vem sendo utilizado em diferentes trabalhos nos quais se estabelecem diferenciais, tais como nos manuais de avaliação de cargos, escalas de pontos e outros.

Aplicações das Progressões

Em Administração de Salários, utilizamos correntemente as progressões, especialmente nos seguintes trabalhos, entre outros:

- Cálculo das estruturas salariais.
- Pontuação dos manuais de avaliação de cargos.
- Determinação dos intervalos de pontos para classificação de cargos.
- Aplicação de índices de atualização de salários.
- Construção das escalas de classificação de desempenho.

Capítulo 18

Correlação

Em muitas ocasiões tem-se a necessidade de avaliar a existência de relação entre duas variáveis, duas ou mais ocorrências quaisquer. Por exemplo, será que existe alguma relação entre idade e pressão arterial?

Se a necessidade de se fazer essa avaliação requer um certo rigor, pode-se lançar mão de recursos estatístico-matemáticos desenvolvidos para esse fim. Esses recursos consistem em cálculos chamados de *Correlação*.

Os cálculos de Correlação são de grande utilidade nos mais diversos campos e, entre eles, na Administração de Salários. Dentre esses cálculos, o que se utiliza com mais freqüência é o da Correlação Linear.

A Correlação Linear é um cálculo que permite determinar em que grau há relação entre duas variáveis como, por exemplo, as verbas gastas com propaganda em sucessivos períodos e os incrementos em vendas verificados nesses mesmos períodos.

O cálculo da Correlação Linear consiste numa série de operações nas quais entram os valores das variáveis envolvidas. O resultante do cálculo, que indica o grau de Correlação entre as variáveis estudadas, é chamado de Coeficiente de Correlação Linear, simbolizado pela letra "R".

A Correlação entre duas variáveis pode ser Positiva (quando ambas crescem ou diminuem simultaneamente) ou Negativa (quando uma cresce enquanto a outra diminui).

Graficamente, podemos ilustrar assim os graus de Correlação:

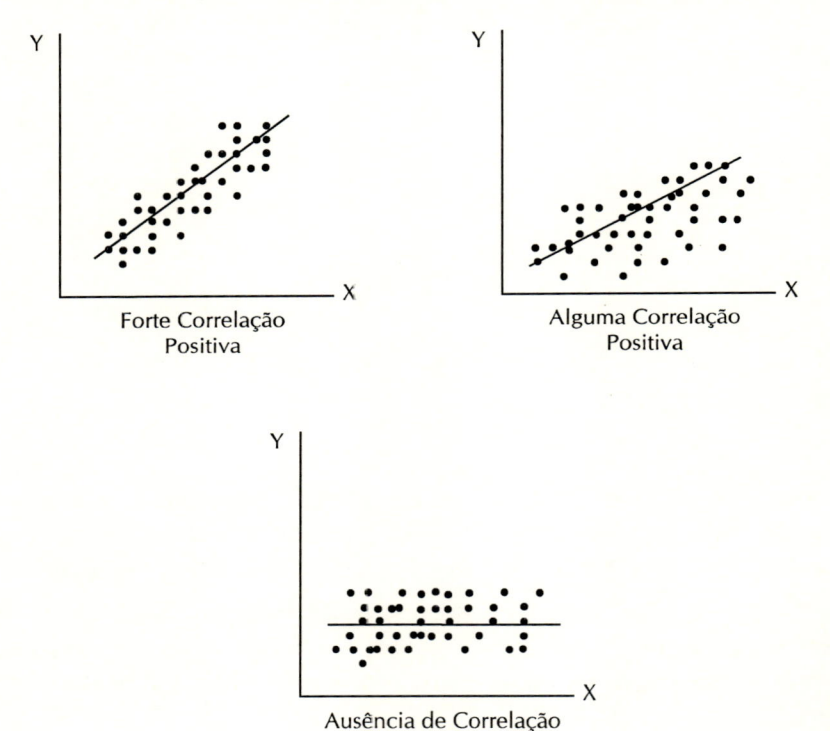

Forte Correlação Positiva

Alguma Correlação Positiva

Ausência de Correlação

O Coeficiente de Correlação varia de 0 (ausência de Correlação) a +1 (máxima Correlação Positiva) e de 0 a –1 (máxima Correlação Negativa). Qualquer valor maior que +1 ou menor que –1 deve ser refutado, pois sem dúvida resulta de erro de cálculo.

Os diferentes graus de Correlação podem ser assim interpretados:

–1	–0,8	–0,5	–0,2	0	+0,2	+0,5	+0,8	+1
FORTE	RAZOÁVEL	FRACA	AUSÊNCIA		FRACA	RAZOÁVEL	FORTE	
CORRELAÇÃO NEGATIVA					CORRELAÇÃO POSITIVA			

Em Administração de Salários buscamos sempre o máximo de afinidade entre o valor interno dos cargos (pontos ou classes) e os salários pagos pelo mercado, sendo o Coeficiente de Correlação o meio mais utilizado para verificar o grau dessa afinidade. Assim, quando pontuamos o manual de avaliação de cargos, empregamos largamente esse cálculo no ajuste dos pontos.

Além disso, quando calculamos a curva salarial, o indicador mais seguro de confiabilidade dessa curva é o Coeficiente de Correlação.

Algumas calculadoras fazem diretamente o cálculo do Coeficiente de Correlação, bastando entrar com os valores das duas variáveis (X e Y). O cálculo manual é um pouco demorado, porém não muito complexo. Consiste em montarmos uma tabela de dados e calcularmos algumas equações.

Tomemos como exemplo:

Cargos	a	b	c	d	e
Pontos	105	156	234	349	520
Salários	3.200	4.000	4.800	6.700	8.200

Cargos	(X) Pontos	(Y) Salários	X.Y	X^2	Y^2
a	105	3.200	336.000	11.025	10.240.000
b	156	4.000	624.200	24.336	16.000.000
c	234	4.800	1.123.200	54.756	23.040.000
d	349	6.700	2.338.300	121.801	44.890.000
e	520	8.200	4.264.000	270.400	67.240.000
Totais	1.364	26.900	8.685.500	482.318	161.410.000

Média dos Pontos $= \overline{X} = \dfrac{1.364}{5} = 272,80$

Média dos Salários $= \overline{Y} = \dfrac{26.900}{5} = 5.380$

U : $\Sigma(X \cdot Y) - (n \cdot \overline{X} \cdot \overline{Y}) = 8.685.500 - (5 \times 272,80 \times 5.380) = 1.347.180$

W : $\Sigma X^2 - (n \cdot \overline{X}^2) = 482.318 - (5 \times 272,80^2) = 110.218,80$

Z : $\Sigma Y^2 - (n \cdot \overline{Y}^2) = 161.410.000 - (5 \times 5380^2) = 16.688.000$

$$R = \frac{U}{\sqrt{W \cdot Z}} = \frac{1.347.180}{\sqrt{110.218,80 \times 16.688.000}} = 0,993$$

Como obtivemos R = 0.993, bem próximo do máximo que é 1, podemos afirmar que há uma correlação quase perfeita entre pontos e salários no exemplo visto.

Quem dispõe de microcomputador e sabe trabalhar com Planilha Eletrônica (Lotus, Excel), montará uma planilha para esses cálculos com muita facilidade.

Capítulo 19

Regressão

Se uma organização dispõe dos dados relativos à evolução das vendas de um determinado período, ela pode, através da Estatística, fazer uma projeção das vendas para os períodos subseqüentes. Isto é, com base em uma série de dados, ela projeta outra série de dados. Isto é possível porque se dipõe de dados de duas variáveis inter-relacionadas: as vendas e o tempo.

Portanto, quando temos duas variáveis correlacionadas, como pontos e salários, por exemplo, podemos, a partir de uma delas, projetar os valores da outra, utilizando mais um recurso da Estatística: o cálculo da Regressão.

Na Administração de Salários nos defrontamos muitas vezes com o seguinte problema: temos uma série de cargos e salários, cada um com seu número de pontos e cada um correspondendo a um salário médio de mercado.

Como fazer para converter os pontos em salários pela lógica do mercado?

Se colocarmos os pontos e os salários num gráfico, obteremos uma "nuvem" de pontinhos ou um Diagrama de Dispersão, assim:

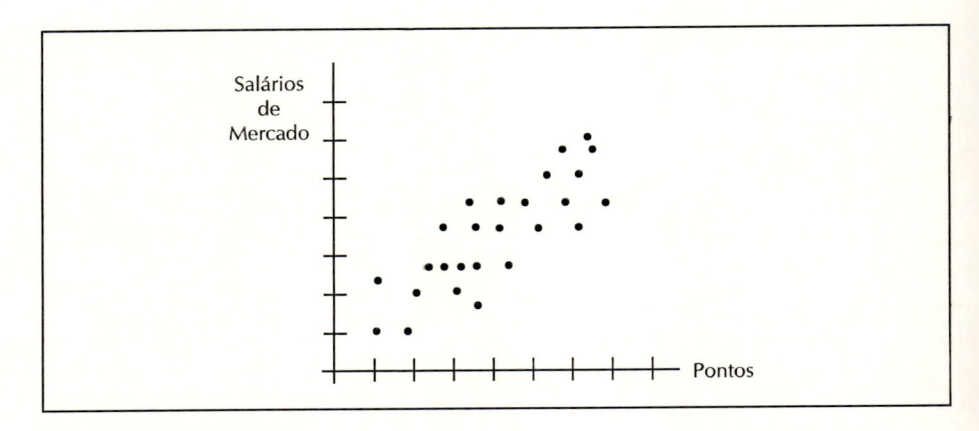

[Gráfico: Salários de Mercado × Pontos — dispersão de pontos]

Olhando o gráfico, observa-se uma certa tendência nos pontinhos e isso permite traçarmos uma linha que passe pelos pontinhos e que os represente como a linha lógica do mercado:

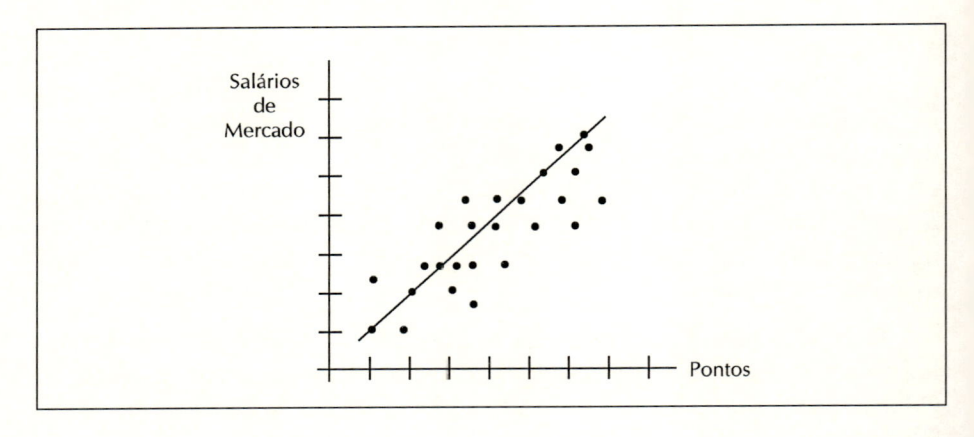

[Gráfico: Salários de Mercado × Pontos — dispersão de pontos com linha de tendência]

Temos aí uma parte da resposta à pergunta, mas fica o restante da questão: como determinar essa linha de tendência lógica? A resposta é: através dos cálculos de Regressão.

No caso das vendas, projeta-se dados para o futuro, mas no caso dos salários projeta-se seus valores para qualquer número de pontos que se quer, ou seja, projeta-se os valores lógicos fornecidos pela série de dados.

Em se tratando de salários, obtém-se os valores que descrevem a tendência média do mercado para os números de pontos que se quiser.

Isto nos permite converter pontos em salários e, portanto, solucionar as dificuldades colocadas no início desse capítulo.

Essa linha de tendência pode ter a conformação de uma linha reta ou de uma curva. É por isso que dizemos que vamos calcular a *Curva Salarial*, e o dizemos mesmo que essa "curva" seja uma *Reta*.

Devemos notar, desde já, que sempre que trabalhamos com salários e usamos pontos na escala horizontal (escala do "X"), a linha de tendência resulta numa *Reta*. Isto se explica pelo fato de que tanto salários como pontos crescem em PG e, quando duas variáveis crescem da mesma forma, os pontinhos que as ligam descrevem uma reta (veja o gráfico da Correlação no capítulo anterior).

Quando usamos classes em vez de pontos (é o mais comum), a linha de tendência descreve uma *Curva*. A explicação é que, como as classes (1,2,3,...) crescem em PA e os salários crescem em PG, é de se esperar que os pontinhos tomem direção diferente da reta, o que só pode ser uma curva.

Note que, no caso de pontos e salários, a cada avanço nos pontos corresponde em avanço proporcional nos salários, ao passo que, no caso das classes, aos avanços sempre iguais das classes correspondem avanços cada vez maiores nos salários, o que leva a uma curva.

A linha de tendência é definida por uma série de valores (salários no presente caso), que podem ser obtidos graficamente ou através dos cálculos de Regressão. Esses cálculos também são chamados de *Ajustamentos*. Os Ajustamentos mais usados são três, a saber: a **Reta**, a **Exponencial** e a **Parábola**.

Determinação dos Valores da Tendência por Meio Gráfico

Para se obter os valores da linha de tendência graficamente, isto é, sem fazer os cálculos matemáticos, basta seguir estes passos :

a. Construir o gráfico com a "nuvem" de pontinhos.

b. Traçar uma linha que passe entre os pontinhos, de tal maneira que se tenha, tanto abaixo como acima da linha, uma quantidade aproximadamente igual de pontinhos, e que a linha siga a direção lógica da maioria dos pontinhos

c. Localizar, na escala horizotal, a pontuação ou a classe desejada (ponto de partida).

d. Partir desse ponto da escala horizontal, subir até encontrar a linha traçada, virar e se deslocar à esquerda até encontrar a escala vertical dos salários.
e. Verificar o salário que corresponda ao ponto onde chegou na escala vertical.

Para cada número de pontos ou para cada classe do eixo horizontal, pode-se determinar o valor da curva, seguindo esse procedimento.

O uso do meio gráfico na determinação da linha de tendência dispensa a preocupação quanto ao tipo de Ajustamento, isto é, se é uma Reta, uma Exponencial ou uma Parábola. É um meio mais simples e rápido, mas evidentemente sujeito a erros.

Como já dissemos, se temos classes em vez de pontos na escala horizontal, a linha de tendência dará uma curva. Como o procedimento que acabamos de descrever fica muito mais fácil quando se trabalha com uma Reta, podemos usar um artifício para transformar a curva em reta: no lugar dos salários, usamos os seus logaritmos. Neste caso, o valor que vamos determinar na escala vertical será um log e temos que lembrar de reconvertê-lo em salário, através do antilog.

Determinação Matemática dos valores da Tendência

Logicamente, a obtenção matemática dos valores da curva, por ser mais exata, é a mais recomendada. Contudo, essa opção não dispensa a construção do gráfico e o traçado manual da linha de tendência, pois necessitamos visualizar o comportamento da dispersão, localizar os pontinhos que se distanciam muito da tendência normal e ajustar seus elementos (salários e ponto ou classes) ou eliminá-los dos cálculos, para não distorcer os resultados.

Ao partir para a apuração matemática da curva, devemos escolher o tipo de ajustamento: Reta (para salários × pontos), Exponencial ou Parábola (salários × classes).

Se estivermos trabalhando com classes em vez de pontos, o cálculo da linha através da Exponencial é o mais indicado, pois, pelo fato de fornecer valores crescentes em PG, facilita a construção das estruturas salariais. Na Parábola, os valores não crescem exatamente em PG, mas se os seus valores estiverem muito mais próximos dos valores reais do que os obtidos na Exponencial, então deve-se usá-la. O Coeficiente de Correlação Linear, obtido junto com os cálculos da curva, nos indicará por qual devemos optar.

Os salários da tendência, ditos "ajustados", são representados pelo simbolo Y', já que é derivado dos salários reais normalmente representados por Y. Os Y' são obtidos através das seguintes fórmulas:

Reta: $Y' = a + bX$

Exponencial: $Y' = a \cdot b^X$

Parábola: $Y' = a + bX + cX^2$

Onde:

X = pontos ou classes

a, b, c = coeficientes angulares da curva

O nosso trabalho consiste em determinar o valor de a, b e c, através da montagem de tabelas e resolução de sistemas de equações. Também, neste caso, existem calculadoras que realizam esses cálculos diretamente, bastando entrar com salários e pontos ou classes. Logicamente, os computadores também realizam essa tarefa, bastando saber trabalhar com Planilha Eletrônica ou com programas prontos.

A Reta

O cálculo da Reta é o mesmo usado no cálculo do Coeficiente de Correlação:

Cargos	Pontos (X)	Salários (Y)	X . Y	X^2	Y^2
a	105	3.200	336.000	11.025	10.240.000
b	156	4.000	624.200	24.336	16.000.000
c	234	4.800	1.123.200	54.756	23.040.000
d	349	6.700	2.338.300	121.801	44.890.000
e	520	8.200	4.264.000	270.400	67.240.000
Totais	1.364	26.900	8.685.500	482.318	161.410.000

Média dos pontos = $\overline{X} = \dfrac{1.364}{5} = 272,80$

Média dos salários = $\overline{Y} = \dfrac{26.900}{5} = 5.380$

U: $\Sigma X \cdot Y - (n \cdot \overline{X} \cdot \overline{Y}) = 8.685.500 - (5 \times 272{,}80 \times 5380) = 1.347.180$

W: $\Sigma X^2 - (n \cdot \overline{X}^2) = 482.318 - (5 \times 272{,}80^2) = 110.218{,}80$

Z: $\Sigma Y^2 - (n \cdot \overline{y}^2) = 161.410.000 - (5 \times 5.380^2) = 1.6.688.000$

$$b = \frac{U}{W} = \frac{1.347.180}{110.218{,}80} = 12{,}22278$$

$$a = \frac{\Sigma XY - (\Sigma X^2 \cdot b)}{\Sigma X} = \frac{8.685.500 - (482.318 \times 12{,}22278)}{1.364} = 2.045{,}626$$

A equação da Reta fica assim: $Y' = a + bX = 2.045{,}626 + 12{,}22278X$

Uma vez calculados os valores de "a" e "b", como vimos, temos condições de converter pontos em salários, bastando substituir o valor de "X" por pontos na equação $Y' = a + bX$:

Cargos	Pontos X)	Salário Ajustado (Y')
a	105	2.045,626 + 12,22278(105) = 3.329
b	156	2.045,626 + 12,22278(156) = 3.952
c	234	2.045,626 + 12.22278(234) = 4.906
d	349	2.045,626 + 12,22278(349) = 6.311
e	520	2.045,626 + 12,22278(520) = 8.401

Note que se pode determinar o valor de Y' para qualquer valor de X:

Para X = 140, $Y' = 2.045{,}626 + 12{,}22278(140) = 3.757$

Para X = 430, $Y' = 2.045{,}626 + 12{,}22278(430) = 7.301$

A prova para saber se os cálculos do ajustamento (de qualquer tipo), consiste na igualdade da soma dos salários reais (Y) e dos salários ajustados (Y'). Se as duas somas forem iguais, o cálculo está correto. Eventuais pequenas diferenças decorrentes de arredondamento são aceitáveis.

Colocados num gráfico, os valores de Y nos dão a "nuvem" de pontinhos e os valores de Y' nos dão a linha de tendência, neste caso uma reta, conforme figura da página seguinte.

Os salários ajustados nos dão a *Tendência Média* entre pontos e salários, que pode ser a tendência do mercado ou da organização, de acordo com os salários que usarmos.

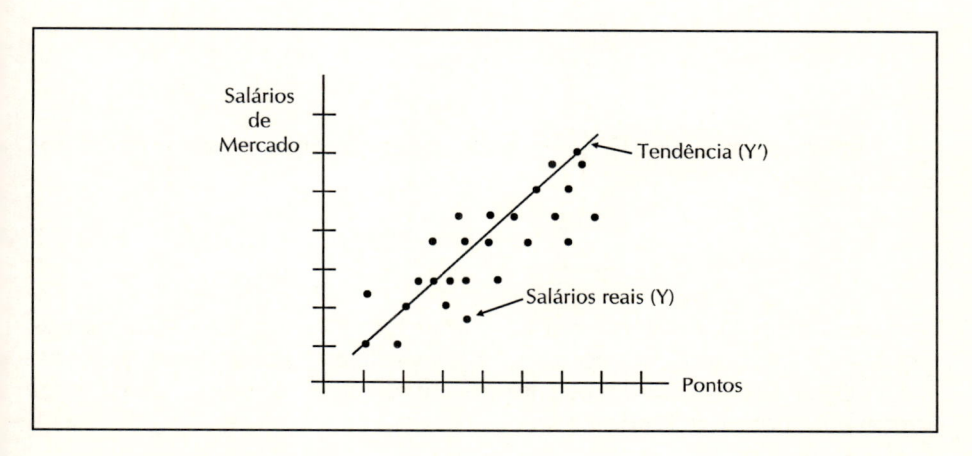

Essa tendência será a base para a construção da estrutura salarial da organização e, portanto, ela tem que ser confiável. Sabemos que sempre teremos uma diferença entre os salários reais e os salários ajustados, pois estes últimos são valores teóricos que representam a posição central entre os valores reais. Portanto, essa diferença, que chamamos *Desvio*, é inevitável. Porém, quanto menores os desvios, mais afinidade há entre os valores reais e os valores ajustados e, para que a tendência seja confiável, é necessário que os desvios não sejam muito acentuados. Um dos cálculos que avaliam a significância dos desvios é o *Erro Padrão de Estimativa* (EPE), semelhante ao *Desvio Padrão*.

$$EPE = \frac{\text{Raiz de Soma dos Desvios elevados ao quadrado}}{\text{Número de Valores}}$$

Para calcularmos o Erro Padrão de Estimativa, devemos montar a tabela seguinte:

Pontos	Salários Reais (Y)	Salários Ajustados (Y')	Desvios (Y – Y')	(Y – Y')²
105	3.200	3.329	129	16.641
156	4.000	3.952	48	2.304
234	4.800	4.906	106	11.236
349	6.700	6.311	389	151.321
520	8.200	8.401	201	40.401
n = 5	Média = 5.380			221.903

$$EPE = \text{Raiz de } \frac{221.903}{5} = \text{Raiz de } 44.380,6 = 210,67$$

Para sabermos se o EPE é grande, relacionamo-no com a média dos salários reais:

$$\frac{210,67}{5.380} \times 100 = 3,92\%$$

Se o cálculo da tendência apresenta um EPE de até cerca de 8%, pode-se estar tranqüilo que ela é confiável. No exemplo visto, poderíamos utilizar a tendência na estrutura salarial com toda certeza de que ela representa com fidelidade os valores reais.

Se o EPE se apresenta acima de 8%, isso ocorre porque alguns dados estão fora da tendência, como "ovelhas desgarradas", e não devemos utilizar a curva antes de identificarmos e corrigirmos aqueles dados que fogem à Tendência Lógica. Isto vamos ver um pouco mais adiante.

Outro indicador da confiabilidade da tendência é o Coeficiente de Correlação, visto no capítulo anterior e cujo cálculo é obtido diretamente no cálculo da curva ou usando os dados da mesma tabela:

$$R = \frac{U}{\text{Raiz de } (W \cdot Z)}$$

$$R = \frac{1.347.180}{\text{Raiz de } (110.218,80 \times 16.668.000)}$$

$$R = \frac{1.347.180}{1.356.219,5} = 0,993$$

Se o Coeficiente de Correlação é de 0,95 para cima, pode-se confiar totalmente na tendência. Abaixo de 0,97, convém identificar os dados que estão provocando essa "baixa" correlação, ou seja, os pontinhos distanciados da tendência a que nos referimos antes.

No caso da Reta, o EPE e o R caminham juntos, só que enquanto o primeiro cresce, o segundo diminui.

Vejamos os resultados de um experimento feito com os dados do exemplo usado neste capítulo, em que os valores reais foram alterados de forma a provocarem crescentes níveis de desvios em relação aos valores ajustados:

Regressão

Cargos	Pontos	Salários.1	Salários.2	Salários.3	Salários.4	Salários.5	Salários.6
a	105	3.200	3.131	3.098	3.065	3.000	2.835
b	156	4.000	4.024	4.036	4.048	4.072	4.132
c	234	4.800	4.745	4.718	4.691	4.637	4.502
d	349	6.700	6.906	7.005	7.105	7.303	7.799
e	520	8.200	8.095	8.044	7.993	7.891	7.635
	EPE	3,92%	6,00%	7,00%	8,00%	10,00%	15,00%
	R	0,993	0,985	0,979	0,973	0,959	0,914

O EPE pode ser calculado também pela seguinte fórmula, que necessita já termos o R:

$$EPE = \text{Raiz de } (Z/n) \times (1 - R^2)$$
$$= \text{Raiz de } (16.688.000/5) \times (1 - 0{,}9933348^2) = 210{,}58$$

A pequena diferença verificada (210,67 e 210,58), explica-se pelos arredondamentos. Este resultado mostra que o EPE acompanha rigorosamente o Coeficiente de Correlação no caso da Reta.

Como, na Reta, o EPE acompanha o R, não há necessidade de calcularmos os dois e, sendo o R calculado automaticamente com os dados da tabela da curva, podemos ficar com este. Entretanto, se precisarmos comparar os resultados da Reta, da Exponencial e da Parábola, será necessário contarmos com o EPE, pelos motivos que veremos mais adiante.

Análise dos Dados Destoantes

Se o R ficar abaixo de 0,97 e, portanto, a tendência não se apresentar suficientemente confiável, é porque alguns dados estão fora da tendência lógica e, conseqüentemente, distorcendo os resultados. Devemos identificá-los e analisá-los para ver onde está o problema.

Uma forma de identificar esses dados poderia ser através dos próprios desvios: onde o desvio é acentuado, o dado poderia estar distorcido.

Essa forma apresenta o inconveniente técnico de trabalhar com os desvios apurados a partir da tendência na qual já não confiamos. Uma forma de escapar a esse impasse consiste na Análise Gráfica.

Para essa análise, constrói-se um gráfico de dispersão como o visto no início deste capítulo e traça-se a Reta visualmente, procurando dar-lhe a inclinação que acompanhe a tendência dos pontinhos e de forma que tenhamos aproximadamente o mesmo número de pontinhos acima e abaixo da linha.

Em seguida, identificamos os salários extremos inferior e superior obtidos a partir da linha traçada manualmente.

Feito isso, calculamos valores 25% acima e 25% abaixo desses extremos, colocamos no gráfico e traçamos outras duas linhas, parelelas à primeira, sendo uma acima e outra abaixo. Essas duas linhas delimitarão uma faixa de tolerância, dentro da qual os salários são aceitáveis e fora dela devem ser análisados.

Em princípio, os salários que ficam fora dessa faixa deveriam ser eliminados. Antes de fazê-lo, entretanto, convém verificar os motivos da distorção e, na medida do possível, corrigir e manter os dados nos cálculos.

Em que consiste a natureza dessa distorção afinal? Ela reside no fato de que há um desencontro entre pontos e salários. Se examinarmos o gráfico, veremos que, nestes casos, os números de pontos estão muito altos ou muito baixos para os respectivos salários ou os salários estão muito altos ou baixos para os pontos.

A análise da distorção consiste, portanto, em verificar a confiabilidade das duas variáveis envolvidas: pontos e salários. Os pontos estão certos? Terá havido erro de avaliação do cargo? O salário está correto? Terá havido algum equívoco na compilação ou no processo de tabulação da pesquisa? Se não for possível corrigir a distorção, então os valores devem ser eliminados para não distorcer a tendência.

Aplicação da Reta à Estrutura Salarial

Quando se apura a "curva" salarial, isto pode estar sendo feito na implantação do Plano ou na sua manutenção. No primeiro caso, ela será o ponto de partida para a definição das faixas salariais e, no segundo, ela será confrontada com o "nível de mercado" das faixas para se verificar se há ajustes a fazer.

Em geral, as estruturas salariais são compostas de classes onde estão colocados os cargos e, para cada classe, uma faixa salarial composta pelos níveis ou "steps". Esses níveis variam em número e percentual segundo a Política Salarial das organizações.

Regressão

Após definir o formato da estrutura (se as faixas terão ou não níveis e quantos), a organização deve definir em qual ponto da faixa se situará a "curva" de mercado.

Em seguida, calcula-se os valores dessa curva para as classes, usando-se a equação de Reta e, no lugar do "X", os pontos médios dos intervalos de pontos (ver "progressões").

Vejamos um exemplo:

Classes	Ponto Médio Intervalos (X)	Reta de Mercado Y' = 2045,626 + 12,22278(X)
1	105	3.329,00
2	132	3.659,00
3	166	4.075,00
4	208	4.588,00
5	262	5.248,00
6	329	6.067,00
7	414	7.106,00
8	520	8.401,00

Os valores da curva (Y') definem o "nível de mercado"; os demais níveis são calculados aplicando-se os percentuais definidos pela política da organização.

Se a organização administra os cargos diretamente pelos seus pontos em vez de classes, basta calcular o salário correspondente ao número de pontos de cada cargo, usando a fórmula da Reta como visto antes.

O problema da Reta é que, mesmo aplicada sobre os pontos os quais crescem em PG, o resultado final não dá exatamente uma PG. De fato, se verificarmos os valores obtidos, os percentuais obtidos não são constantes, como ocorre numa PG, o que seria desejável para uma escala salarial:

1	2	3	4	5	6	7	8
3.329	3.659	4.075	4.588	5.248	6.067	7.106	8.401
	9,91%	11,37%	12,59%	14,39%	15,61%	17,13%	18,22%

Se quisermos os percentuais constantes, teremos que calcular uma PG entre 3329 e 8401, cuja razão **q** será 1,1414, ou percentual constante de 14,14%. Mas aí os valores já não coincidem mais com os da Reta:

1	2	3	4	5	6	7	8
3.329	3.659	4.075	4.588	5.248	6.067	7.106	8.401
3.329	3.800	4.336	4.950	5.650	6.449	7.360	8.401

A Exponencial

Distintamente da Reta, a Exponencial descreve uma Curva propriamente dita. Por isso, o seu cálculo, embora quase idêntico ao da Reta, considera os logaritmos dos salários, em vez destes, logicamente revertidos em valores monetários após os cálculos.

Portanto, não se pode esquecer de, após obter os valores de "a" e "b", achar os seus antilogs para voltarmos a trabalhar com salários propriamente. Vamos ao cálculo da Exponencial, usando os mesmos dados do exemplo visto no cálculo da Reta:

Cargos	Pontos	Classes (X)	Salários	Log dos Salários (Y)	X.Y	Y^2	X^2
a	105	1	3.200	3,5051500	3,505150	12,286076	1
b	156	3	4.000	3,6020600	10,806180	12,974836	9
c	234	4	4.800	3,6812412	14,724965	13,551537	16
d	349	6	6.700	3,8260748	22,956449	14,638848	36
e	520	8	8.200	3,9138139	31,310511	15,317939	64
Somas:		22		18,5283399	83,303255	68,769237	126

Média das Classes $= X = \dfrac{22}{5} = 4,4$

Média dos Salários $= Y = \dfrac{18,5283399}{5} = 3,7056668$

U: $\Sigma(X \cdot Y) - (n \cdot X \cdot Y) = 83,303255 - (5 \times 4,4 \times 3,7056668) = 1,7785854$

W: $\Sigma X^2 - (n \cdot X^2) = 126 - (5 \times 4,4^2) = 126 - 96,8 = 29,2$

Z: $\Sigma y^2 - (n \cdot y^2) = 68,769237 - (5 \times 3,7056668^2) = 0,1094048$

$\text{Log } b = \dfrac{U}{W} = \dfrac{1,7785854}{29,2} = 0,0609105$

$\text{Log } a = \dfrac{\Sigma XY - (\Sigma X^2 \cdot \log b)}{\Sigma X} = \dfrac{83,303255 - (126 \times 0,0609105)}{22} = 3,4376608$

a = antilog de 3,4376608 = 2.739,43
b = antilog de 0,0609115 = 1,1505633

A equação da Exponencial fica assim:
Y' = a . b^X = 2.739,43 + 1,1505633^X

Substituindo o valor de X pelas classes, temos:

Cargo	Classes(X)	Salário Ajustado (Y')
a	1	$2.739{,}43 \times 1{,}1505633^1 = 3.151{,}89$
b	3	$2.739{,}43 \times 1{,}1505633^3 = 4.172{,}46$
c	4	$2.739{,}43 \times 1{,}1505633^4 = 4.800{,}67$
d	6	$2.739{,}43 \times 1{,}1505633^6 = 6.355{,}11$
e	8	$2.739{,}43 \times 1{,}1505633^8 = 8.412{,}87$

Note que, tal como na Reta, se pode determinar o valor de Y' para qualquer valor de X, mesmo que não esteja nos cálculos originais:

Para X = 2, $Y' = 2.739{,}43 \times 1{,}1505633^2 = 3.626{,}45$
Para X = 5, $Y' = 2.739{,}43 \times 1{,}1505633^5 = 5.523{,}48$
Para X = 7, $Y' = 2.739{,}43 \times 1{,}1505633^7 = 7.311{,}96$

Colocados num gráfico, os valores de Y nos dão a "nuvem" de pontinhos e os valores de Y' nos dão a linha de tendência, neste caso uma curva:

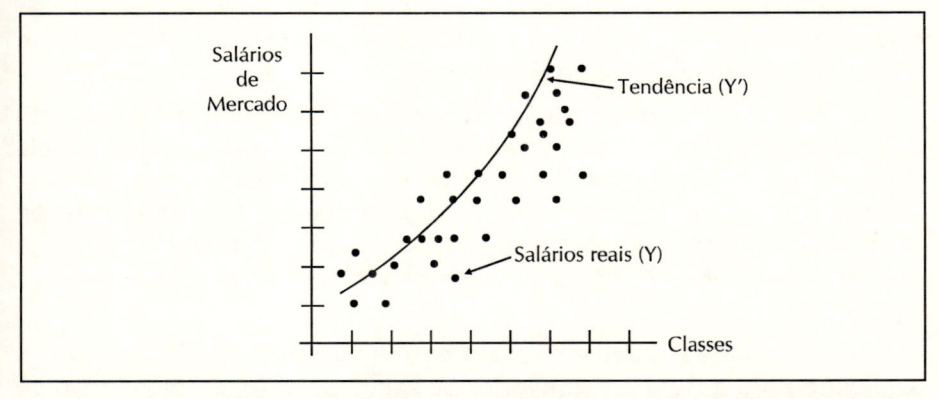

Tal como na Reta, os salários ajustados nos dão a Tendência Média entre classes e salários reais, que pode ser a tendência do mercado ou da organização, dependendo dos salários que usarmos.

Ainda identicamente à Reta, a tendência da Exponencial será a base para a construção da estrutura salarial e para comparar a organização com o mercado e deve, portanto, ser muito confiável. O teste de confiabilidade da Exponencial é o Erro Padrão de Estimativa, pois o cálculo do Coeficiente de Correlação não se aplica diretamente tal como se aplica no caso da Reta.

Classes	Salários Reais(Y)	Salários Ajustados(Y')	Desvios (Y − Y')	(Y − Y')2
1	3.200	3.151,89	48,11	2.314,57
3	4.000	4.172,46	172,46	29.742,45
4	4.800	4.800,67	0,67	0,76
6	6.700	6.355,11	344,89	118.949,11
8	8.200	8.412,87	212,87	45.313,64
Soma:				196.320,22

$$EPE = \frac{\text{Raiz de } 196.320,22}{5} = \text{Raiz de } 39.264,04 = 198,15$$

Esse EPE significa 3,68% sobre a Média, o que indica que a tendência é plenamente confiável (está bem abaixo do máximo de 8%).

ANÁLISE DOS DADOS DESTOANTES

Tudo o que foi dito, quando tratamos da Reta, a respeito da análise dos dados quando a tendência se mostra pouco confiável (R abaixo de 0,95), vale igualmente para a Exponencial.

A análise gráfica dos dados, no caso da Exponencial tem uma particularidade: o fato de a linha descrever efetivamente uma curva torna mais difícil traçá-la manualmente. Para superar esse obstáculo, podemos transformar a curva em reta, através de dois artifícios: trabalhar com os logaritmos no lugar dos salários, ou usar um papel milimetrado monolog, que tem escala vertical em espaços decrescentes, o que equivale a usar logarítmos.

Transformada a curva em reta, procede-se identicamente ao que foi explicado para a Reta. Se converter os salários em logaritmos, deve-se ter o cuidado de, ao calcular a faixa de 25% acima e abaixo da primeira linha traçada, fazê-lo sobre os antilogs e depois achar novamente os respectivos logs.

Método de Ajustamento por Via Gráfica

Como na Reta, é possível obter-se a Exponencial graficamente e determinar-se os salários ajustados. O procedimento é idêntico ao da Reta, porém há a dificuldade de traçar a linha em forma de curva e obter a mesma precisão. Se não quisermos nos arriscar demais, podemos converter a curva numa reta como vimos no tópico anterior e, assim, traçar uma reta que é mais fácil.

Se trabalhamos com as classes na coordenada horizontal e log na vertical, a determinação do valor de Y' para cada classe é muito fácil. Basta determinar, com a maior precisão possível, o valor (log) da classe 1 e da classe N e determinar os valores intermediários através do cálculo da Progressão Aritmética. Feito isso, resta converter os logs em valores através do antilog.

Para exemplificar, suponhamos que tenhamos traçado a linha visualmente entre os pontinhos num papel milimetrado com os logs dos salários na vertical e classes na horizontal, e determinado, para a classe 1, o valor (log) de 3,50 e, para a classe 8, 3,93, aplicando o cálculo da PA, temos:

q = (3,93 − 3,50) / (8 −1) = 0,43 / 7 = 0,0614286

Classe	1	2	3	4	5	6	7	8
Logs	3,5	3,5+ 0,061429 = 3,5614	3,5614+ 0,061429 = 3,6229	3,6229+ 0,061429 = 3,6843	3,6843+ 0,061429 = 3,7457	3,7457+ 0,061429 = 3,8071	3,8071+ 0,061429 = 3,8686	3,8686+ 0,061429 = 3,93
Salários	3.162,28	3.642,50	4.196,62	4.833,93	5.568,01	6.413,57	7.389,24	8.511,38

Se compararmos com os valores obtidos através do cálculo da Exponencial, veremos que as diferenças são pequenas. Convém observar que, quando se trabalha com log, pequenos arredondamentos podem provocar grandes diferenças quando convertidos em valores, e esse fato indica que temos que tomar mais cuidado com a precisão dos números.

Aplicação da Exponencial na Estrutura Salarial

Tal como dissemos em relação à Reta, a aplicação final da Exponencial destina-se à construção da estrutura salarial da organização ou à comparação organização × mercado, se já existe a estrutura.

No caso da Exponencial, o cálculo é direto, bastando usar, no lugar de "X", os números das classes. O exemplo visto neste tópico nos dá os valores do "nível de mercado":

Classes (X)	Nível de Mercado $Y' = 2739,79 \cdot 1,1505373^X$
1	3.151,89
2	3.626,45
3	4.172,46
4	4.800,67
5	5.523,48
6	6.355,11
7	7.311,96
8	8.412,87

Esses valores compõem o "nível de mercado"; os demais níveis são calculados aplicando-se os percentuais definidos pela política da organização.

Como vimos, obtemos diretamente os valores-base da estrutura salarial sem necessidade de aplicarmos a equação aos pontos médios dos intervalos de classes, como aconteceria se fosse a Reta. Além dessa vantagem, os valores da Exponencial crescem exatamente em Progressão Geométrica, como convém a uma estrutura salarial. De fato, os percentuais entre os valores são constantes:

1	2	3	4	5	6	7	8
3.152	3.626	4.172	4.801	5.523	6.355	7.312	8.413
	15,05%	15,05%	15,05%	15,05%	15,05%	15,05%	15,05%

Se observarmos bem, verificaremos que o percentual coincide com os algarismos depois da vírgula no valor de "b" na equação da Exponencial: b = 1,1505633. Isto porque o "b" na Exponencial corresponde precisamente à razão "q" da PG. Por tudo isso, a Exponencial é o ajustamento mais adequado para a curva salarial.

A Parábola

A Parábola, ou Equação de 2º grau, é o outro tipo de ajustamento que pode ser usado quando se trabalha com classes e salários. A tendência parabólica descreve uma curva proxima à Exponencial, apenas com uma curvatura um pouco atenuada.

Em se tratando de salários, costuma-se preferir o ajustamento exponencial em vez do parabólico, porque, como veremos, os valores neste último não crescem exatamente em forma de PG.

Na prática, encontramos casos em que o ajustamento parabólico se mostra mais fiel aos salários reais do que no ajustamento exponencial, o que, tecnicamente, indicaria ser a Parábola o cálculo mais adequado. Aqui também os indicadores de afinidade são o Erro Padrão de Estimativa e o Coeficiente de Correlação.

A equação da Parábola é $Y' = a + bX + cX2$ e, para podermos utilizá-la, necessitamos obter os valores de "a", "b" e "c", através da resolução de um sistema de equações. Com o mesmo exemplo usado até aqui, vamos aos cálculos:

Classes (X)	Salários (Y)	X^2	X^3	X^4	XY	$X^2 \cdot Y$
1	3.200	1	1	1	3.200	3.200
3	4.000	9	27	81	12.000	36.000
4	4.800	16	64	256	19.200	76.800
6	6.700	36	216	1.296	40.200	241.200
8	8.200	64	512	4.096	65.600	524.800
Soma = 22	26.900	126	820	5.730	140.200	882.000

Para obtermos valores de "a", "b" e "c", devemos resolver o seguinte sistema de equações:

U: $\Sigma Y = na + \Sigma Xb + \Sigma X^2 c$ $26.900 = 5a + 22b + 126c$
W: $\Sigma(XY) = \Sigma Xa + \Sigma X^2 + \Sigma X^3 c$ $140.200 = 22a + 126b + 820c$
Z: $\Sigma(XY) = \Sigma X^2 a + \Sigma X^3 b + \Sigma X^4 c$ $882.000 = 126a + 820b + 5.730c$

Passo 1: Dividir o multiplicador de "a" em W pelo multiplicador de "a" em U = 22 / 5 = 4,4

Passo 2: Multiplicar U por 4,4 e criar J:
J: $(26.900 \times 4,4) = (5a \times 4,4)+(22b \times 4,4)+(126c \times 4,4)$
J: $118.360 = 22a + 96,8b + 554,4c$

Passo 3: Subtrair J de W e criar K:
W: 140.200 = 22a + 126,0b + 820,0c
J: 118.360 = 22a + 96,8b + 554,4c (−)
K: 21.840 = 22a + 29,2b + 265,6c

Passo 4: Dividir "a" de Z por "a" de W: 126 / 22 = 5,7273

Passo 5: Multiplicar W por 5,7273 e criar L:
L: 140.200 = (22a × 5,7273) + (126,0b × 5,7273) + (820,0c × 5,7273)
L: 802.963 = 126a + 721,6363636b + 4696,3636c

Passo 6: Subtrair L de Z e criar M:
Z: 882.000   = 126a + 820b + 5.730c
L: 802.963   = 126a + 721,6363636b + 4696,3636c (–)
M: 79036,36 = 98,36364b + 1033,6364c

Passo 7: Dividir "b" de M por "b" de K: 98,36364 / 29,2 = 3,3686178

Passo 8: Multiplicar K por 3,3686178 e criar N:
N: 21.840,000 = (29,2b × 3,3686178) + (265,6c × 3,3686178)
N: 73.570,613 = 98,36364b + 894,70486c

Passo 9: Subtrair N de M e criar O:
M: 79.036,360 = 98,36364b + 1033,6364c
N: 73.570,613 = 98,36364b + 894,70486c (–)
O: 5.465,747 = 138,93151c

Passo 10: Determinar o valor de "c" com os valores de "O":

$$c = 5.465,747 / 138,93151 = 39,341306$$

Passo 11: Determinar o valor de "b", substituindo "c" em M:
79.036,360 = 98,36364b + 1033,6364 × 39,341306
= 98,36364b + 40.664,606

$$b = (79.036,360 - 40.664,606) / 98,36364b = 390,101$$

Passo 12: Determinar o valor de 'a', substituindo "b" e "c" em U:
26.900 = 5a + (22 × 390, 101) + (126 × 39,341306) =
26.900 = 5a + 8.582,222 + 4.957,0046

$$a = (26.900 - 8.582,222 - 4.957,0046) / 5 = 2.672,1547$$

$$Y' = a + bX + cX^2$$

$$Y' = 2.672,1547 + 390,101X + 39,341306X^2$$

Para obter os valores ajustados (Y'), basta colocar as classes no lugar de X e fazer os cálculos:

Cargo	Classe	Salário Ajustado (Y')
a	1	2.672,1547 + 390,101(1) + 39,341306(1^2) = 3.101,5970
b	3	2.672,1547 + 390,101(3) + 39,341306(3^2) = 4.196,5294
c	4	2.672,1547 + 390,101(4) + 39,341306(4^2) = 4.862,0196
d	6	2.672,1547 + 390,101(6) + 39,341306(6^2) = 6.429,0477
e	8	2.672,1547 + 390,101(8) + 39,341306(8^2) = 8.310,8063

Podemos obter os valores de Y para qualquer valor de X, mesmo que não tenha entrado nos cálculos originais:

Para X = 2, Y' = 2.672,1547 + 390,101(2) + 39,341306(2^2) = 3.609,72

Para X = 5, Y' = 2.672,1547 + 390,101(5) + 39,341306(5^2) = 5.606,19

Para X = 7, Y' = 2.672,1547 + 390,101(7) + 39,341306(7^2) = 7.330,59

Colocados num gráfico, os valores de Y nos dão a "nuvem" de pontinhos e os valores de Y' nos dão a linha de tendência, neste caso, uma curva:

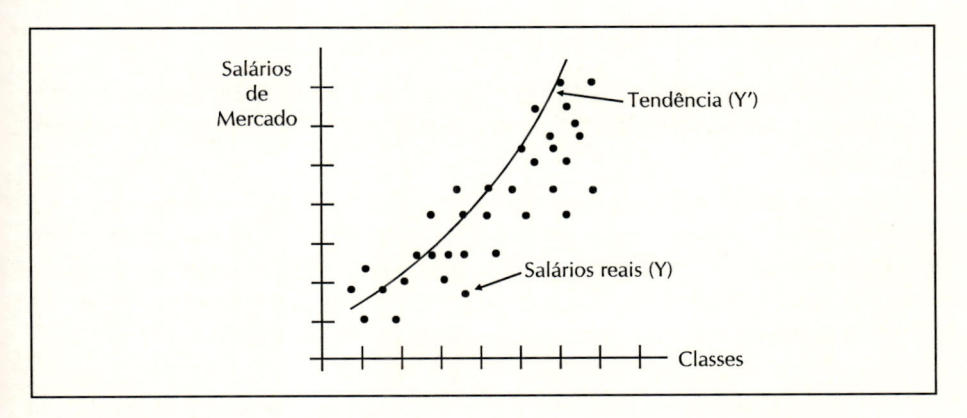

Uma vez calculados os valores de "a", "b" e "c", como vimos, temos condições de determinar o salário de cada classe, bastando substituir o valor de "X" pelas classes na equação da Parábola.

Tal como na Reta e na Exponencial, os salários ajustados nos dão a Tendência Média entre as classes e salários reais, que pode ser a tendência do mercado ou da organização, dependendo dos salários que usarmos.

Essa tendência será a base para a construção da estrutura salarial e, por isso, deve ser muito confiável. Tal como na Exponencial, o teste de confiabilidade é o Erro Padrão de Estimativa (EPE):

Classes	Salários Reais(Y)	Salários Ajustados(Y')	Desvios (Y – Y')	(Y – Y')²
1	3.200	3.101,5970	98,4030	9.683,1504
3	4.000	4.196,5294	196,5294	38.623,8050
4	4.800	4.862,0196	62,0196	3.846,4308
6	6.700	6.429,0477	270,9523	73.415,1490
8	8.200	8.310,8063	110,8063	12.278,0360
Somas				137.846,5700

$$EPE = \text{Raiz de } \frac{137.846,57}{5} = \text{Raiz de } 27.569,3 = 166,04$$

Como esse EPE corresponde a 3,09% sobre o salário real médio, pode-se dizer que a tendência é altamente confiável.

Análise dos Dados Destoantes

Tal como na Reta e na Exponencial, se a tendência não se mostra confiável, é necessário identificar os dados que estão fugindo à tendência lógica.

Essa análise deve ser feita sobre o gráfico dos salários reais (nuvem de pontinhos), porém não será possível converter a curva em reta como na Exponencial. A curva deverá ser traçada manualmente, de forma a acompanhar a tendência lógica dos pontinhos e de modo que tenhamos aproximadamente o mesmo número de pontinhos acima e abaixo da linha.

Os procedimentos subseqüentes são idênticos aos já mencionados para a Reta e a Exponencial.

Aplicação da Parábola à Estrutura Salarial

Identicamente aos anteriores, os cálculos da Parábola se aplicam à comparação empresa x mercado e à construção da estrutura salarial.

Na estrutura salarial, os valores ajustados obtidos ficam sendo o "nível de mercado":

Regressão

Classe	Nível de Mercado (Y')
1	3.102
2	3.610
3	4.197
4	4.862
5	5.606
6	6.429
7	7.331
8	8.311

Os demais níveis das faixas são calculados com os percentuais definidos pela política da organização.

Um problema da Parábola, além do fato de ser o cálculo mais complexo e demorado, é que os valores não crescem com um percentual constante, como podemos ver:

1	2	3	4	5	6	7	8
3.102	3.610	4.197	4.862	5.606	6.429	7.331	8.311
	16,38%	16,26%	15,86%	15,31%	14,68%	14,02%	13,37%

Se quisermos trabalhar com percentuais constantes, podemos calcular uma PG entre 3.102 e 8.311:

Classe	Parábola	Progressão Geométrica
1	3.102	3.102
2	3.610	3.571
3	4.197	4.111
4	4.862	4.732
5	5.606	5.448
6	6.429	6.271
7	7.331	7.220
8	8.311	8.311

Como podemos observar, quando calculamos a PG obtemos valores que se distanciam um pouco da Parábola, porém o percentual entre as classes mantém-se constante em 15,12%.

Escolhendo a Regressão Adequada

Como vimos até aqui, dispomos de três tipos de ajustamento para escolher: a Reta, a Exponencial e a Parábola. Vimos também que o melhor ajustamento é aquele que guarda maior proximidade com os salários reais, e que o indicador dessa proximidade é o Erro Padrão de Estimativa (EPE).

Vejamos, pois, como se comportou o EPE nos três ajustamentos examinados:

	EPE	% do EPE s/a Média
Reta	210,67	3,92%
Exponencial	198,09	3,68%
Parábola	166,04	3,09%

Sob o ponto de vista meramente técnico, não resta dúvida de que o ajustamento que melhor se apresentou no exemplo examinado é a Parábola. Entretanto, como na Parábola os salários não crescem numa progressão constante e esse aspecto é importante para a estrutura salarial, e considerando que a diferença entre a Exponencial e a Parábola não é tão significativa, entendemos que ainda a melhor opção é a Exponencial.

QUALITYMARK EDITORA

Entre em sintonia com o mundo

QUALITYPHONE:
0800-0263311
Ligação gratuita

Qualitymark Editora
Rua Teixeira Júnior, 441 - São Cristóvão
20921-405 - Rio de Janeiro - RJ
Tel.: (21) 3295-9800
Fax: (21) 3295-9824
www.qualitymark.com.br
E-mail: quality@qualitymark.com.br

Dados Técnicos:

• Formato:	16 x 23 cm
• Mancha:	12 x 19 cm
• Fontes Títulos:	CG Omega BT
• Fontes Texto:	Swiss 721 BT
• Corpo:	10,5
• Entrelinha:	12,5
• Total de Páginas:	288
• 3ª Edição:	2007
• 3ª Reimpressão:	2015